U1010913

CASE STUDY

法学案例研习系列

刑法总论案例研习

吴之欧　吴立欧　邱杓丹　编著

法律出版社
LAW PRESS · CHINA

作者简介

吴之欧 浙江泰顺人。法学博士;现为温州大学法政学院副教授、硕士生导师。2000 年,毕业于浙江大学国际经济法专业,获法学学士学位;2005 年,毕业于复旦大学刑法学专业,获法学硕士学位;2010 年,毕业于北京师范大学刑法学专业,获法学博士学位。2013 年 7 月 ~2014 年 7 月,在美国纽约约翰杰伊刑事司法学院访学。2015 年 9 月 ~2016 年 9 月,挂职温州市鹿城区人民法院副院长;2017 年 10 月至今,兼任浙江省妇联妇女发展部副部长。主要研究方向为刑法学和刑事政策学。已出版专著一部,参编专业教材两部;独立发表 CSSCI 索引及以上论文十余篇,其他论文三十多篇。主持教育部等省部级课题五项;作为主要人员参与国家级课题一项,省部级课题四项。

吴立欧 浙江泰顺人。现为温州商学院教师。2010 年,毕业于浙江大学光华法学院,获法学学士学位;2013 年,毕业于北京师范大学刑事法律科学研究院,获刑法学硕士学位。主要研究方向为经济刑法、刑事政策、金融法。发表《刑法规范变更导致的溯及力问题探讨》《浅论药品安全问题的法律规制及完善》等多篇论文。主持和参与“信息化趋势下社区矫正项目的完善”“大数据背景下社区矫正人员再犯风险评估研究”“社区矫正对象再犯风险评估——基于信息数据技术的应用”等课题。

邱杓丹　浙江温州人。现为温州大学法政学院讲师。2007 年,毕业于上海对外经贸大学,同年进入温州大学工作。兼任浙江省法学会社会法学研究会理事,温州市瓯海区劳动人事争议仲裁委员会仲裁员,温州市瓯海区人民陪审员,温州市中级法院人民调解员。主要研究方向为以合同为主的民商法。先后发表《社会转型时期温州商会的作用和组织结构》《温州商会在企业应对国际贸易壁垒中的作用》《公立高校董事会董事的职责和义务》等文章。主持科研和教改项目多项,包括省级教学改革项目“以判例为主的翻转式法学课堂教学改革”以及省级在线开放课程《合同法》等。

目　录

共同犯罪

刑罚类型

刑罚的适用

PART 01

效力范围

1
Case Study

邵春天制造毒品案

空间效力 ｜ 跨国犯罪

■ 研读指导

1. 本案的审判法院如何确定跨国犯罪案件的管辖权？请提炼法院的推理要点。
2. 请注意，本案中涉及国际犯罪的刑事管辖权冲突问题，即实践中哪些因素会影响到主权国家行使刑事管辖权？
3. 比较研读近似案例中刑事管辖权冲突的解决原则和方法，注意其中的差异并分析原因。

■ 相关法条

《中华人民共和国刑法》第六条［属地管辖权］，第七条［属人管辖权］，第八条［保护管辖权］，第九条［普遍管辖权］，第二十五条第一款［共同犯罪概念］，第二十六条第一款、第四款［主犯］，第四十八条［死刑、死缓的适用对象及核准程序］，第五十七条第一款［对死刑、无期徒刑罪犯剥夺政治权利的适用］，第六十四条［犯罪物品的处理］，第三百四十七条［走私、贩卖、运输、制造毒品罪］

《中华人民共和国刑事诉讼法》（1996年修正版）第一百八十九条第（二）项、第一百九十条、第一百九十九条

■ 近似案例

阿丹·奈姆等抢劫案（刑事审判参考第245号）

马尔丹·米歇尔涉嫌强奸引渡案（刑事审判参考第227号）

自诉人桥本郁子诉被告人桥本浩重婚案(刑事审判参考第748号)
法兰克·巴沙勒·米伦等重婚案(刑事审判参考第967号)

■ 案情介绍

被告人邵春天,男,1959年7月21日出生,无业。因涉嫌犯制造毒品罪于2007年1月25日被逮捕。

福建省泉州市人民检察院以被告人邵春天犯制造毒品罪,向泉州市中级人民法院提起公诉。

被告人邵春天辩称:没有参与指控的前四起制造毒品行为,第五起即2006年这起事实是受他人雇佣购买设备、化学配剂和指使黄清渠召集制毒人员的,后再未实施其他犯罪活动,请求从轻判处。其辩护人还提出:第五起制毒行为发生在菲律宾,该国刑法并无死刑规定;毒品已被缴获销毁,没有造成具体危害后果;毒品重量及性质均由菲律宾警方鉴定,其结论的真实性和科学性未经有资质的国际机构认证,应慎重采用并在量刑时酌情从轻处罚。

泉州市中级人民法院经公开审理查明:

2004年上半年,被告人邵春天与"阿览"(在逃)预谋在菲律宾合伙制造甲基苯丙胺,约定由邵春天负责制毒技术、采购制毒化学配剂及设备,"阿览"负责在菲律宾租赁厂房及购买麻黄碱。同年三四月间,邵春天从中国境内购买了旋转蒸发器等制毒设备以及4吨三氯甲烷、3吨丙酮、4吨无水乙醇等制毒化学配剂,并采用伪报、混装方式通关运抵菲律宾。十一二月间,邵春天在菲律宾纳卯市和马尼拉市筹备好两处制毒厂房及制毒原料麻黄碱后,回到中国境内纠集同案被告人吴传响、邵展望(均已判刑)及邵文曲(已死亡)等人先后前往菲律宾参与制造毒品。当年12月31日,菲律宾警方查获纳卯市的制毒厂房,击毙了邵文曲等数人,并当场缴获129.994千克甲基苯丙胺和270千克麻黄碱。

2006年,被告人邵春天在菲律宾马尼拉市与"大股"(在逃)预谋合伙制造甲基苯丙胺,约定由邵春天负责购买制毒化学配剂及设备、召集工人及提供制毒技术,"大股"负责提供麻黄碱、选定厂址以及毒品销售。同年1月至8月,邵春天先后在中国境内购买制毒设备以及9吨三氯甲烷、8吨丙酮、10吨乙醇、800千克吡啶、1600 千克氯化业砜等制毒化学配剂,采用伪报方式通关运抵菲律宾。后邵春天和“大股”商定在菲律宾武六干省马卡图尔路 343 号设厂制毒,邵春天另授意同案被告人黄清渠(已判刑)招募工人前往菲律宾制毒,并将制毒技术传授给吴传响,让吴佳响参与制毒技术指导。12 月 5 日,所建制毒工厂开始加工生产甲基苯丙胺。当月 19 日,中菲两国警方联合行动查获了该工厂,当场缴获甲基苯丙胺 30 千克、液态甲基苯丙胺 200 升。后邵春天在我国境内被抓获。

泉州市中级人民法院认为,被告人邵春天结伙非法制造甲基苯丙胺数量大,其行为构成制造毒品罪。邵春天在共同犯罪中起组织、领导作用,系主犯。鉴于大部分毒品尚未流入社会即被扣缴,危害后果相对较小,对邵春天判处死刑,可不立即执行。依照《刑法》第三百四十七条第一款、第二款第(一)项、第七款,第四十八条第一款,第二十五条第一款,第二十六条第一款、第四款,第五十七条第一款,第六十四条之规定,以制造毒品罪判处被告人邵春天死刑,缓期二年执行,剥夺政治权利终身,并处没收个人全部财产。

一审宣判后,被告人邵春天提出上诉,泉州市人民检察院提起抗诉。

被告人邵春天上诉称:(1)本案证据只能证明其在马尼拉设工厂,不能认定其实施了制毒行为和制造了甲基苯丙胺;(2)没有证据证实制毒系由其发起、出资与选址,认定其为主犯没有事实依据。其辩护人提出:(1)认定邵春天 2004 年在马尼拉制毒的事实不清,证据不充分;(2)邵春天的制毒行为发生在菲律宾,该国无死刑规定;(3)制成的甲基苯丙胺 30 千克、液态甲基苯丙胺 200 千克已被缴获销毁,没有造成具体的危害后果;(4)毒品重量及性质均由菲律宾警方鉴定,其结论的真实性和科学性未经有资格的国际机构认证,应慎重采用并在量刑时酌情从轻处罚;(5)2004年在菲律宾纳卯市以及 2006 年制造的毒品均被缴获,不存在获利问题,判决没收个人全部财产不当,请求改判没收个人部分财产。

泉州市人民检察院抗诉称:(1)应认定第二节制毒犯罪事实,一审仅因邵春天在庭审时翻供而不认定邵春天在马尼拉制毒厂制造 100 千克甲基苯丙胺属明显错误;(2)本案系跨国有组织制毒案件,邵春天多次组织多人到菲律宾,制造甲基苯丙胺数量大并从中获利,社会危害性极大,主观恶性深,且造成严重的国际影响,罪行极其严重;(3)邵春天归案后认罪态度不好,没有悔罪表现,也没有任何法定或酌定从轻处罚情节,依法应判处死刑立即执行。

福建省高级人民法院经审理认为，被告人邵春天使用麻黄碱加工生产甲基苯丙胺，其行为构成制造毒品罪。邵春天在共同犯罪中起组织、指挥作用，系主犯，应对其组织、指挥实施的全部制毒犯罪承担责任。检察机关所提邵春天制造毒品数量大并从中获利，社会危害性极大，主观恶性深，且造成严重的国际影响，罪行极其严重，依法应判处死刑立即执行的抗诉理由，予以采纳。依照《刑事诉讼法》第一百八十九条第（二）项、第一百九十条和《中华人民共和国刑法》第三百四十七条第一款、第二款第（一）项、第七款，第四十八条第一款，第二十五条第一款，第二十六条第一款、第四款，第五十七条第一款，第六十四条之规定，以制造毒品罪改判被告人邵春天死刑，剥夺政治权利终身，并处没收个人全部财产，并依法报请最高人民法院核准。

最高人民法院经复核认为，被告人邵春天组织、指挥他人使用麻黄碱加工制造甲基苯丙胺的行为构成制造毒品罪。邵春天两次有组织实施跨国制毒犯罪，制造毒品数量大，在共同犯罪中起组织、指挥作用，系主犯，主观恶性深，罪行极其严重，应依法严惩。第一、二审判决认定的事实清楚，证据确实、充分，定罪准确，审判程序合法，第二审判决量刑适当。依照《刑事诉讼法》第一百九十九条和最高人民法院《关于复核死刑案件若干问题的规定》第二条第一款之规定，裁定核准福建省高级人民法院对被告人邵春天以制造毒品罪判处死刑，剥夺政治权利终身，并处没收个人全部财产的刑事判决。

■ 案例评析

□ 重点示意图

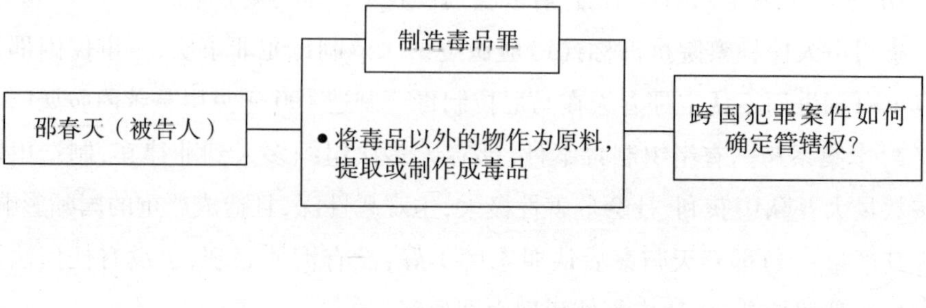

□ 疑难点释析

本案涉及的疑难点主要集中在两点：一是我国是否享有本案的刑事管辖权；二是刑事管辖权冲突时应如何解决。下面详析之。

1. 我国是否对本案享有刑事管辖权

刑事管辖权是国家主权的重要组成部分，我国刑法采用的是以属地原则和属人原则为基础，兼采保护原则和普遍管辖原则。判断我国是否对本案享有刑事管辖权，应当在原则的指导下结合案件具体事实展开分析：

第一，本案被告人邵春天从我国境内购买制毒所用设备、化学配剂，还从我国召集工人参与制造毒品，这些犯罪行为均发生在我国境内，根据属地原则，我国对本案有管辖权。依据我国《刑法》第六条第一款的规定："凡在中华人民共和国领域内犯罪的，除法律有特别规定的以外，都适用本法。"该条第三款还对"在中华人民共和国领域内犯罪"作了解释，即"犯罪的行为或者结果有一项发生在中华人民共和国领域内的，就认为是在中华人民共和国领域内犯罪"。这里的"犯罪的行为"既可以是犯罪行为的一部分，也可以是全部，而且犯罪行为并不以实行行为为限，还包括犯罪预备、教唆、帮助等行为。"犯罪的结果"也不以犯罪的全部结果为限，有部分结果即可，且犯罪结果不限于犯罪行为实际造成的危害结果。

第二，本案被告人邵春天是中国公民，其实施的制造毒品行为依法不属于"最高刑为三年以下有期徒刑，可以不予追究的"的情况，根据属人原则，我国对本案有管辖权。我国《刑法》第七条第一款规定："中华人民共和国公民在中华人民共和国领域外犯本法规定之罪的，适用本法，但是按本法规定的最高刑为三年以下有期徒刑的，可以不予追究。"

第三，本案涉及毒品犯罪，毒品犯罪属于"国际犯罪"，根据普遍管辖原则，我国对本案同样有管辖权。我国加入的国际禁毒条约主要有《1961 年麻醉品单一公约》《1971 年精神药物公约》《联合国禁止非法贩运麻醉药品和精神药物公约》等。根据上述条约，对于毒品犯罪，犯罪发生地国、罪犯国籍国、犯罪目的所在地国等国家均有权行使管辖权。我国《刑法》第九条规定"对于中华人民共和国缔结或者参加的国际条约所规定的罪行，中华人民共和国在所承担条约义务的范围内行使刑事管辖权的，适用本法"，这体现了普遍管辖原则。

综上，我国作为毒品犯罪的发生地国、罪犯国籍国对本案享有管辖权。

2. 刑事管辖权冲突的解决

多数国家对刑事管辖权均采用属地、属人、保护、普遍管辖等原则，但各国法律条文规定不同，且具体案件涉及犯罪人、犯罪行为地、犯罪结果地、受害人等多个要素，因此，刑事管辖权冲突，即两个或者多个主权国依据本国法律或相关国际条约对同一跨国犯罪都享有管辖权的情况是不可避免的。

跨国犯罪的复杂性客观上造成消除刑事管辖权冲突是极其困难的，但妥善解决刑事管辖权冲突，可以有效防控跨国犯罪、顺利进行司法协助、避免造成国家间争端。在实践操作中，在遵循属地、属人等相关原则的基础上，应当从方便诉讼角度出发，以是否有利于证据的收集、犯罪的侦查以及惩治改造犯罪分子为主要因素确定管辖权；此外，案件的优先受理、犯罪嫌疑人的实际控制等特定事实也起到一定的影响。当两国或多国对同一案件都主张管辖权或放弃管辖权时，国际公约确定的首选解决方式是尽量通过平等协商来解决。

具体到本案，依据属地原则我国与菲律宾都有管辖权，但考虑到以下三方面情况，本案应由我国管辖为宜：其一，邵春天是我国公民。其二，我国警方最先受理本案。2006 年 8 月 2 日我国警方对邵春天涉嫌跨国制造毒品一案进行立案侦查，并在同年 12 月 18 日到达马尼拉，与菲律宾警方一起查获制毒工厂、缴获毒品及制毒设备等。我国公安人员除在我国境内收集邵春天犯罪的证据外，还参与了在菲律宾的侦查工作，因而由我国管辖更有利于调查取证工作的实施。其三，邵春天在我国境内被抓获，已被我国公安机关实际控制。

■ 知识点梳理

刑法的空间效力（空间适用范围）指刑法的地域适用范围和对人适用范围。[1] 从各国刑法及国际条约的规定来看，一国刑法不仅能适用于本国领域内的行为，而且在一定条件下也能适用于本国领域外的行为。刑法的空间效力有四个基本原则，分别是属地原则、属人原则、保护原则和普遍管辖原则，其中属地管辖和

〔1〕 陈浩然：《理论刑法学》，上海人民出版社 2000 年版，第 45 页。

属人管辖是两个基本原则,保护管辖和普遍管辖是对前两个原则的补充与发展。除受到国际法和国际条约的限制外,每一国家有权采用自认为最合适的原则来行使刑事管辖权。

属地管辖,是指凡发生在一国领域内的一切犯罪活动均适用该国刑法。属地原则是刑法对国内犯的基本适用原则,主要解决的是管辖权地域与国籍之间的矛盾,但该原则不能解决本国公民境外犯罪的制裁以及外国公民在境外危害本国利益的犯罪管辖问题。

属人管辖,是指凡具有一国国籍的公民犯罪,无论是在该国领域内还是在该国领域外,均适用该国刑法。属人原则解决了本国公民境外犯罪的管辖问题,但难以解决外国人、多国籍人、无国籍人在本国境内犯罪问题,也难以适用于法人犯罪以及各类跨国集团犯罪的管辖权认定。

保护管辖,是指凡侵犯了本国国家利益或公民利益的犯罪,无论犯罪发生在什么地方也无论犯罪人具有何种国籍,一律适用本国刑法。保护原则能充分体现刑法管辖目的,但过于理想容易与其他国家的刑事管辖权相冲突而无法全面实施。[1]

普遍管辖,是以保护国际社会的共同利益为标准,凡发生国际条约所规定的侵犯各国共同利益的犯罪,不管犯罪人的国籍与犯罪地的属性,缔约国或参加国发现罪犯在其领域之内便行使刑事管辖权。[2] 国际犯罪即条约规定的危害国际社会共同利益的犯罪。除毒品犯罪外,还包括战争罪、侵略罪、灭绝种族罪、海盗罪、劫持航空器罪等。

上述四个原则如作为独立原则单独适用,利弊兼存:属地原则直接维护本国主权,若单独适用,遇到本国公民和外国人在本国领域外实施侵害本国利益的犯罪时,则无法适用本国刑法;属人原则可以直接惩治本国人在本国领域内或领域外的犯罪,但对于在本国领域内实施犯罪行为的外国人却无法适用本国刑法,这有悖于国家主权原则;保护原则着眼于对本国利益和国民利益的保护,但对于外国人在本国领域外所实施的侵害本国利益的犯罪,因存在本国法律和外国法律的冲突而无

---

〔1〕 陈浩然:《理论刑法学》,上海人民出版社 2000 年版,第 45 ~ 49 页。

〔2〕 张明楷:《刑法学》(上)(第五版),法律出版社 2016 年版,第 74 页。

法对其进行惩治;普遍管辖原则是本国根据国际公约的规定所适用的管辖权,但条约对不同的国家所起到的约束作用是不同的,主权国家不可能以普遍管辖为依据对所有的犯罪进行惩罚。鉴于此,主权国家很少以一种原则作为刑法空间效力的适用原则,而是以属地原则和属人原则为主,兼采保护原则和普遍管辖原则,形成主次有序的格局。

关于国际犯罪的管辖权,多数国际刑法学者认同国际刑法学权威巴西奥尼在《国际刑法典草案》中提出的管辖权排序方案,即"对本法(分则)确认的任何国际犯罪的诉讼和惩罚管辖按下列顺序授予:(1)犯罪全部或局部发生在其领土内的缔约当事国;(2)被告为其国民的缔约当事国;(3)受害者为其国民的缔约当事国;(4)在其领土内发现被告的其他缔约当事国"。[1] 依据此排序,对于部分犯罪行为或结果发生在一国境内、部分犯罪行为或结果发生在另一国境内的跨国犯罪,仍然存在管辖权冲突的情况。有学者主张可以根据证据多少确定管辖权顺序;有学者提出应结合诉讼阶段解决管辖权冲突;有学者建议,对优先行使普遍管辖权,应当增补有关确保人权及正当审判程序的内容。[2]

综上所述,国际犯罪的管辖权适用是一个相当复杂的司法实践问题,几乎很难用一个清晰简明的行文解决跨国犯罪的管辖权问题。

---

〔1〕［美]M. 谢里夫·巴西奥尼:《国际刑法导论》,赵秉志等译,法律出版社 2006 年版。

〔2〕贾宇等:《第 18 届国际刑法学大会第四专题西安预备会议综述》,载《法律科学》2007 年第 6 期。

2
Case Study

袁闵钢、包华敏骗取出境证件案

属人管辖 | 国籍认定

研读指导

1. 在本案中，确认被告人的国籍，涉及我国能否对此案行使属人管辖权以及人民法院是否适用涉外案件审理程序？请提炼法院的推理要点。
2. 被告人的国籍问题是国际社会普遍存在的国籍积极冲突问题，具有中国国籍同时又持有外国护照的被告人的国籍应如何认定？
3. 比较研读近似案例，梳理归纳我国属人管辖适用的基本原则。

相关法条

《中华人民共和国刑法》第七条[属人管辖权]、第二十六条[主犯]、第六十八条[立功]、第三百一十九条第一款[骗取出境证件罪]

《中华人民共和国刑事诉讼法》(1996年修正版)第二十条第(三)项

《中华人民共和国国籍法》第三条、第九条

最高人民法院《关于执行〈中华人民共和国刑事诉讼法〉若干问题的解释》第三百一十四条

近似案例

陈先贵聚众扰乱社会秩序案(刑事审判参考第61号)

■ 案情介绍

被告人袁闵钢,男,1961年1月10日出生于浙江省象山县,持有××国护照,原系江苏英特劳务技术合作公司总经理助理。因涉嫌犯骗取出境证件罪,于1998年1月24日被逮捕。

被告人包华敏,男,1968年8月2日出生,无业。因涉嫌犯骗取出境证件罪,于1998年1月24日被逮捕。

上海市黄浦区人民检察院以被告人袁闵钢、包华敏犯骗取出境证件罪,向黄浦区人民法院提起公诉。

被告人袁闵钢及其辩护人对起诉书指控的基本事实无异议,但提出袁闵钢持××国护照,已不具有中国国籍。

被告人包华敏及其辩护人对起诉书指控的事实无异议,但辩护人提出:被告人包华敏在犯罪中只起次要作用,属从犯;认罪态度较好,请求法庭宣告缓刑。

黄浦区人民法院经公开审理查明:

1997年10月至12月,被告人袁闵钢伙同包华敏,为组织他人偷越国(边)境,采取冒用"上海宏运珠宝玉器商行""上海联登医学工程设备有限公司"等单位赴日本洽谈商务的手法,私刻公章,伪造上海市居民顾建洪等12人的出国派遣书、归国保证书,编造假材料,骗取出国签证。其中,顾建洪等5人偷渡出境后至今未归。

黄浦区人民法院认为:被告人袁闵钢单独或伙同包华敏,伪造并私刻印章,编造虚假材料,以赴日商务考察的名义骗取签证,为组织他人偷越国境使用,情节严重,二被告人的行为已构成骗取出境证件罪。检察机关指控的犯罪成立。被告人袁闵钢在共同犯罪中起主要作用,系主犯。袁闵钢在归案后坦白交代认罪态度较好,并有立功表现,可以从轻处罚。关于辩护人提出的袁闵钢系××国公民的辩护意见,经查,袁闵钢1989年年底受日本公司委托进驻××国××市工作,1993年2月以投资移民的方式花高价买取了××国护照,加入××国籍,1993年4月归国。袁闵钢只是购买了××国护照,实际上并未在××国定居。依据《国籍法》第九条"定居外国的中国公民,自愿加入或取得外国国籍的,即自动丧失中国国籍"的规定，袁闵钢不符合自动丧失中国国籍的条件；在其未根据我国国籍法的规定办理退出中国国籍的申请并获有关部门批准以前，其仍具有中国国籍。辩护人的此辩护意见，不予采信。被告人包华敏系从犯，应当减轻处罚。被告人包华敏在归案后认罪态度较好，有悔罪表现，可以宣告缓刑。依照《刑法》第三百一十九条第一款、第二十六条、第六十八条第一款的规定，于 1998 年 8 月 31 日判决如下：(1)被告人袁闵钢犯骗取出境证件罪，判处有期徒刑 4 年，并处罚金人民币 10 万元。(2)被告人包华敏犯骗取出境证件罪，判处有期徒刑 2 年，缓刑 2 年，并处罚金人民币 5 万元。

一审宣判后，被告人袁闵钢不服，以其早已在 1993 年 2 月加入 × × 国籍，系外国公民，黄浦区人民法院没有管辖权为由，向上海市第二中级人民法院提出上诉。

上海市第二中级人民法院经审理后认为：一审判决认定上诉人袁闵钢犯骗取出境证件罪的事实清楚，证据确实、充分，定罪准确，量刑适当，审判程序合法。袁闵钢称其系 × × 国公民，与事实不符，袁闵钢的上诉理由及辩护人的辩护意见不予支持。依照《刑事诉讼法》第一百八十九条第（一）项之规定，于 1999 年 9 月 7 日裁定如下：驳回上诉，维持原判。

■ 案例评析

□ 重点示意图

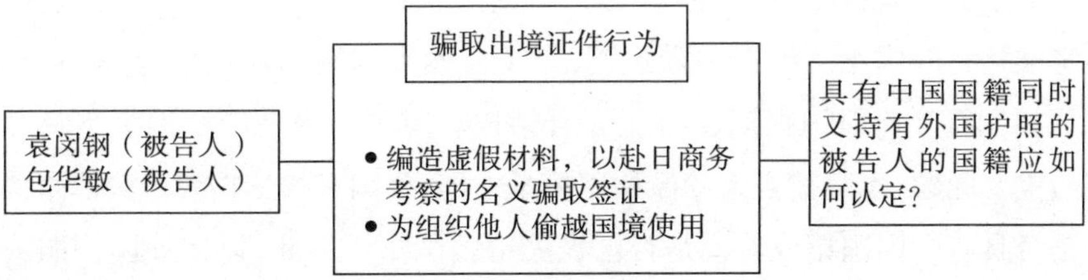

□ 疑难点释析

本案被告人袁闵钢被我国公安机关逮捕后就声称自己为 × × 国人，其确持有 × × 国护照，× × 国驻华大使馆也多次书面照会我国司法部门，承认被告人的国籍。但公安部门出具证明确认被告人为中国国籍，并回复 × × 国驻华使馆，不承认被告人具有××国籍。

针对上述事实,本案的疑难点主要集中在:被告人既具有中国国籍,又持有外国护照的,应如何认定其国籍?

一种意见认为:持外国护照入境并经我国签证机关签证的,就能认定其为外国公民。该意见的主要法律依据是《国籍法》第三条和第九条,条文规定我国不承认双重国籍;定居外国的中国公民如果自愿加入或取得外国国籍的,即自动丧失中国国籍。另外,根据最高人民法院《关于执行〈中华人民共和国刑事诉讼法〉若干问题的解释》第三百一十四条的规定,外国人的国籍以其入境时的有效证件予以确认。本案被告人在1993年2月加入××国籍,取得××国护照,又得到××国使馆的承认,并持此护照进人我国境内,应认定袁闵钢为××国人。因此,根据《刑事诉讼法》第二十条第(三)项的规定,本案应由中级人民法院管辖。

另一种意见认为:对被告人国籍的认定,应以我国公安部门确认的为准。本案中,公安部门已出具证明,不承认被告人的××国籍,应认定袁闵钢为中国国籍。上海市黄浦区人民法院的审理符合我国刑事诉讼法的规定。

被告人的国籍问题是国际社会普遍存在的国籍积极冲突问题。在本案中,确认被告人的国籍,涉及我国能否对此案行使属人管辖权以及人民法院是否适用涉外案件审理程序。笔者赞同第二种意见,认为本案被告人具有中国国籍,主要有以下几点理由:

(1)现行国际法关于国籍问题有一个重要原则,即每个国家有权以自己的法律决定谁是它的国民。根据国际惯例,对于自然人国籍的积极冲突(包括双重国籍),原始国籍政府对国籍问题有优先管辖权。国籍问题是涉及国家主权和国家利益的重要问题,本案被告人的原始国籍是中国,我国有权依据我国法律来确认被告人是否具有中国国籍或者说是否已丧失中国国籍。因此,以持外国护照或经外国使馆承认就当然认定其具有外国国籍的看法是错误的。

(2)被告人不符合自动丧失中国国籍的条件。根据《国籍法》第九条的规定:“定居外国的中国公民,自愿加入或取得外国国籍的,即自动丧失中国国籍”。由此可见,自动丧失中国国籍必须同时具备两个条件,一是中国公民定居外国;二是自愿加入或取得外国国籍。本案被告人于1989年年底受日本公司委托进驻××国××市工作,1993年2月以投资移民的方式高价买取××国护照加入××国籍,1993 年 4 月归国。也就是说,被告人只是购买了××国护照并未在××国实际定居。因此,被告人不符合自动丧失中国国籍的法定条件,在未根据《国籍法》的规定办理退出中国国籍的申请并获有关部门批准以前,其仍具有中国国籍。

(3)根据《国籍法》第三条的规定,我国政府不承认中国公民具有双重国籍。因此,在依法确定被告人具有中国国籍后,我国政府不承认其具有其他国家国籍。

(4)本案不适用最高人民法院《关于执行〈中华人民共和国刑事诉讼法〉若干问题的解释》第三百一十四条。该条规定"外国人的国籍以其入境时的有效证件予以确认;国籍不明的,以公安机关会同外事部门查明的为准",本案被告人尽管持××国护照入境,但经公安机关查明其具有明确的中国国籍,故上述规定不适用于本案。此外,根据《国籍法》第十五条、第十六条的规定,"受理国籍申请的机关,在国内为当地市、县公安局","加入、退出和恢复中国国籍的申请,由中华人民共和国公安部审批"。因此,人民法院在审查被告人身份时,对其是否具有或者是否丧失中国国籍,应以我国公安部门确定的为准。被告人不符合自动丧失中国国籍的条件,也未办理退出中国国籍的手续,我国公安部门根据我国法律的有关规定确认其具有中国国籍,故上海市黄浦区人民法院与上海市第二中级人民法院认定被告人为中国国籍并依法管辖审理本案是正确的。

■ 知识点梳理

属人管辖权的依据,理论界有三种不同观点:国家利益符合说、忠诚义务说和代理处罚说。国家利益符合说认为,对本国公民国外犯罪的适用本国刑法,有利于唤醒其遵守法规范的意识,从而发挥刑法预防犯罪的机能,因而与国家利益相符合。[1] 忠诚义务说认为,本国公民即使身处国外也要效忠母国,具有遵守本国刑法的义务。"这是由国家与公民之间本来的道义关系决定的。"[2]代理处罚说(国家间防止犯罪的连带性说)认为,本国公民在外国犯罪时,原则上应适用所在国刑法,但当行为人未受处罚而回到本国时,根据本国公民不引渡原则,不将本国公民

〔1〕 张明楷:《刑法学》(上)(第五版),法律出版社 2016 年版,第 72 页。
〔2〕 参见[日]小野清一郎:《刑法讲义总论》,有斐阁 1948 年版,第 73 页。

引渡给国外处罚而由本国在国内为外国进行“代理处罚”。[1] 前两者学说引申出来的做法是无限制的积极属人管辖;第三种学说引申出来的做法是有限制的积极属人管辖。

我国《刑法》第七条规定:“中华人民共和国公民在中华人民共和国领域外犯本法规定之罪的,适用本法,但是按本法规定的最高刑为三年以下有期徒刑的,可以不予追究。中华人民共和国国家工作人员和军人在中华人民共和国领域外犯本法规定之罪的,适用本法。”也就是说,我国刑法中的属人管辖权包括两种情况:一是中国公民在中国领域外犯我国刑法规定之罪的;二是国家工作人员和军人在中国领域外犯我国刑法规定之罪的。第一种情况是原则上适用中国刑法,如果按我国刑法规定最高刑为 3 年以下有期徒刑的可以不予追究;第二种情况是无条件适用中国刑法。这表明,我国刑法只对普通公民在中国领域外实施的严重犯罪行使管辖权,对国家工作人员与军人在中国领域外的所有犯罪行为都行使管辖权。我国刑法采取有限的属人管辖原则的原因在于国家工作人员与军人的身份及职权决定了其在领域外犯罪会直接危害国家安全与利益,妨害国家的信用与声誉。

---

〔1〕 本国公民不引渡原则,是指请求国向被请求国提出引渡申请,其所指向的请求引渡人是被请求国公民的,被请求国可以拒绝引渡。参见[日]森下忠:《刑法适用法的理论》,成文堂 2005 年版,第 119 页。

3
Case Study

林捷波故意伤害案

时间效力

研读指导

1. 审判法院如何确定本案属于“被害人在追诉期限内提出控告，公安机关应当立案而未立案”？请提炼法院的推理要点。
2. 结合案情讨论，如何理解和适用《刑法》第八十八条第二款中追诉时效延长的规定？
3. 刑法中追诉时效规定是否具有溯及力？
4. 比较研读近似案例，梳理具体案件中追诉时效的适用问题，注意其中的差异并分析原因。

相关法条

《**中华人民共和国刑法**》第八十八条第二款[追诉期限的延长]、第二百三十四条第一款[故意伤害罪]

《**中华人民共和国刑事诉讼法**》(**2012 年修正版**)第二百二十五条第一款第(一)项[第二审后的处理]

近似案例

夏侯青辉等故意伤害案(刑事审判参考第 279 号)

杨伟故意伤害案(刑事审判参考第 745 号)

李光耀等贩卖、运输毒品案(刑事审判参考第 839 号)

■ 案情介绍

被告人林捷波,男,1969 年 1 月 5 日出生。2013 年 1 月 10 日因涉嫌故意伤害罪被逮捕。

广东省饶平县人民检察院以被告人林捷波犯故意伤害罪,向饶平县人民法院提起公诉。

被告人林捷波及其辩护人辩称:(1)本案已经超过追诉时效;(2)林捷波针对被害人黄泽填正在进行的行凶行为采取的持刀阻止行为符合正当防卫的构成条件。

饶平县人民法院经审理查明:1998 年 5 月 10 日 3 时许,被告人林捷波在饶平县钱东镇钱东车站附近其经营的冷饮摊,与到其冷饮摊消费的黄国勇等人因消费的收费问题发生纠纷,黄国勇掀翻桌子打碎桌上杯子和碟子,双方遂发生冲突。被害人黄泽填闻讯来到冷饮摊,后因与林捷波言语不和,继而引发双方推搡打架。林捷波从其冷饮摊内拿起一把水果刀,持刀砍中黄泽填的右小腿,致其受伤,后被在场群众劝止。案发后,林捷波即潜逃。黄泽填向公安机关报案,要求追究林捷波的刑事责任,但公安机关一直未予立案,黄泽填为此多次向有关部门上访、控告。2012 年 8 月,公安机关对黄泽填进行司法鉴定,结论为黄泽填的伤情属轻伤,构成十级伤残。公安机关于同年 9 月 10 日立案,同年 12 月 28 日将林捷波抓获。

饶平县人民法院认为,被告人林捷波故意持械伤害他人身体,致一人轻伤,其行为构成故意伤害罪,应当依法惩处。依照《刑法》第二百三十四条第一款、第八十八条第二款之规定,饶平县人民法院于 2013 年 8 月 12 日以被告人林捷波犯故意伤害罪,判处其有期徒刑 1 年 2 个月。

一审宣判后,被告人林捷波提出上诉,称其行为是正当防卫,一审以故意伤害罪追究其刑事责任是错误的。其辩护人提出:(1)本案已经超过刑事追诉时效;(2)林捷波针对被害人黄泽填正在进行的行凶行为而采取的持刀阻止行为,系正当防卫,故林捷波无罪;(3)黄泽填的伤情并未构成轻伤。

广东省潮州市中级人民法院经审理认为,原审判决认定的事实清楚,定罪准确,量刑适当,审判程序合法。依照《刑事诉讼法》第二百二十五条第一款第(一)项之规定,潮州市中级人民法院于2013年12月19日裁定驳回上诉,维持原判。

■ 案例评析

□ 重点示意图

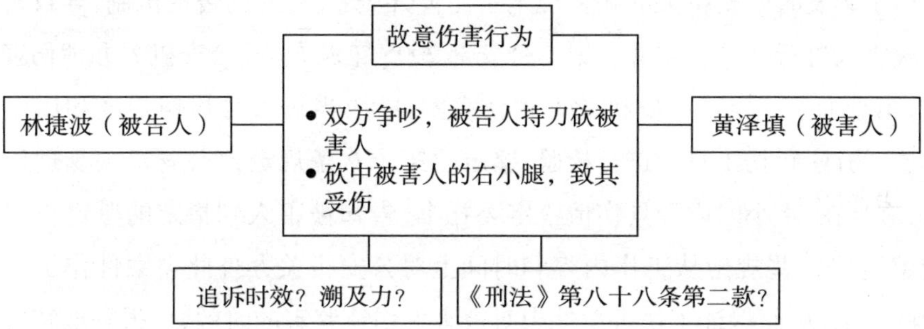

□ 疑难点释析

本案的疑难点主要有两个:一是被害人在追诉期限内提出控告,公安机关应当立案而未立案的案件,是否受追诉时效的限制;二是本案在审理过程中对被告人林捷波的行为是否超过追诉期限。

1. 关于本案是否适用追诉时效的延长

本案中,被害人黄泽填及其亲属自1998年5月10日案发后立即向当地公安机关报案,但公安机关只对本案展开初查,没有对被害人黄泽填的伤情进行鉴定,也没有立案。被害人及其亲属又于1998年7月10日、1999年3月26日、1999年5月3日、1999年12月19日、2001年11月20日多次向当地公安机关及相关政法部门控告和反映情况,但公安机关一直未对被害人进行伤情鉴定和立案。被害人于1999年经医院诊断伤情为:右小腿刀伤,右腓骨总神经完全离断,右腓骨小头骨折。

根据我国刑法的相关规定,故意伤害罪必须经法医作出伤情鉴定并达到轻伤等级以上的,才能确定行为人的行为构成犯罪。对被害人进行伤情鉴定属于公安机关内部工作机制，是立案与否的必要环节。在本案中，当地公安机关在案发后没有及时立案和制作立案决定书等随案附卷，但在案证据证实公安机关已开展实质性的调查工作，并确定林捷波就是持刀伤害被害人黄泽填的犯罪嫌疑人。由于钱东派出所领导干警的人事调整变动未能及时对被害人进行伤情鉴定及立案，这一不利后果不能由被害人承担。此外，依照1999年医院的伤情诊断意见，被害人的损伤程度属轻伤，被告人林捷波的行为已涉嫌刑事犯罪。

由于案发时公安机关的相关规定不完善，也缺乏有效的督促机制，导致未能及时对被害人进行伤情鉴定并立案。公安部2005年颁布的《公安机关办理伤害案件规定》第十七条规定："公安机关办理伤害案件，应当对人身损伤程度和用作证据的痕迹、物证、致伤工具等进行检验、鉴定。"第十八条规定："公安机关受理伤害案件后，应当在24小时内开具伤情鉴定委托书，告知被害人到指定的鉴定机构进行伤情鉴定。"这些规定从工作内容和时间上对公安机关办理此类案件作了具体和明确的要求，从而保证了伤害案件中对被害人伤情鉴定的时效，也很好地解决了及时立案的问题。

2. 关于在审理过程中对被告人林捷波的行为是否超过追诉期限问题

一种意见认为已经超过追诉时效。本案1998年5月10日发案时公安机关没有及时对被害人黄泽填的伤情进行鉴定，也没有立案。到2012年8月29日公安机关鉴定后确定黄泽填的伤情为轻伤，轻伤的法定最高刑为3年以下有期徒刑。根据《刑法》第八十七条的规定，法定最高刑为不满5年有期徒刑的，经过5年不再追诉，已超过追诉期限。

另一种意见认为本案属于《刑法》第八十八条第二款规定的被害人在追诉期限内提出控告，公安机关应当立案而不予立案的情形，不受追诉时效的限制，因此应当追究被告人林捷波的刑事责任。

笔者同意第二种意见，并认为，确定本案是否已超过追诉期限的关键就在于能否适用刑法条文对追诉时效的延长的规定。从条文规范来看，1979年《刑法》第七十七条只规定"在人民法院、人民检察院、公安机关采取强制措施以后，逃避侦查或者审判的，不受追诉期限的限制"。1997年《刑法》第八十八条第一款将该内容修改为："在人民检察院、公安机关、国家安全机关立案侦查或者在人民法院受理案件以后，逃避侦查或者审判的，不受追诉期限的限制。"同时增加了第二款:“被害人在追诉期限内提出控告,人民法院、人民检察院、公安机关应当立案而不予立案的,不受追诉期限的限制。”可以认为,1997 年《刑法》增加的“应当立案而不予立案”的规定主要是为了保证有罪必究、及时有效地保障被害人的合法权益。值得注意的是,在具体适用该规定时需要同时具备“被害人在追诉期限内提出控告”和“人民法院、人民检察院、公安机关应当立案而不予立案”这两个条件。

对“被害人在追诉期限内提出控告”的理解需要注意以下三点:一是“被害人”应包括被害人本人及其法定代理人、近亲属。现实生活中被害人可能会因本人身体原因或者受到强制、威吓而不能或者不敢提出控告,允许被害人的法定代理人或者近亲属代为控告符合保障被害人权益的目的。二是“在追诉期限内”是指《刑法》第八十七条所规定的期限,如果被害人没有在追诉斯限内提出控告则不能对犯罪人适用追诉时效中断。三是“提出控告”是指《刑事诉讼法》第一百零八条第二款的规定,即“被害人对侵犯其人身、财产权利的犯罪事实或者犯罪嫌疑人,有权向公安机关、人民检察院或者人民法院报案或者控告”。具体是指被害人或者其法定代理人、近亲属为了维护被害人的权益,向有关司法机关指控具体的犯罪嫌疑人及其犯罪事实,请求追究犯罪嫌疑人的刑事责任的行为。[1] 被害人可以口头或书面形式提出控告,接受控告的机关都应进行记录。为避免个别机关推卸责任不做任何记载,控告人只要提供相关证据能够证明曾向某机关提出控告,控告行为就成立。

对“人民法院、人民检察院、公安机关应当立案而不予立案”的理解需要注意,根据《刑事诉讼法》第一百一十条的规定,“应当立案”是指“有犯罪事实发生”且“需要追究刑事责任”;“应当立案而不立案”是指对符合立案条件的,人民法院、人民检察院、公安机关却未予立案,主要指案件不属于“没有犯罪事实,或者犯罪事实显著轻微,不需要追究刑事责任”的情况。司法实践中,对于是否应当立案,通常根据审查立案材料来确定:一是从事实层面审查案件是否发生、是否属于犯罪以及是否需要追究行为人的法律责任;二是从证据部分审查或调查材料反映的犯罪

---

〔1〕 “控告”与“报案”不同。“报案”指任何单位和个人(不限于被害人)发现犯罪事实后,向有关司法机关报告,请求审查处理的行为,通常报案人在报案时不知道犯罪嫌疑人是谁。

事实有无确凿的证据或证据线索；三是进行调查，派人到发案地进行个别访问或调查。此外，《公安机关办理刑事案件程序规定》第一百七十五条、第一百七十六条和《人民检察院刑事诉讼规则》(试行)第一百八十三条、第一百八十四条对公、检、法机关作出立案或者不立案两种决定在程序上都作了要求。在司法实践中，还应当在程序和法律文书上进一步明确受案机关应保存受案记录，包括口述笔录、控告书副本、收文登记、受案登记、不予立案的决定书、复函、通知书等。

综上，根据法律规定，本案被害人在追诉期限内提出控告属于公安机关"该立案而不予立案"的情形，因此，对犯罪人的追诉就不受追诉期限的限制。

■ 知识点梳理

追诉时效，是指刑法规定对犯罪人进行刑事追诉的有效期限，在此期限内，司法机关有权追诉；超过了此期限，司法机关就不能再行追诉。因此，超过诉讼时效意味着不能行使求刑权、量刑权与行刑权，也不能适用非刑罚的法律后果，因而导致法律后果消灭。[1]

1997年《刑法》第十二条规定："中华人民共和国成立以后本法施行以前的行为，如果当时的法律不认为是犯罪的，适用当时的法律；如果当时的法律认为是犯罪的，依照本法总则第四章第八节的规定应当追诉的，按照当时的法律追究刑事责任，如果本法不认为是犯罪或者处刑较轻的，适用本法。"该条规定了在定罪量刑上适用"有利于被告人"的从旧兼从轻原则。因此，在追诉时效的问题上，如果1979年《刑法》认为该行为是犯罪，追诉时效适用上是先根据1997年《刑法》总则第四章第八节判断该行为是否超过追诉时效，如果超过追诉时效，不再追诉；如果没有超过追诉时效，则比较新旧刑法对该犯罪行为规定的轻重，适用从轻原则。

为了进一步明确新旧刑法关于追诉时效的不同规定，1997年9月25日最高人民法院颁布的《关于适用刑法时间效力规定若干问题的解释》(1997年10月1日施行)第一条规定："对于行为人1997年9月30日以前实施的犯罪行为，在人民检察院、公安机关、国家安全机关立案侦查或者在人民法院受理案件以后，行为人

〔1〕 张明楷：《刑法学》(上)(第五版)，法律出版社2016年版，第648页。

逃避侦查或者审判，超过追诉期限或者被害人在追诉期限内提出控告，人民法院、人民检察院、公安机关应当立案而不予立案，超过追诉期限的，是否追究行为人的刑事责任，适用修订前的刑法第七十七条的规定。”该司法解释是从1997年9月30日刑法颁布之际作为分界点进行论述的，对该司法解释中“超过追诉时效的”应当理解为仅包括在1997年9月30日刑法颁布前已经超过追诉时效的情形。也就是说，对1997年9月30日刑法颁布前的已经超过追诉时效的犯罪行为，即便属于“被害人控告而司法机关未予立案”导致诉讼时效丧失的情形，也适用1979年《刑法》的规定。对于1997年9月30日前实施的犯罪行为没有丧失追诉时效的情形，适用1997年《刑法》的规定。

追诉时效的延长，是指在追诉时效的进行期间发生法律规定的事由使追诉时效暂时停止执行。我国刑法规定了两种追诉时效延长的情况：

第一，1997年《刑法》第八十八条第一款规定：“在人民检察院、公安机关、国家安全机关立案侦查或者在人民法院受理案件以后，逃避侦查或者审判的，不受追诉期限的限制。”对该条款的理解，应注意以下三点：一是就有利于追诉罪犯的角度而言，“立案侦查”应解释为立案为宜。[1] 二是“人民法院已受理案件”，是指人民法院已经接受自诉人的自诉案件或人民检察院提起的公诉案件。三是行为人实施的“逃避侦查与审判”的行为，应限于积极的、明显的、致使侦查审判工作无法进行的逃避行为，主要指司法机关已经告知其不得逃跑、藏匿甚至采取强制措施后而逃跑或者藏匿的。若行为人实施的是串供、毁灭犯罪证据等行为，但没有逃跑或藏匿致使侦查或审判无法进行的，不宜认定为“逃避侦查与审判”。

第二，《刑法》第八十八条第二款规定：“被害人在追诉期限内提出控告，人民法院、人民检察院、公安机关应当立案而不予立案的，不受追诉期限的限制。”“应当立案”是指根据刑法的规定和公认的刑法理论，被控告人的行为已构成犯罪，应当对其进行立案侦查或者受理案件。依据该规定，被害人在追诉期间内提出控告，符合立案条件而应当立案的，不管司法机关出于何种原因没有立案，无论行为人是否逃避侦查或者审判，无论经过多长时间，在任何时候都可以追诉。至于不予立案的具体原因，不影响此种追诉时效延长的适用。

---

〔1〕 高铭暄、马克昌主编：《刑法学》（第三版），北京大学出版社、高等教育出版社2007年版，第349页。

需要指出的是,某一犯罪人的特定犯罪行为不受追诉期限限制,并不意味着该犯罪人其他的犯罪行为也被延长,同一犯罪人其他犯罪行为仍然受追诉期限的限制。例如,行为人的 A 罪经被害人控告应当立案而未立案,其后又犯了 B 罪,A 罪虽然不受追诉期限的限制,但 B 罪仍受追诉期限的限制。

4
Case Study

杨伟故意伤害案

法定最高刑 | 追诉期限

■ 研读指导

1. 本案的审判法院如何确定被告人杨伟故意伤害他人的行为已过追诉期限？请提炼法院的推理要点。
2. 本案中涉及如何根据具体犯罪行为确定法定最高刑，即情节犯、数额犯、结果法等不同犯罪类型在司法实践中对确定法定最高刑有哪些影响？
3. 比较研读近似案例，注意从旧兼从轻原则在追诉时效中的运用及其结论，并进行归纳总结。

■ 相关法条

《中华人民共和国刑法》第十二条[溯及力]

1979 年**《中华人民共和国刑法》**第二十四条[从犯]，第六十七条第一款[缓刑适用条件]，第六十八条第二款、第三款[缓刑考验期]，第一百三十四条第二款[故意伤害罪的量刑规定]

■ 近似案例

朱晓志交通肇事案（刑事审判参考第 175 号）

周建超贪污、挪用资金案[（2008）越刑初字第 315 号/（2008）绍中刑终字第 148 号]

孙某某故意伤害罪审判监督案[（2016）最高法刑再 2 号]

■ 案情介绍

被告人杨伟，男，1971 年 7 月 12 日出生，原系河南省开封市公安局新门关派出所联防队员；因涉嫌故意伤害罪于 2008 年 5 月 23 日被逮捕。

河南省开封市禹王台区人民检察院于 2008 年 10 月 17 日以被告人杨伟犯故意伤害罪，向开封市禹王台区人民法院提起公诉。

开封市禹王台区人民法院经审理查明：1992 年 7 月 6 日，被告人杨伟与邓建学（均为开封市公安局新门关派出所联防队员）被开封市公安局新门关派出所派往禹王台区演武厅街西口，制止被害人皮海彬酒后滋事。杨伟、邓建学欲将皮海彬扭送至派出所，皮海彬不听劝阻，双方发生扭打。邓建学用膝盖顶撞皮海彬的阴部，用拳击打皮海彬的胸部，并致皮海彬倒地。皮海彬倒地后，杨伟朝皮海彬的躯干部分踢踹了一脚。皮海彬被送往医院后死亡。经法医鉴定，皮海彬系在醉酒和轻度心肌炎的情况下，外力作用于胸腹部等敏感部位，导致迷走神经反射性抑制心搏骤停而死亡。

开封市南关区人民检察院于 1992 年 11 月 17 日以被告人邓建学犯过失杀人罪，向开封市南关区（现禹王台区）人民法院提起公诉。在本案审理期间，被告人邓建学于 1993 年 12 月 30 日因病死亡，法院裁定终止审理。本案在 1992 年发生后直至 2008 年 4 月 11 日当地侦查机关未对杨伟进行立案处理，杨伟在案发后亦未有逃避侦查的行为。开封市公安局禹王台分局于 2008 年 4 月 11 日开始对杨伟故意伤害案立案调查。

开封市禹王台区人民法院认为，被告人杨伟伙同他人在履行职务过程中，外力作用于被害人胸腹部等敏感部位，导致被害人在醉酒和患轻度心肌炎的情况下迷走神经反射性抑制心搏骤停而死亡，其行为构成故意伤害罪。杨伟在共同犯罪中起次要作用，系从犯，应当减轻处罚。依照 1997 年《刑法》第十二条和 1979 年《刑法》第一百三十四条第二款，第二十四条，第六十七条第一款，第六十八条第二款、第三款之规定，判决如下：被告人杨伟犯故意伤害罪，判处有期徒刑 3 年，缓刑 4 年。

一审宣判后，被告人杨伟未提起上诉，本案判决已发生法律效力。

■ 案例评析

□ 重点示意图

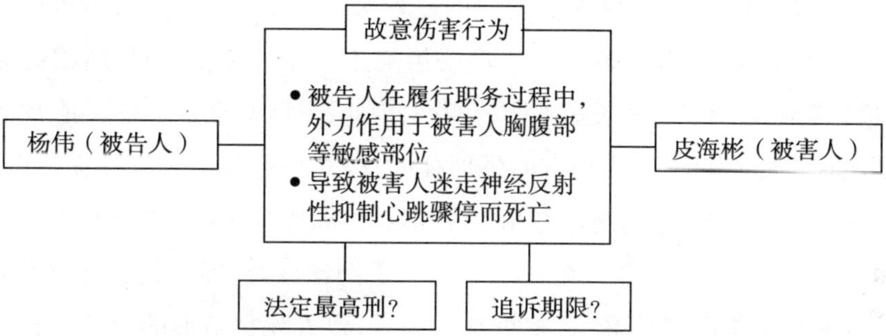

□ 疑难点释析

本案的疑难点主要集中在被告人杨伟故意伤害他人的行为是否已过追诉期限。对此，存在不同意见：

一种意见认为，对被告人的追诉期限应以 15 年为限。1979 年《刑法》第一百三十四条第二款规定："犯前款罪，致人重伤的，处三年以上七年以下有期徒刑；致人死亡的，处七年以上有期徒刑或者无期徒刑。本法另有规定的，依照规定。"而 1983 年全国人民代表大会常务委员会发布的《关于严惩严重危害社会治安的犯罪分子的决定》（以下简称《决定》）对故意伤害罪规定了比 1979 年刑法更为严厉的法定刑。《决定》第一条第（二）项规定故意伤害他人身体，致人重伤或者死亡，情节恶劣的，可以处七年以上有期徒刑或者无期徒刑，甚至死刑。由于《决定》属于单行刑法，所以故意伤害致人死亡的法定刑应理解为三个量刑幅度，即 7 年以上有期徒刑、无期徒刑、死刑。杨伟在共同伤害被害人的犯罪行为中所起作用较小，根据其犯罪情节，同时参照 1985 年的最高人民法院《关于人民法院审判严重刑事犯罪案件中具体应用法律的若干问题的答复（三）》（以下简称《答复》）第三十九条的规定，对被告人应在有期徒刑范围内判处刑期，故对其行为的追诉期限应以 15 年为限。本案案发时间是 1992 年 7 月 6 日，追诉期限截至 2007 年 7 月 5 日，故本案已过追诉时效。

另一种意见认为,《决定》第一条第(二)项规定的7年以上有期徒刑、无期徒刑、死刑是一个量刑幅度中的三个量刑档次,即法定最低刑为7年有期徒刑,法定最高刑为死刑,而不是三个量刑幅度。本案应以法定最高刑来确定追诉期限,追诉时效为20年,本案没有超过追诉期限。

笔者认为,故意伤害致人死亡对应的三种法定刑是一个量刑幅度内的三个量刑档次。《答复》第三十九条规定,"刑法第七十六条[1]按照罪与刑相适应的原则,将追诉期限分别规定为长短不同的四档,因此,根据所犯罪行的轻重,应当分别适用刑法规定的不同条款或相应的量刑幅度,按其法定最高刑来计算追诉期限。如果所犯罪行的刑罚,分别规定有几条或几款时,即按其罪行应当适用的条或款的法定最高刑计算;如果是同一条文中,有几个量刑幅度时,即按其罪行应当适用的量刑幅度的法定最高刑计算"。根据这一规定,致人死亡情形的故意伤害行为对应的7年以上有期徒刑、无期徒刑、死刑,是一个量刑幅度中的三个量刑档次,而非三个量刑幅度。

本案被告人杨伟作为从犯,其实施的伤害行为并非导致被害人死亡的直接原因,且被害人身体有潜在的疾病,这些可能从轻、减轻、免除处罚等量刑情节是否会影响本案追诉期限的确定?根据刑法的相关规定,追诉时效期限的长短不是根据犯罪行为对应的宣告刑,而是根据犯罪行为对应的法定最高刑确定的。因为在对行为人追诉前,不可能确切知道对其应适用的宣告刑,故只能根据行为的一般情形确定法定最高刑,再根据法定最高刑确定追诉时效。如果以可能对应的宣告刑作为追诉标准,则会出现漏诉的情况,不利于惩罚犯罪。鉴于此,司法机关判断犯罪行为是否追诉应根据犯罪性质、危害后果、情节对应的法定刑幅度进行判断,不必考虑行为人是否存在从轻、减轻、免除处罚或者从重处罚情节。

综上,被告人实施的故意伤害行为虽然不是导致被害人死亡的直接原因且情节较为轻微,但是根据法定最高刑的确定原则第五条,被告人作为共同犯罪的参与人,其参与行为造成了被害人死亡的结果,应按照致人死亡情形的故意伤害行为确定追诉期限,即法定最高刑——死刑确定20年的追诉期限。因此,本案在2008年

---

〔1〕 注意,这里是指1979年《刑法》,1979年《刑法》第七十六条与1997年《刑法》第八十七条的规定相同。

立案时未过追诉期限，应当对杨伟追究刑事责任。

■ 知识点梳理

量刑幅度与刑法规定的具体犯罪危害后果相对应，如数额犯有数额较大、数额巨大以及数额特别巨大三种情形，刑法根据这三种危害后果规定三个对应的量刑幅度。

量刑档次指同一量刑幅度内高低不同的刑期，如《刑法》第一百一十九条第一款规定："破坏交通工具、交通设施、电力设备、燃气设备、易燃易爆设备，造成严重后果的，处十年以上有期徒刑、无期徒刑或者死刑。"其中，10 年以上有期徒刑，无期徒刑、死刑就是同一量刑幅度内的三个量刑档次。

根据不同的犯罪类型确定法定最高刑，主要有以下几个情况：

数额犯应根据犯罪数额对应刑法条款规定的刑罚幅度确定法定最高刑。以盗窃、诈骗、抢夺罪为例，1979 年《刑法》对数额较大、数额巨大和数额特别巨大三种情形分别规定了"五年以下有期徒刑、拘役或者管制；五年以上十年以下有期徒刑；十年以上有期徒刑或者无期徒刑"三个量刑幅度，在对上述罪名的具体行为确定法定最高刑时，应先根据涉案数额确定对应的量刑幅度，进而在该量刑幅度内确定法定最高刑。

情节犯应根据犯罪情节对应刑法条款规定的刑罚幅度确定法定最高刑。如 1997 年《刑法》对"交通肇事犯罪致人重伤、死亡或者使公私财产遭受重大损失的"、"交通运输肇事后逃逸或者有其他特别恶劣情节"和"因逃逸致人死亡"三种情形，分别规定了 3 年以下有期徒刑或者拘役、3 年以上 7 年以下有期徒刑、7 年以上有期徒刑三个量刑幅度。在对具体交通肇事行为确定法定最高刑时，应先根据具体犯罪情节确定对应的量刑幅度，进而在该量刑幅度内确定法定最高刑。

结果犯应根据犯罪结果对应的刑法条款规定的刑罚幅度确定法定最高刑。以故意伤害罪为例，1979 年《刑法》对致人轻伤、重伤、死亡三种结果规定了三个量刑幅度，在对具体伤害行为确定法定最高刑时，先应根据轻伤、重伤、死亡的犯罪结果确定对应的量刑幅度，进而在该量刑幅度内确定法定最高刑。值得注意的是，《决定》对故意伤害犯罪判处死刑的情况附加了"情节恶劣"情节。对此处"情节恶劣"

的理解,直接影响到本案法定最高刑的确定。笔者认为,此处的“情节恶劣”并非独立的法定情节,而是从属于“致人死亡”这一犯罪结果的。由于目前尚缺乏对“情节恶劣”认定标准的规范性指导文件,司法实践中只能综合具体案情把握,所以该类情节原则上只会影响到宣告刑的判定,而不涉及法定刑。因此,结合《决定》的相关规定,对致人死亡情形的故意伤害行为,均应按照最高刑死刑确定追诉期限。

刑法对集团犯罪的一般参与者与首要分子明确规定了不同的量刑幅度,所以应在甄别身份后确定法定最高刑。

共同犯罪中确定从犯追诉期限时所适用的法律条款与确定主犯追诉期限所适用的法律条款应当同一。无论从犯的参与程度,即使从犯有从轻、减轻情节,其追诉期限与主犯的追诉期限应当一致,这是共同犯罪追诉的一体性以及保证诉讼程序完整性的要求。

5
Case Study

谭慧渊、蒋菊香侵犯著作权案

从旧兼从轻

■ 研读指导

1. 二审法院改判被告单位及有关直接责任人员无罪的理由是什么？请提炼二审法院的推理要点。
2. 最高司法机关对于同一个具体应用法律问题先后作出了两个司法解释，能否根据从旧兼从轻原则选择适用对被告人最有利的司法解释？
3 比较研读近似案例中从旧兼从轻原则的具体适用，注意其中的差异并分析原因。

■ 相关法条

《中华人民共和国刑法》第三条［罪刑法定］，第十三条［犯罪概念］，第三十条［单位负刑事责任的范围］，第三十一条［单位犯罪的处罚原则］，第七十二条［缓刑的适用条件］，第七十三条第二款、第三款［缓刑考验期限］，第二百一十七条［侵犯著作权罪］，第二百二十条［单位犯侵犯知识产权罪的处罚规定］

1998 年最高人民法院《关于审理非法出版物刑事案件具体应用法律若干问题的解释》第二条

《中华人民共和国刑事诉讼法》（1996 年修正版）第一百六十二条第（二）项、第一百八十九条第（二）项

■ 近似案例

沈某挪用资金案（刑事审判参考第 174 号）

王明行贿案[(2016)京02刑终76号]

■ 案情介绍

长沙市人民检察院以被告单位湖南大学财税远程教育中心(以下简称财税中心)、被告人谭慧渊、蒋菊香犯侵犯著作权罪,向法院提起公诉。

被告单位的诉讼代表人辩称,不能将财税中心简单地认定为湖南大学的内设三级机构,财税中心是以国家税务总局教育中心与湖南大学的协议为基础,由湖南大学发文设立,依据合同相对独立地开展工作的教育机构,其性质属于其他组织。

被告单位和被告人谭慧渊、蒋菊香及辩护人均提出,公诉机关指控财税远程教育中心翻印教材、复制光盘非法所得数额和非法经营额的计算方法均有误,不能作为定案依据。且《大学英语预备级Ⅰ》不属于教学计划课程,系免费发放,不具有营利目的。《现代远程教育基础》的著作权由编者李震声、胡峰松享有,湖南大学有权在业务范围内优先使用。财税中心从属于湖南大学,其复制发行该书用于教学活动,不构成侵权。

法院认为,被告单位财税中心为节约成本、谋取利益,未经著作权人许可和享有专有出版权的出版社同意,非法复制发行《邓小平理论概论》和《INTERNET 基础》,获取违法所得28万余元,其行为构成侵犯著作权罪。谭慧渊作为财税中心负责人、蒋菊香作为财税中心直接责任人员应当承担刑事责任。根据蒋菊香犯侵犯著作权罪的犯罪情节,对其适用缓刑确实不致再危害社会,可以宣告缓刑。财税中心复制光盘、翻印《大学英语预备级Ⅰ》和《现代远程教育基础》两书虽不能认定为犯罪,但系违法行为,所得利润应予追缴。依照《刑法》第二百一十七条,第二百二十条,第三十条,第三十一条,第七十二条,第七十三条第二款、第三款的规定,于2004年7月28日判决如下:(1)被告单位湖南大学财税远程教育中心犯侵犯著作权罪,判处罚金400万元。(2)被告人谭慧渊犯侵犯著作权罪,判处有期徒刑1年,并处罚金5万元。(3)被告人蒋菊香犯侵犯著作权罪,判处有期徒刑1年,宣告缓刑2年,并处罚金5万元。(4)追缴被告单位湖南大学财税远程教育中心违法所得256万元。

一审宣判后,被告单位和谭慧渊、蒋菊香均不服,提出上诉。

财税中心上诉提出:(1)一审对上诉人判处罚金400万元,达到了其所认定的犯罪所得额14倍多,量刑畸重;(2)上诉人所复制的书籍,用于发放给学员作为学习资料,与一般的商业盈利活动不同,量刑时应作为重要的情节因素予以考虑;(3)上诉人收取的经费来源于学生,收费较低,并用于财税教育,量刑时应予考虑。财税中心的辩护人提出:(1)本案不应以"所得数额"作为认定是否达到刑事责任起点的标准,而应按照非法经营额的标准,按此标准被告单位财税中心不构成犯罪。(2)即使采用"合理估算收入,扣除直接成本"的方式估算"所得数额",两本书的"所得数额"也未达到20万元的刑事责任标准,其行为亦不构成犯罪。

谭慧渊上诉及其辩护人辩护提出:财税中心翻印两书的行为不构成侵犯著作权罪,属于一般的违法行为,本案所获取的利益没有达到侵犯著作权所要求必须达到的法定构罪标准,从而不能追究谭的刑事责任。

蒋菊香上诉及其辩护人辩护提出:(1)财税中心翻印两本书的行为,主观上没有营利的目的,客观上没有营利的事实,数额上也没有达到犯罪的标准,财税中心的行为不构成侵犯著作权罪。(2)其本人不是直接责任人,不应追究刑事责任。

湖南省高级人民法院经审理认为:上诉人财税中心为节约成本,未经著作权人许可和享有专有出版权的出版社同意,非法复制发行《邓小平理论概论》《INTERNET基础》两本书,系侵犯著作权的行为。财税中心非法复制《邓小平理论概论》一书,因案发而未实际获利,没有违法所得;财税中心非法复制《INTERNET 基础》一书,虽实际获利,但由于复制成本费无法查清,折扣率无法确定,不能准确确定其违法所得。一审认定财税中心非法复制上述两本书,非法获利28万余元的证据不足。由于财税中心侵犯著作权的违法所得数额无法准确认定,本案应当以非法经营额来评判是否构成犯罪。而本案财税中心非法复制上述两本书的非法经营额能准确认定为53.5万元,没有达到100万元的犯罪标准,故财税中心非法复制上述两本书的行为,不构成侵犯著作权罪。谭慧渊作为该单位主管人员,蒋菊香作为直接责任人员依法不应追究刑事责任。故财税中心及其辩护人,谭慧渊及其辩护人、蒋菊香及其辩护人上诉和辩护提出的"财税中心虽有为节约成本,未经著作权人许可和享有专有出版权的出版社同意,翻印、复制《邓小平理论概论》《INTERNET基础》两本书的侵权行为,违法所得、非法经营额均未达到构罪标准,其行为不构成犯罪"的理由部分成立,予以采纳。原审判决认定的主要事实清楚,证据确实、充分，审判程序合法，但适用法律不当。依照《刑法》第三条、第十三条，最高人民法院《关于审理非法出版物刑事案件具体应用法律若干问题的解释》第二条第（二）项及《刑事诉讼法》第一百六十二条第（二）项、第一百八十九条第（二）项之规定，于2005年10月11日判决如下：（1）撤销长沙市中级人民法院（2004）长中刑二初字第9号）刑事判决。（2）被告单位湖南大学财税远程教育中心和被告人谭慧渊、蒋菊香无罪。

■ 案例评析

□ 重点示意图

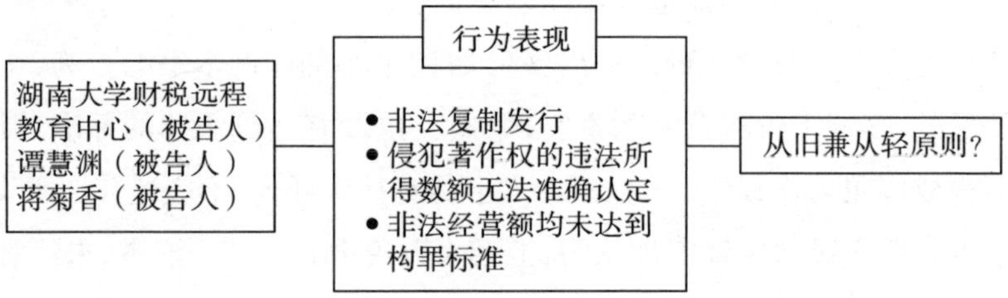

□ 疑难点释析

本案判决的关键在于如何理解适用不同时间出台的司法解释。这里需要把握以下两个原则：

第一，司法解释施行后，应当按照司法解释去理解、适用法律。

司法解释是为了解决法律工作者在适用过程中存在的对法律的理解、适用不一致或者不正确的问题。司法解释施行后，所有正在审理或尚未审理的案件，都必须一律适用该司法解释。最高人民法院、最高人民检察院《关于适用刑事司法解释时间效力问题的规定》第一条规定，司法解释的“效力适用于法律的施行期间”。司法解释公布施行后，所有正在审理或者尚未审理的案件，都必须按照解释去理解、适用法律。由于司法解释出台的时间相对滞后，实践中会出现在司法解释出台前作出的判决和司法解释不一致。针对这一情况，司法解释在颁行时往往规定开始施行的时间，如最高人民法院、最高人民检察院《关于办理侵犯知识产权刑事案件具体应用法律若干问题的解释》明确规定“自2004年12月22日起施行”，这意味着在2004年12月21日以前已经审结的案件，即使判决结果与公布的司法解释不一致，也不属于错案，不能根据新的司法解释提请审判监督程序。

与本案相关的最高人民法院司法解释有两个：1998年12月17日公布的最高人民法院《关于审理非法出版物刑事案件具体应用法律若干问题的解释》（以下简称《非法出版物解释》）和2004年12月8日公布的最高人民法院、最高人民检察院《关于办理侵犯知识产权刑事案件具体应用法律若干问题的解释》（以下简称《知识产权解释》）。《非法出版物解释》第二条规定：“以营利为目的，实施刑法第二百一十七条所列侵犯著作权行为之一，个人违法所得数额在五万元以上，单位违法所得数额在二十万元以上的，属于‘违法所得数额较大’。具有下列情形之一的，属于‘有其他严重情节’：（一）因侵犯著作权曾经两次以上被追究行政责任或者民事责任，两年内又实施刑法第二百一十七条所列侵犯著作权行为之一的；（二）个人非法经营数额在二十万元以上，单位非法经营数额在一百万元以上的；（三）造成其他严重后果的。以营利为目的，实施刑法第二百一十七条所列侵犯著作权行为之一，个人违法所得数额在二十万元以上，单位违法所得数额在一百万元以上的，属于‘违法所得数额巨大’。具有下列情形之一的，属于‘有其他特别严重情节’：（一）个人非法经营数额在一百万元以上，单位非法经营数额在五百万元以上的；（二）造成其他特别严重后果的。”《知识产权解释》第五条第一款规定：“以营利为目的，实施刑法第二百一十七条所列侵犯著作权行为之一，违法所得数额在三万元以上的，属于‘违法所得数额较大’；具有下列情形之一的，属于‘有其他严重情节’，应当以侵犯著作权罪判处三年以下有期徒刑或者拘役，并处或者单处罚金：（一）非法经营数额在五万元以上的；（二）未经著作权人许可，复制发行其文字作品、音乐、电影、电视、录像作品、计算机软件及其他作品，复制品数量合计在一千张（份）以上的；（三）其他严重情节的情形。”第十五条规定：“单位实施刑法第二百一十三条至第二百一十九条规定的行为，按照本解释规定的相应个人犯罪的定罪量刑标准的三倍定罪量刑。”这两条都是对侵犯著作权罪的规定。因此，在《知识产权解释》颁行后，所有正在审理和尚未审理的侵犯知识产权犯罪案件都应该适用该司法解释，即使侵犯知识产权犯罪行为发生在该司法解释施行以前。

第二，行为发生于新的司法解释实施前，且行为时已有相关司法解释的，如何适用司法解释。

最高人民法院、最高人民检察院《关于适用刑事司法解释时间效力问题的规定》第三条规定:“对于新的司法解释实施前发生的行为,行为时已有相关司法解释,依照行为时的司法解释办理,但适用新的司法解释对犯罪嫌疑人、被告人有利的,适用新的司法解释”。由此可知,对于同一个具体应用法律问题先后有两个司法解释的,应当根据《刑法》第十二条第一款规定的从旧兼从轻原则,选择适用对被告人最有利的司法解释。结合本案关于侵犯著作权罪的两个司法解释来看,依照从旧兼从轻的原则,对于2004年12月21日以前发生的正在审理以及尚未审理的侵犯著作权刑事案件,应当适用《非法出版物解释》。

本案所涉行为发生于2001年4月,一审、二审均在2004年12月21日之前进行,因此,应当按照《非法出版物解释》的有关侵犯著作权犯罪的规定进行处理。即,当财税中心复制发行《邓小平理论概论》和《INTERNET基础》违法所得数额在20万元以上,或者非法经营数额在100万元以上的,以侵犯著作权罪追究刑事责任。

本案一审认定的事实为:财税中心实施的侵犯他人著作权行为的非法经营额只有53.5万元,没有达到构成侵犯著作权罪所要求的100万元,因而不能认定为“有其他严重情节”。此外,一审认定财税中心非法复制《邓小平理论概论》《INTERNET基础》两本书,非法获利28万余元。经二审审理查明,根据湖南大学现代教育中心与财税中心2001年4月15日及9月5日签订的《关于湖南大学财税远程教育中心管理合同书》及其《补充协议书》的规定,财税中心负责向学员收取每学年的600元资源费,用于给学员发放教科书及光盘等教学资源。根据湖南省金雷司法鉴定所出具的《司法鉴定技术报告书》,财税中心第一学年发放给学员第一学年所有专业课程书籍总价格就达716.61元,尚不包括发放给学员的教学光盘。财税中心虽然将非法复制的《邓小平理论概论》3万册在第一学年发放给了学员册,但按照财税中心的教学计划,开设《邓小平理论概论》这一课程属于第二学年的课程,并不属于第一学年的课程,因此,该课程的教材《邓小平理论概论》并不属于第一学年的发放范围,财税中心应在第二学年收取该课程的教材即《邓小平理论概论》一书的资源费用。事实上,财税中心亦未在第一学年收取这一课程的教材费用,因为该案在第一学年就案发,湖南大学网络学院接手财税中心的有关事务后收取了第二学年的600元资源费，并且使用了财税中心于第一学年发放的《邓小平理论概论》教材，故财税中心没有实际获利，因而没有违法所得。这样，财税中心只在非法复制一万册《INTERNET 基础》一书上存在违法所得。这本书的定价为19元，非法复制一万册，其非法经营额也只有19万元，故该书的非法所得数额没有达到司法解释关于单位构成侵犯著作权罪所要求的违法所得数额在20万元以上。

根据以上案件事实，财税中心非法复制两书的非法经营额和违法所得，均未达到《非法出版物解释》所规定的定罪数额要求，一审法院认定案件事实有误，二审法院依法改判被告单位及有关直接责任人员无罪是正确的。

知识点梳理

刑法的司法解释，是指最高人民法院、最高人民检察院就刑法适用中刑法规定的含义进行阐明的活动或者通过该活动所得出的结论。[1]

从旧兼从轻原则适用于司法解释。司法解释作为我国特色法律制度中的重要法律渊源，具有附属性、补充性和复合性的性质。“从旧兼从轻”原则可以适用于司法解释主要基于以下理由：首先，司法解释是对刑事司法实践活动中如何具体应用刑事法律进行的解释，是在立法原意内就如何具体运用法律所产生的问题的明确化、具体化，因此其效力应与所解释的刑法效力同步，是司法解释附属性的体现。也就是说司法解释的附属性决定了它的效力理应与所解释的法律同步，是从解释对象的性质出发适用“从旧兼从轻”原则。其次，司法解释在审判实践中可以作为定罪量刑的法律根据，直接决定对被告人的定罪量刑，实际充当了填补法律空白的角色，是司法解释补充性体现。因此，对于之前法律或司法解释未涉及的补充性的内容，从有利于被告人和保障人权的角度，应适用从旧兼从轻原则。最后，司法解释既可能包含实体性的规定，亦可能涉及审理流程中的程序性规定，这体现了它的复合性。司法解释能够明确法律在司法实践中的具体适用问题，但其关于审理流程的程序性规定仅为规范和统一案件的具体审判流程所设，既不决定也不影响定

〔1〕 李希慧：《刑法解释论》，中国人民大学1993年博士学位论文。

罪量刑或刑罚执行,因此也应采取裁判时法主义,即从新原则。

从旧兼从轻原则适用于刑法的程序性规定,理由如下:首先,从“从旧兼从轻”原则蕴含的法理基础来看,从旧兼从轻原则作为禁止刑法溯及既往的例外原则,属于罪刑法定原则,罪刑法定原则从来就具有实体法和程序法两方面的意义,其早期思想渊源“任何人未经合法审判不得定罪”就发端于对适当法定程序的确立。虽然大陆法系国家对罪刑法定原则的发展出现过倚重实体法意义上的倾向,但随着各国法律的不断借鉴融合和自我完善,罪刑法定原则兼具程序法和实体法上意义的趋势日益明显。因此,从旧兼从轻原则的适用也体现在实体法规则和适用规则的方法(程序法)之中。其次,从“从旧兼从轻”原则的逻辑脉络上看,从旧兼从轻原则是被告人不应该对其行为时无法知晓或应当知晓的新的法律承担责任,除非适用新法有利于被告人。也就是说,有利于被告人是从旧兼从轻原则的核心价值取向,适用刑法解释程序性规定的关键也在于考量是否有利于被告人。如果有利于被告人,就可以适用。

事实上,与定罪量刑相关的程序性规定虽然不直接涉及量刑的轻重,但在客观上可能加重被告人的行刑负担,限制或约束了被告人的行为,与被告人的实际权益和处境息息相关。以涉及刑罚执行的程序性规定为例,《刑法修正案(九)》第二条规定:“判处死刑缓期执行的,在死刑缓期执行期间,如果没有故意犯罪,二年期满以后,减为无期徒刑;如果确有重大立功表现,二年期满以后,减为二十五年有期徒刑;如果故意犯罪,情节恶劣的,报请最高人民法院核准后执行死刑;对于故意犯罪未执行死刑的,死刑缓期执行的期间重新计算,并报最高人民法院备案。”如果某一行为人在《刑法修正案(九)》实施前因抢劫被判处死刑缓期 2 年执行,在《刑法修正案(九)》实施后提起上诉,虽然关于抢劫罪的法条没有变动,但《刑法修正案(九)》对死刑缓期执行的条件和程序均发生变动,严格规定了死刑限制的条件,只有达到情节恶劣的程度,方可适用死刑。另外,对于故意犯罪未判处死刑的,死刑缓期执行的期间重新计算,并报最高人民法院备案。如果不适用“从旧兼从轻”原则,则对被告人适用新法规定的程序要求,即使被告人没有故意犯罪,并有重大立功,也要判处 25 年有期徒刑,但新法实施前则可能判处 15 年有期徒刑,两者的量刑悬殊,直接关系到被告人的自由权乃至生命权。因此,从有利于被告人的角度出发,无论是关于定罪量刑的实体规定还是程序规定,都应当适用从旧兼从轻原则。

另外，如证据规则发生变动，对具体案件定罪量刑的结果产生重大影响的，亦涉及应否将证据规则纳入从旧兼从轻原则的讨论。

从旧兼从轻原则的适用对象分为狭义和广义两类。狭义适用对象，指发生在新刑事法律生效之前，未经审判或者判决尚未确定的行为。广义适用对象除狭义适用对象之外，还包括裁判已经确定或者正在服刑的行为。

采取广义对象的立法国家包括俄罗斯联邦、西班牙等。如《俄罗斯联邦刑法典》第十条规定："一、规定行为不构成犯罪，减轻刑罚或以其他方式改善犯罪人状况的刑事法律，有溯及既往的效力，即适用于在该法律生效之前实施犯罪的人，其中包括正在服刑的人或已服刑完毕但有前科的人；二、如果犯罪人因为犯罪行为正在服刑，而新的刑事法律对行为规定了较轻的刑罚，则应在新的刑事法律规定的限度内减轻刑罚。"我国台湾地区"刑法"和《澳门刑法典》也有类似的规定。

我国刑法采取狭义对象，根据我国 1997 年《刑法》第十二条第二款的规定："本法施行以前，依照当时的法律已经作出的生效判决，继续有效。"也就是说，我国刑法只承认从旧兼从轻原则对未决行为的溯及效力，而对于已经由生效裁判评价的行为，不适用从旧兼从轻原则。

从旧兼从轻原则属于刑法溯及力原则之一，具体而言，属于行为时法主义的例外情形，又称相对行为时法主义，即对犯罪行为原则上应按案发当时的刑事法律来处罚，但当裁判时新刑法所规定的处罚轻于行为时法时，应当按裁判时法处罚。其蕴含的法理基础要求刑法应当提供明确的行为指引预期，不能对行为人施以其行为时无法知晓和预见的新的刑罚后果，除非基于人道主义的考虑，适用新法更有利于行为人，方可以突破适用行为时法主义的限制，是人本主义指导下对行为人个体的谦抑和关怀。

"从旧兼从轻"原则无论是选择狭义还是广义适用对象，都是对行为人个体的关怀一脉相承，并没有本质差异，只是程度深浅不一。采取狭义适用对象是在关注个体的基础上，就个体利益让位于秩序稳定又作了一个折中选择，而采取广义适用对象则选取了一种对特殊情况下个体利益更彻底的关怀和改善。因此，在从旧兼从轻原则的理论基础上延伸，为司法实践中面对具体案例时采取广义的适用对象留下了可以讨论的空间。

我国采取狭义适用对象，主要是担心对裁判既判力以及司法、法律权威的动摇及造成其他不利影响。回顾我国刑事法律体系的修订和完善过程,其中蕴含的刑法理念以及刑事政策也处于不断变迁和调整的过程中。我国刑法从新中国成立初期的注重强有力的社会秩序管制和矫正,逐渐向对国家权力的必要限制和刑事被告人权益的保护转变,照此发展,未来采取广义适用对象并非没有可能。另外,实践中有损既判力的判决的主要原因也绝不是基于人道主义的个案调整导致的,特殊情况下改善个别犯罪人个体境况与维护生效裁判既判力之间并不是顾此失彼的关系。

PART 02

犯罪构成要素

6
Case Study

官其明故意杀人案

犯罪故意

■ 研读指导

1. 本案的审判法院如何判定行为人的主观故意？请提炼法院的推理要点。
2. 请注意，本案中被害人过错的认定，以及实践中被害人过错的程度或在诱发犯罪中的作用。
3. 比较研读近似案例，分析具体事实对认定行为人主观故意的影响，注意区分其中的差异并分析原因。

■ 相关法条

《中华人民共和国刑法》第十四条[故意犯罪]、第十五条[过失犯罪]、第四十八条[死刑、死缓的适用对象及核准程序]、第五十七条第一款[对死刑、无期徒刑罪犯剥夺政治权利的适用]、第六十四条[犯罪物品的处理]、第六十七条第一款[自首]、第二百三十二条[故意杀人罪]

《中华人民共和国刑事诉讼法》(1996年修正版)第一百八十九条第(一)项、第二百零一条

最高人民法院《关于处理自首和立功具体应用法律若干问题的解释》第一条第(一)项

最高人民法院《关于执行〈中华人民共和国刑事诉讼法〉若干问题的解释》第二百七十八条第(一)项

■ 近似案例

杨某某故意伤害案(刑事审判参考第 432 号)
李某故意伤害案(刑事审判参考第 832 号)
李中海故意杀人案(刑事审判参考第 925 号)
郭春故意杀人案(刑事审判参考第 964 号)

■ 案情介绍

被告人官其明,男,1978 年 7 月 9 日出生,汉族,小学文化程度,农民。因涉嫌犯故意杀人罪,于 2003 年 12 月 31 日被逮捕。

广东省东莞市人民检察院以被告人官其明犯故意杀人罪,向广东省东莞市中级人民法院提起公诉。

被告人官其明辩称:捂被害人的口鼻是为了阻止被害人吵闹,并非有意杀害被害人。

其辩护人辩称:(1)被告人官其明的行为不构成故意杀人罪,而构成过失致人死亡罪。理由是,首先,被告人与被害人是恋人关系,感情很好,被告人主观方面并没有剥夺被害人生命的故意,案发时被告人捂被害人的口鼻是为了阻止被害人吵闹;其次,被告人虽然在客观上造成被害人死亡的结果,但系被告人的过失行为所致。(2)被告人官其明具有自首情节。(3)本案因恋爱纠纷引发,被害人对本案的发生存在一定的过错。(4)被告人官其明认罪悔罪态度好,无前科,系初犯、偶犯。

广东省东莞市中级人民法院经公开审理查明:被告人官其明与东莞市桥头镇丰润酒店服务员张爱华于 2003 年 5 月确立恋爱关系。后张爱华多次向被告人官其明提出分手,官其明均不同意。2003 年 11 月 15 日下午 3 时许,官其明到东莞市桥头镇桥光大道华翠旅店,以其身份证登记入住 304 号房间。16 日凌晨 2 时 30 分许,官其明到桥头镇东方娱乐城路口接张爱华下班,后两人一起回到华翠旅店 304 号房间。张爱华再次提出分手,官其明不同意,两人因此发生争吵。官其明一时气愤,使用捂口鼻和双手掐脖子的方法,致张爱华窒息死亡(经法医鉴定,张爱华是被他人捂口鼻及压迫颈部致机械性窒息死亡)。随后,官其明将张爱华的尸体塞到床底下,于早上7时许退房逃离现场。同月28日,被告人官其明因形迹可疑被江西省上饶市公安局信州分局东市派出所巡防民警盘查,被告人即交代了故意杀人的事实。

广东省东莞市中级人民法院认为,被告人官其明目无国家法律,因恋爱之中女方提出与其分手而心怀愤恨,采用捂口鼻和掐脖子的方法,非法剥夺被害人生命,致一人死亡,情节后果严重,其行为已构成故意杀人罪。公诉机关指控被告人官其明所犯罪名成立。但被告人官其明具有自首情节,可以从轻处罚。

被告人官其明提出捂被害人的口鼻是为了阻止被害人吵闹,并非有意杀害被害人,其辩护人所提被告人官其明的行为不构成故意杀人罪,而构成过失致人死亡罪,经查,被告人用手捂被害人口鼻让被害人推开后,又将被害人翻倒在床上,并坐在被害人肚子上,用双手猛掐被害人的脖子,直至被害人死亡,被告人是具有完全刑事责任能力的成年人,知道捂口鼻、掐脖子必然会导致被害人死亡,却仍然实施该行为,积极追求被害人死亡结果的发生,反映出被告人主观上具有非法剥夺被害人生命的故意,其行为完全符合故意杀人罪的法定特征,依法构成故意杀人罪。被告人及其辩护人的此辩护意见理据不足,不予采纳。辩护人提出被告人官其明具有自首情节,且认罪悔罪态度好,无前科,系初犯、偶犯,经查,被告人官其明在江西省上饶市的一间二手手机店出售手机时,因形迹可疑被上饶市东市派出所民警带回派出所审查,审查中被告人主动如实交代了当地公安机关尚未掌握的其杀害被害人张爱华的罪行,依法应当视为自首;被告人认罪悔罪态度好,无前科,系初犯、偶犯,经查亦属实,辩护人的上述辩护意见予以采纳。

辩护人提出本案因恋爱纠纷引发,被害人对本案的发生存在一定的过错,经查,本案确属恋爱纠纷引发,但恋爱自由是法律赋予每一位公民的合法权利,被害人既享有与被告人恋爱的权利,也享有与被告人分手的自由,被害人欲与被告人终止恋爱关系而提出分手,并无明显的过错,辩护人的此辩护意见不予采纳。

依照《刑法》第二百三十二条、第四十八条第一款、第五十七条第一款、第六十七条第一款、第六十四条和最高人民法院《关于处理自首和立功具体应用法律若干问题的解释》第一条第(一)项之规定,判决如下:被告人官其明犯故意杀人罪,判处死刑,缓期2年执行,剥夺政治权利终身(死刑缓期执行的期间,从判决确定之日起计算)。

一审宣判后,被告人官其明不服,提出上诉。

广东省高级人民法院经审理认为,上诉人官其明无视国法,在谈恋爱的过程中,因被害人提出与其分手而心怀愤恨,采取捂口鼻和掐脖子的方法,非法剥夺被害人的生命,其行为已构成故意杀人罪。且致一人死亡,情节、后果严重,论罪应当判处死刑,立即执行,但鉴于官其明有投案自首及认罪态度较好,是初犯、偶犯等情节,判处死刑可不必立即执行。原判认定基本事实清楚,基本证据确实、充分,定罪准确,量刑恰当,审判程序合法。官其明上诉及其辩护律师辩护所提请求对官其明再次从轻处罚的辩解、辩护意见,经查均不能成立,不予采纳。根据《刑事诉讼法》第一百八十九条第(一)项之规定,裁定如下:驳回上诉,维持原判。

根据《刑事诉讼法》第二百零一条、最高人民法院《关于执行〈中华人民共和国刑事诉讼法〉若干问题的解释》第二百七十八条第二款第(一)项的规定,本裁定即为核准以故意杀人罪判处上诉人官其明死刑,缓期 2 年执行,剥夺政治权利终身的刑事裁定。

■ 案例评析

□ 重点示意图

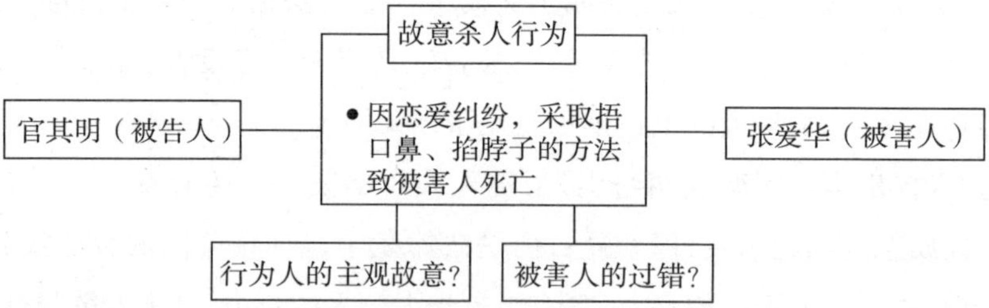

□ 疑难点释析

本案的疑难点主要集中在:如何判断行为人主观上存在故意以及本案被害人是否存在过错。

1. 行为人主观上是否存在故意

在本案中,被告人官其明用手捂住被害人口鼻和掐被害人脖子的行为,必然会使被害人窒息并导致其死亡,这是生活的常识,能够被一般人所预见。被告人官其明作为心智健全、具有完全刑事责任能力的成年人,与常人无异,在能预见该结果的情形下,仍不顾被害人的反抗而决意实施该行为,主观上具有故意杀人的事实性认识,且积极追求被害人死亡结果的发生,反映出被告人具有非法剥夺被害人生命的故意,其行为完全符合故意杀人罪的法定构成特征。

在故意杀人案件中界定行为人主观故意中的认识应该从下述三个方面进行衡量:其一,行为人应认识到自己是在实施剥夺他人生命的行为;其二,行为人认识到其行为将会产生致他人死亡的结果;其三,行为人认识到其行为指向对象是人而非人的尸体或动物。如果行为人认识到上述三方面的内容,就可以判定行为人主观上具有事实性认识,以此为基础,再结合行为人的意志因素,就可以确认行为人主观上是否存在杀人的故意。由于认识属于人的主观范畴,因此判断行为人的事实性认识较难把握。理论上关于事实性认识的判断标准主要有四种观点:一是纯粹的客观说,认为应根据事实的客观存在来判断行为人的事实性认识,没有必要考虑行为人的主观状况。二是纯粹的主观说,坚持以行为人的主张作为认定行为人事实性认识存在与否的唯一依据。三是合理的客观说,强调如果合理的人能预见产生的结果是其行为的自然的、盖然的结果时,就应该认定被告人也能够预见。四是合理的主观说,认为事实性认识的判断以行为人自身的认识为基础,同时参考一般人的认识。笔者赞同第四种观点——合理的主观说,理由在于:前三种标准要么轻视甚至完全排除行为人的主观实际,要么过分依赖行为人的主观实际而忽略一般人的情况,相比之下,合理的主观说较为可取。合理的主观说既承认事实性认识是认定行为人主观故意的基础,不能脱离行为人的主观认识;又承认主观故意最终由法官来认定,法官必然要考虑一般人(合理的人)的情况,以一般人(合理的人)能否认识为标准作出基础性的判断,然后根据行为人的具体情况进行修正。

2. 本案被害人是否存在过错

本案中认定被害人是否存在过错,主要取决于对被害人提出与被告人分手这一行为性质的判断。《婚姻法》第二条规定:“实行婚姻自由、一夫一妻、男女平等的婚姻制度。”第三条第一款规定,“禁止包办、买卖婚姻和其他干涉婚姻自由的行为”。婚姻是男女双方恋爱的结果,婚姻自由必然以恋爱自由为基础。相比于封建社会的“父母之命、媒妁之言”“指腹为婚”等做法,恋爱自由体现了社会的进步,既合乎法律规定又合乎社会的道德规范。本案被害人提出与被告人分手,正是基于恋爱自由而作出的决定,被告人及其辩护律师据此认为被害人存在过错是不能成立的。

■ 知识点梳理

1. 刑法上的故意

犯罪故意与故意犯罪是两个不同的概念。前者是一种罪过心理,后者是一种犯罪行为。犯罪故意是指行为人明知自己的行为会造成危害社会的结果,并且希望或者放任这种结果发生的心理态度。我国刑法对故意采取的是“容认说”,即行为人认识到危害行为与危害结果,并希望或放任危害结果发生的,就成立故意。[1]该主张从两个层面对“故意”进行解构:首先,在行为人认识到危害行为与危害结果时,还放任危害结果的发生,就表明行为人不是消极地不保护社会关系,而是对社会关系持一种积极的否认态度,这与希望结果发生没有本质区别。其次,“容认说”将主观恶性明显小于间接故意的过于自信的过失,排除在故意之外,又将间接故意归入故意之中,因而做到了宽窄适度。

犯罪故意包括两项内容:(1)认识因素,即行为人明知自己的行为会发生危害社会的结果;(2)意志因素,即行为人希望或者放任这种危害结果的发生。因此,准确认定行为人的主观故意必须首先查明行为人的认识状态,即行为人是否对相应犯罪构成要件中的客观方面也就是事实有着明确的认识,在此基础上再考察行为人的意志态度,从而判断行为人是否存在犯罪故意以及何种故意(直接故意还是间接故意)。所以,行为人的认识是刑法归责的要素之一,也是判定行为人主观状态的基础,具体包括:(1)对行为本身的认识,即对刑法规定的危害社会行为内容及性质的认识;(2)对行为结果的认识,即对行为产生或将要产生的危害社会结果内容与性质的认识;(3)对与危害行为和危害结果相联系的其他犯罪构成要件

〔1〕 高铭暄、马克昌主编:《刑法学》(第七版),北京大学出版社、高等教育出版社2016年版,第107页。

事实的认识。若行为人在已对行为事实有明确认识的情况下，仍决意实施相应行为，即属于明知故犯，可以认为行为人具有犯罪的故意。

对于犯罪故意是否要求包含违法性认识，即行为人对于自己行为不被法律所容许的认识。学界争论分为否定说、肯定说、折中说三种。否定说认为，违法性认识不是故意的内容，法律认识错误不阻却故意的成立也不影响行为人的刑事责任。[1] 肯定说认为，违法性认识是故意的内容，法律认识错误阻却故意的成立。[2] 折中说从否定违法性认识或者肯定违法性认识的立场出发，对所主张的观点加以限制或者列出特殊例外。[3] 我国刑法没有明确规定对于犯罪故意的成立是否以违法性认识为条件，但立法上强调以社会危害性认识为必要。在学界坚持否定说的学者逐渐向折中说的方向转化，主张区别自然犯和法定犯，认为自然犯不需要违法性认识，而法定犯则需要违法性认识，现行的通说是折中说。

2. 被害人过错的认定

刑事案件中被害人的过错是指被害人作出的、与被告人实施犯罪行为有直接或间接关系的、应受非难的行为。判断刑事被害人过错应采取主客观相一致的标准。[4] 包括：(1)被害人过错是由被害人的主观心理状态决定的，心理状态的差异会导致过错程度及被告人应受谴责的程度不同。(2)被害人过错表现为被害人主观意志支配下的客观外在行为。(3)被害人过错是法律和道德对被害人行为的否定评价，即被害人实施某种行为侵犯了社会或其他个体的利益，违反了法定义务、公共行为准则或道德标准。(4)被害人的过错与被告人实施相应的犯罪行为具有密切的联系。实践中一般表现为被害人的过错诱发被告人的犯罪意图，加剧被告

---

〔1〕 否定说的立场又可分为否定规范认识价值说和肯定社会危害性认识否定违法性认识说，参见甘雨沛等主编：《犯罪与刑罚新论》，北京大学出版社1991年版，第221页；樊凤林主编：《犯罪构成论》，法律出版社1987年版，第122页。

〔2〕 参见陈兴良：《刑法哲学》，中国政法大学出版社1992年版，第49页；张庆方：《刑事法学要论》，法律出版社1998年版，第384页。

〔3〕 参见高铭暄主编：《中国刑法学》，中国人民大学出版社1989年版，第127页；樊凤林主编：《犯罪构成论》，法律出版社1987年版，第122～123页；童伟华、李希慧：《违法性认识在故意犯罪成立中的地位》，载《石油大学学报》(社会科学版)2003年第5期。

〔4〕 刑事意义上的被害人过错有以下三个特征：(1)被害人行为的不正当性；(2)被害人行为与犯罪行为人犯罪行为的关联性；(3)犯罪行为的针对性。参见王新清、袁小刚：《论刑事案件中的被害人过错》，载《中国刑事法杂志》2008年第2期。

人的侵害程度，甚至是被告人实施犯罪的原因。

按被害人过错的程度或在诱发犯罪中的作用大小可分为重大过错和一般过错。重大过错是指被害人故意严重违反法律和公共道德，挑起、制造或激发冲突，其行为与被告人实施的犯罪行为之间有直接的因果关系。重大过错的行为可能是违法行为也可能是犯罪行为，例如，被害人实施故意伤害行为，被告人进行防卫，但防卫过当致被害人重伤或死亡。一般过错指被害人基于一般的故意或过失所实施的行为与被告人实施的犯罪行为具有直接或间接的因果关系。按过错内容可分为故意过错和过失过错，前者指被害人故意违反法律或公共道德的行为导致被告人实施犯罪行为，后者指被害人基于疏忽大意或过于自信的过失引起被告人的犯罪行为。

7 Case Study 季忠兵过失致人死亡案

过失犯罪 | 意外事件

■ 研读指导

1. 本案中，针对被告人致人死亡的行为，审判法院如何认定被告人的主观过错？
2. 结合本案，在特殊环境下如何区分间接故意和疏忽大意的过失？
3. 比较研读近似案例中有关间接故意和过于自信的过失的区别，并进行归纳总结。

■ 相关法条

《中华人民共和国刑法》第十五条[过失犯罪]、第十六条[不可抗力和意外事件]、第二百三十三条[过失致人死亡罪]、第二百三十四条第二款[故意伤害致人重伤或死亡]

《中华人民共和国刑事诉讼法》(1996年修正版)第一百八十九条第(二)项

■ 近似案例

朱家平过失致人死亡案(刑事审判参考第346号)

杨春过失致人死亡案(刑事审判参考第635号)

■ 案情介绍

被告人季忠兵，男，1974年11月28日出生于江苏省海门市，汉族，初中文化，原系上海汇津装饰工程有限公司油漆工。因本案于2007年8月20日被逮捕。

上海市宝山区人民检察院以被告人季忠兵犯故意伤害罪,向上海市宝山区人民法院提起公诉。

上海市宝山区人民法院经公开审理查明:2007 年 6 月 30 日 17 时 20 分许,被告人季忠兵在上海市宝山区塘祁路 101 号上海汇津装饰工程有限公司锅炉房,因打开水与被害人汪亚龙发生争执,继而相互推搡扭打。在推搡扭打过程中,季忠兵用放于锅炉房边上的桶(内有香蕉水)泼洒汪亚龙,香蕉水瞬间起火燃烧,致使汪亚龙因高温热作用致休克而死亡。

上海市宝山区人民法院认为,被告人季忠兵间接故意伤害他人,并致一人死亡,其行为构成故意伤害罪;鉴于季忠兵系初犯,且能赔偿被害人的经济损失,可酌情从轻处罚。根据《刑法》第二百三十四条第二款之规定,以犯故意伤害罪判处被告人季忠兵有期徒刑 10 年。

一审宣判后,被告人季忠兵不服,提出上诉,提出其不明知桶内装有香蕉水,没有故意泼洒被害人,桶是在其与被害人扭打过程中被打翻的,其行为属于过失犯罪而非故意犯罪。

上海市第二中级人民法院经公开审理查明:2007 年 6 月 30 日 17 时 20 分许,被告人季忠兵到上海市宝山区塘祁路 101 号上海汇津装饰工程有限公司锅炉房门口打开水,因故与被害人汪亚龙发生争执,继而相互推搡扭打。其间,季忠兵拎起放于锅炉房边上的一个油漆桶甩向汪亚龙,致盛放桶内的香蕉水泼洒在汪亚龙身上,香蕉水随即起火燃烧,汪亚龙和季忠兵均被烧着。嗣后,两人被送往医院救治,汪亚龙因高温热作用致休克而死亡。

上海市第二中级人民法院认为,被告人季忠兵因过失致一人死亡,其行为已构成过失致人死亡罪。原审判决定性不当,应予以纠正。鉴于季忠兵已赔偿被害人家属的部分经济损失,可酌情从轻处罚。据此,依照《刑事诉讼法》第一百八十九条第(二)项及《刑法》第二百三十三条之规定,判决如下:(1)撤销上海市宝山区人民法院(2008)某刑初字第 36 号刑事判决。(2)被告人季忠兵犯过失致人死亡罪,判处有期徒刑 4 年。

■ 案例评析

□ 重点示意图

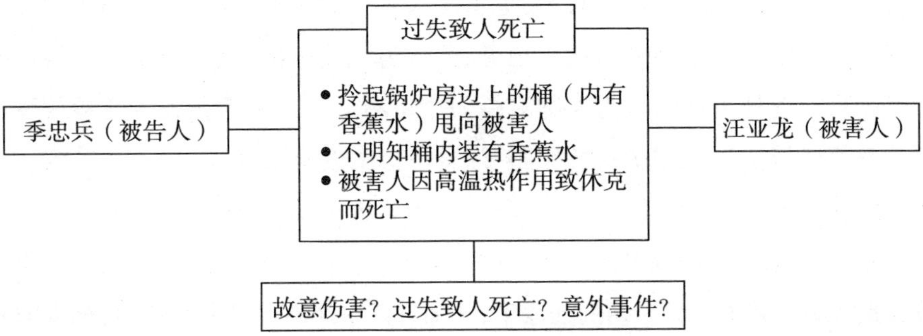

□ 疑难点释析

本案裁判的疑难点主要在于正确评价被告人季忠兵的主观罪过，然后据此对其行为定罪量刑。关于被告人季忠兵实施故意伤害行为的主观心态，存在以下三种意见：(1)被告人的行为属间接故意的伤害行为，应承担故意伤害致人死亡的法律责任；(2)被告人的行为性质属于疏忽大意的过失，构成过失致人死亡罪；(3)该案属于意外事件，被告人不构成犯罪，无须承担刑事责任。通观全案证据资料，笔者认为被告人季忠兵应该承担过失致人死亡的法律责任，理由如下：

首先，从主观上看被告人不存在故意，属于疏忽大意的过失。本案被害人最终由于香蕉水燃烧导致死亡，结合在案证据，笔者认为，对该结果不能认定为被告人故意所为。香蕉水（又称稀料）是一种化学混合性溶液，工业用途非常广，主要用作喷漆的溶剂或稀释液。香蕉水的主要成分为二甲苯、工业乙醇、醋酸乙酯、丙酮，常温下为无色透明，不溶于水。具有较强的挥发性、易燃性，带有浓烈的类似香蕉味的刺鼻气味。本案中，香蕉水从桶中溢出系被告人用桶扔向被害人时发生的结果。从被告人的行为分析，其虽明知桶内有香蕉水，但结合扔桶时桶盖密封的情况，应认定其具有使用桶伤害被害人的故意，但对用香蕉水泼洒、烧伤被害人的后果不持有希望的态度。根据主客观相统一的原则，被告人应对其用油漆桶攻击被害人所造成的直接后果承担责任，即若油漆桶的撞击导致被害人构成轻伤以上结果，被告人对此承担故意责任；超出该范围的，被告人不具有故意犯罪的主观罪过，否则将违背刑法罪责相适应的原则。

其次，该案不是意外事件。实践中，意外事件与疏忽大意的过失比较容易混淆，关键在于行为人是否有应当预见危害结果发生的义务。疏忽大意的过失，是指行为人对危害结果应当预见而没有预见，即行为人负有预见危害结果的义务，并且也能够预见。意外事件的行为人则对行为后果不具有预见的义务。判断是否具有预见义务要坚持主客观相统一的原则，综合考虑案发时行为人的心态、年龄、心智、工作经验以及案发时的环境等多种因素。对被告人认知因素的考量，不能仅凭被告人一人的供述，既要考虑到被告人的个体因素，也要考虑社会一般人的认知因素。本案被告人是职业装饰工程公司的油漆工，熟知香蕉水遇高温易燃的特性，至少依其工作性质可以推知其明知该特性。被告人在锅炉房内持装有香蕉水的桶殴打他人，客观上对桶内香蕉水溢出并在锅炉房这一特定的高温环境下会发生燃烧的后果存在预见的可能性，因此，被告人主观存在疏忽大意的过失，本案不属于意外事件。

综上所述，被告人的行为属于疏忽大意的过失致人死亡的行为，二审裁判符合法理，定性准确。

■ 知识点梳理

故意和过失作为罪过形式是刑事责任能力的重要环节。从规范责任主义的角度分析，即使全部构成要件都已具备，行为人是否承担刑事责任仍未完全确定，因为还可能存在否定行为人刑事责任的各项因素，如正当行为因素、违法阻却因素等。期待可能性理论就是企图解决构成要件与刑事责任之间的特殊问题。

期待可能性，是指根据具体情况，有可能期待行为人不实施不法行为而实施其他适法行为。[1] 关于期待可能性在责任论之中的地位，理论上有不同的观点：有人认为，期待可能性是包含在故意、过失中的要素，或者说是故意、过失的构成要素；有人主张，期待可能性是与责任能力、故意、过失相并列的第三个责任要素；有

〔1〕 高铭暄、马克昌主编：《刑法学》（第三版），北京大学出版社、高等教育出版社2007年版，第129页。

人提出，责任能力、故意、过失是责任的原则要素，期待可能性是责任的例外要素，因此，缺乏期待可能性是一种责任阻却事由。[1] 笔者认为，期待可能性是包含在故意、过失中的要素，如果不能期待行为人实施其他适法行为，就不能对其进行法的非难，因而不存在刑法上的责任。

我国《刑法》第十四条和第十五条只规定了故意和过失的心理要素（认识因素与意志因素）而没有明文规定期待可能性，但第十六条规定了不可抗力与意外事件不承担刑事责任，即将"由于不能抗拒或者不能预见的原因所引起的行为"出罪化，意味着没有期待可能性时就不存在故意或过失，期待可能性是故意、过失的前提（或基础）。

期待可能性的判断标准是指判断行为人在实施符合构成要件的违法行为时是否具有适法行为的期待可能性的标准。关于期待可能性的判断标准，存在以下几种学说：（1）行为人标准说主张，以行为时的具体状况下的行为人自身的能力为标准。（2）平均人标准说认为，如果对处于行为人状态下的通常人、平均人，能期待其实施适法行为，则该行为人具有期待可能性；如果不能期待其实施适法行为，则该行为人不具有期待可能性。（3）法规范标准说或国家标准说主张，以国家或者国家的法秩序的具体要求为标准，判断是否具有期待可能性。笔者认为，应当在保护法益的立场上判断期待可能性，根据行为人当时的身体的、心理的条件以及附随情况，通过与其他心智正常的普通人的比较，判断行为当时能否期待行为人不实施违法行为。

---

〔1〕 张明楷：《刑法学》（第五版），法律出版社2016年版，第326页。

8

Case Study

伍金洪、黄南燕绑架案

刑事责任年龄

研读指导

1. 本案审判法院如何确定被告人黄南燕的实际年龄？请提炼法院的推理要点。
2. 请注意，案件审理过程中户籍证明与被告人供述的年龄出现矛盾，且涉及被告人刑事责任年龄时，应当如何处理？
3. 司法实践中对涉及跨年龄阶段的犯罪，应如何处理？
4. 比较研读近似案例，区分刑事责任年龄对不同犯罪类型定罪处罚的影响，并进行梳理总结。

相关法条

《中华人民共和国刑法》第十二条第一款[溯及力]，第十六条[不可抗力和意外事件]，第十七条第一款、第三款[刑事责任年龄]，第四十八条[死刑、死缓的适用对象及核准程序]，第四十九条[死刑适用对象的限制]，第五十七条第一款[对死刑、无期徒刑罪犯剥夺政治权利的适用]，第六十八条第一款[立功]，第二百三十九条[绑架罪]

《中华人民共和国刑事诉讼法》(1996年修正版)第一百八十九条第(一)项

近似案例

扎西达娃等抢劫案(刑事审判参考第184号)

姜金福抢劫案(刑事审判参考第204号)

胡建民抢劫案(刑事审判参考第778号)

乔某诈骗案(刑事审判参考第851号)

■ 案情介绍

被告人伍金洪,男,1977年6月9日出生,汉族,农民工。因涉嫌犯绑架罪于2008年10月17日被逮捕。

被告人黄南燕,男,1990年9月23日出生,汉族,农民工。因涉嫌犯绑架罪于2008年10月17日被逮捕。

浙江省温州市人民检察院以被告人伍金洪、黄南燕犯绑架罪,向浙江省温州市中级人民法院提起公诉。

温州市中级人民法院经审理查明:2008年8月,被告人黄南燕提议绑架前女友许梦思以勒索财物,被告人伍金洪表示同意,两人为此进行多次商议,决定杀死许梦思再勒索财物。同年9月13日晚,黄南燕、伍金洪从温州市瓯海区丽岙镇一起来到仙岩镇。当晚10时许,黄南燕将许梦思骗至伍金洪选定的仙岩镇河口塘村河滨中路南侧的"河口塘村公变5号"变电房内,与伍金洪一起掐昏许梦思,从许梦思身上搜得现金人民币(以下币种均为人民币)六十余元及一部手机,随后两人将许梦思捆绑后扔入附近的温瑞塘河,致被害人许梦思溺水死亡。次日上午10时许,黄南燕打电话给许梦思的外婆索要5万元。当日下午,黄南燕去约定地点取赎金时被抓获。当天晚上,在黄南燕的协助下,公安机关在温州市瓯海区丽岙镇超蓝网吧抓获伍金洪。

证明被告人黄南燕年龄的证据主要有:(1)户籍证明反映:黄南燕出生于1990年8月11日;(2)《梧田区卫生院妇产科分娩登记表》复印件证明,黄南燕出生于1990年9月23日;(3)《黄氏宗谱》反映,黄南燕出生于共和庚午年八月初五,即1990年9月23日;(4)温州市人民检察院文件检验报告证明,送检的《黄氏宗谱》不是近年制作。

被告人黄南燕的辩护人提出,被告人作案时未满18周岁,具有重大立功,其亲属已向被害人家属赔付8万元,并以此为由,请求从轻处罚。

温州市中级人民法院认为,被告人伍金洪、黄南燕以勒索财物为目的绑架他人,并杀害人质,其行为构成绑架罪,公诉机关指控的罪名成立。被告人伍金洪、黄南燕共同商议杀害人质勒索钱财，且两人互相配合，采用扼颈、溺水等手段共同杀害人质，其手段特别残忍，情节特别恶劣，社会危害极大，罪行极其严重，应予严惩。关于被告人黄南燕的出生年月，尽管户籍证明显示其出生于1990年8月11日，但该户籍证明系2003年补充申报，而作为申报依据的《出生医学证明》是2003年出具，在客观真实性上存疑。相反，证明黄南燕出生于1990年9月23日的《梧田区卫生院妇产科分娩登记表》系出生当时所填写，《黄氏宗谱》经鉴定亦是早年形成，二者最能反映黄南燕出生时的真实情况。由于其他证据足以认定被告人黄南燕出生于1990年9月23日，作案时未满18周岁，因此，不采信户籍证明。据此，依照《刑法》第二百三十九条，第五十七条第一款，第十七条第一款、第三款，第六十八条第一款，第四十八条第一款之规定，判决如下：(1)被告人伍金洪犯绑架罪，判处死刑，剥夺政治权利终身，并处没收个人全部财产；(2)被告人黄南燕犯绑架罪，判处无期徒刑，剥夺政治权利终身，并处没收个人全部财产。

一审判决后，被告人伍金洪以原判对其量刑过重为由，提出上诉。

浙江省高级人民法院经审理认为，被告人伍金洪、黄南燕以勒索财物为目的绑架他人，并杀害人质，其行为构成绑架罪。伍金洪、黄南燕犯罪手段特别残忍，罪行极其严重，社会危害极大，依法应予严惩。黄南燕作案时未满18周岁，依法应当从轻处罚，不适用死刑。黄南燕虽有协助抓获同案犯的立功表现，但鉴于其所犯罪行极其严重，依法不予减轻处罚。伍金洪及其辩护人要求从轻改判的理由不能成立，不予采纳。原判定罪准确，量刑适当，审判程序合法。依照《刑事诉讼法》第一百八十九条第(一)项和《刑法》第十二条第一款，第二百三十九条，第五十七条第一款，第十七条第一款、第三款，第四十九条，第六十八条第一款，第一十六条第一款之规定，裁定驳回被告人伍金洪的上诉，维持原判，并依法报请最高人民法院核准。

最高人民法院经复核，依法核准一、二审法院关于判处被告人伍金洪死刑的判决、裁定。

■ 案例评析

□ 重点示意图

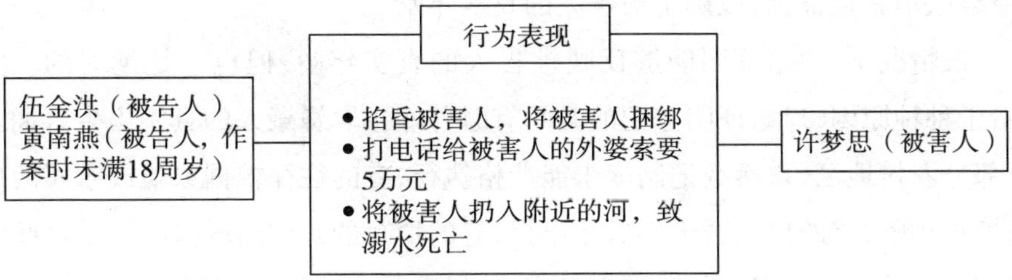

□ 疑难点释析

根据《刑法》第十七条的规定，已满 14 周岁不满 16 周岁的未成年只有在实施了《刑法》第十七条第二款规定的故意杀人、故意伤害致人重伤或者死亡、强奸、抢劫、贩卖毒品、放火、爆炸、投放危险物质罪的，才应当负刑事责任。同时，《刑法》第十七条第三款规定了未成年人从宽处罚原则，第四十九条规定了未成年人不适用死刑原则。由此可知，未成年人实施犯罪时的年龄关系到是否负刑事责任以及是否能够得到从宽处理等问题。因此，查清犯罪嫌疑人刑事责任年龄是办理刑事案件中要解决的首要问题，主要参照以下标准：

第一，证明被告人刑事责任年龄的证据应当首先使用被告人所在地公安机关出具的证明文件。

户籍证明是由当事人原籍公安机关根据其户籍登记情况出具的证明材料，其信息包括姓名、性别、民族、出生日期、公民身份证号码、家庭住址以及家庭成员等内容。关于户籍证明的证明力问题，现行刑法和刑事诉讼法均没有单独规定，司法实践中通常是参照适用最高人民法院《关于贯彻执行〈中华人民共和国民法通则〉若干问题的意见（试行）》的规定，即“出生的时间以户籍为准；没有户籍证明的，以医院出具的出生证明为准；没有医院证明的，参照其他有关证明认定”。户籍证明在认定出生时间问题上，具有高于其他证据的证明效力，原因在于其是由有权机关依据法律授权，按照法定程序或方式制作出具的，具有较强的规范性。因此，户籍证明是司法实践中认定被告人刑事责任年龄的首要依据。户籍证明应当由犯罪嫌疑人原籍派出所出具,对于公安机关从其内网上下载的户籍信息材料,必须经犯罪嫌疑人所在地公安机关核实,并加盖公章认可。

第二,当户籍证明与被告人供述的年龄出现矛盾,且涉及被告人刑事责任年龄时,应当收集其他证据,以确定被告人的真实年龄。

一般情况下,户籍证明能够反映被告人的真实年龄,但也不是绝对的。实践中,由于种种原因,户籍证明登记的时间有时并非犯罪嫌疑人的真实出生日期。尤其是部分农村地区,户籍登记制度未能严格执行,有的往往根据家长或亲属的口述随意填报年龄,有的出生若干年后才申报,有的填写的是农历的时间等。这些问题给我们认定被告人的真实年龄带来相当大的困难。为此,如果被告方对侦查机关收集的户籍证明提出异议,声称自己作案时实际年龄不满 14 周岁、不满 16 周岁或不满 18 周岁时,或者审判机关发现犯罪嫌疑人作案时年龄可能与证明不符,可能影响对被告人定罪量刑(特别是涉及死刑)时,就要注意收集其他能够证明其年龄的有效证明材料,而不能简单地以户籍证明来认定被告人的刑事责任年龄。这些证据材料包括:

其一,书证。主要包括出生证明、医院分娩记录、计生办证明、学籍证明、家谱族谱等,这些材料反映出生情况的原始记录信息,往往能够有效证明被告人年龄。在使用上述书证时要注意:一方面,应坚持“原始书证规则”,调取、查阅其原始登记材料;另一方面,一般来说,这类书证形成时间越早,可信程度就越高,证明价值也就越大。

其二,证人证言。是指被告人的父母、亲戚、朋友、邻居、接生员等证人就其出生、年龄等情况所作的证词。在具体判断证言的证明价值时需要考虑以下两个问题:一是证人是否为关系人;二是证人本身的感知、记忆和表达能力。

其三,骨龄鉴定。尽管 2000 年 2 月 21 日最高人民检察院发布的《关于“骨龄鉴定”能否作为确定刑事责任年龄证据使用的批复》指出:“犯罪嫌疑人不讲真实姓名、住址,年龄不明的,可以委托进行骨龄鉴定或其他科学鉴定,经审查,鉴定结论能够准确确定犯罪嫌疑人实施犯罪行为时的年龄的,可以作为判断犯罪嫌疑人年龄的证据使用。”然而,需要注意的是,由于受个体生长等各种客观条件的影响,生物年龄与实际的生活年龄并不完全一致。为此,不能把骨龄鉴定作为认定年龄的唯一证据,尤其是对涉及刑事责任年龄 14 周岁、16 周岁、18 周岁“临界点”的案件,如果被告人到案时间与作案时间间隔较长,根据到案后作的骨龄鉴定来推断其作案时的年龄,准确率不会很高。尤其是被告人辩解的出生日期与户籍证明载明的出生日期间隔极短,甚至只相差几天的情况下,骨龄鉴定结论就基本没有意义,难以解决被告人出生日期的认定问题。因此,在认定犯罪嫌疑人年龄时必须十分慎重,通常只将骨龄鉴定结论作为参考性证据。

本案亦是如此,尽管公安机关出具的户籍证明显示,黄南燕出生于 1990 年 8 月 11 日,但是黄南燕在供述中对此提出其出生于 1990 年 9 月 23 日。由于该日期涉及被告人犯罪时是否年满 18 周岁,司法机关一方面收集到《梧田区卫生院妇产科分娩登记表》复印件,并赶赴当地医院与原件进行了核对;另一方面,还收集到《黄氏宗谱》,并对其进行了字迹鉴定,证明是否系早年形成;鉴于骨龄鉴定在这种年龄临界点上意义不大,司法机关没有对被告人进行骨龄鉴定。

第三,如果其他证据材料能够相互印证,经审查能够证明被告人真实年龄的,可以排除户籍证明等法定证据,以其他证据来认定年龄。

本案户籍证明等法定证据证明黄南燕出生于 1990 年 8 月 11 日,但是黄南燕辩称其出生于 1990 年 9 月 23 日。当户籍证明等法定证据与被告人供述的年龄出现矛盾时,应当如何采信证据呢?笔者认为,考虑到我国户籍证明有可能在其原始生成阶段因为种种原因而造成错误,因此,出生证明、计生办证明、学籍证明等其他证据若能够相互印证,共同补强被告人的供述或辩解,并能达到使一般人确信的程度,那么就可以合理地排除户籍证明,采信能够相互印证、共同补强的证据。

本案中,户籍证明虽然反映被告人黄南燕出生时间为 1990 年 8 月 11 日,但是其他证据却证明黄南燕关于其出生于 1990 年 9 月 23 日的口供更为真实可信:其一,黄南燕的户口不是在其出生时申报的,而是在 2003 年即出生后 13 年补申报的。且作为申报依据的《出生医学证明》,并非由出生医院出具,而是由瓯海区疾控中心出具的。上面所填写的出生时间是根据助产护士姜仙俦签字盖章的证明书来确定的。姜仙俦称当时并没有核对黄南燕的出生时间,黄南燕的母亲亦称当时没有注意出生时间的差错。可见,本案中的户籍证明显然不能客观真实反映黄南燕的出生时间。其二,《梧田区卫生院妇产科分娩登记表》证实被告人系 1990 年 9 月 23 日出生,梧田区卫生院系被告人黄南燕出生时的医院,分娩登记表经鉴定系黄南燕出生当年填写，最能反映出生时的真实情况。其三，《黄氏宗谱》系其父母早年所报，上面记载黄南燕出生于1990年9月23日。对于该宗谱的真实性，经温州市人民检察院依法鉴定，不是近年制作，可排除伪造的可能性。

综上，法院在认定黄南燕年龄时排除了户籍证明，直接以其他证据作为依据，认定黄南燕作案时未满18周岁是适当的。

■ 知识点梳理

刑事责任年龄(又称责任年龄)是指法律所规定的行为人对自己实施的刑法所禁止的危害社会行为负刑事责任必须达到的年龄。我国《刑法》第十七条对责任年龄划分为以下三种。

1. 完全无刑事责任年龄阶段(绝对无刑事责任时期)。根据《刑法》第十七条的规定，不满14周岁的人，其实施的任何行为都不构成犯罪，因而也不承担刑事责任。这一规定具有严格性与绝对性，司法机关必须遵守。即使差一天乃至一小时，也不能突破刑法的规定，不允许以行为人发育早熟、具有辨认控制能力为由，将不满14周岁的人的行为以犯罪论处。

2. 相对负刑事责任年龄阶段。《刑法》第十七条第二款规定："已满十四周岁不满十六周岁的人，犯故意杀人、故意伤害致人重伤或者死亡、强奸、抢劫、贩卖毒品、放火、爆炸、投毒罪的，应当负刑事责任。"同样，该规定也是严格的、绝对的，不允许超出此范围，追究行为人的刑事责任。对于这一年龄阶段的刑事责任认定，需要注意以下几点：

(1)该条款中的"故意杀人"与"故意伤害致人重伤或者死亡"，包括刑法分则所规定的以故意杀人罪、故意伤害罪(达到重伤程度)论处的情形。例如，已满14周岁不满16周岁的人非法拘禁他人的，并不构成犯罪；但是，如果他们在非法拘禁的过程中，使用暴力致人重伤或者死亡的，根据《刑法》第二百三十八条的规定，应以故意杀人、故意伤害致人重伤追究刑事责任。

(2)该条款中的"强奸"包含普通强奸和奸淫幼女行为。根据《刑法》第二百三十六条第二款的规定，"对奸淫幼女的以强奸论，从重处罚"。但是，在确定行为人应否承担刑事责任时，必须注意案件的特殊情况。如已满14周岁不满16周岁的男少年,与幼女交往密切,双方自愿发生性交的,便不宜以犯罪论处。

(3)该条款中的"抢劫"是否限于抢劫财物的犯罪(抢劫罪)。一种观点认为,《刑法》第一百二十七条规定的抢劫枪支、弹药、爆炸物、危险物质,在性质上比第二百六十三条的抢劫财物更为严重,其违法性和社会危害性更为明显,更容易为青少年所认识,应将其包含在第十七条第二款的"抢劫"中。[1] 首先,我国刑法规定抢劫枪支、弹药、爆炸物、危险物质罪的法条与规定普通抢劫罪的法条是特别法条与普通法条的关系。易言之,抢劫枪支、弹药、爆炸物、危险物质的行为原本属于普通抢劫罪。其次,《刑法》第十七条第二款规定的是具体犯罪行为,将抢劫枪支、弹药、爆炸物、危险物质的行为包含在"抢劫"之中,在用语上不存在障碍。再次,将抢劫枪支、弹药、爆炸物、危险物质的行为包含在该条款中,不会超出国民的预测可能性范围。最后,将抢劫枪支、弹药等行为包含在该条款中,有利于处理事实认识错误,避免定罪处罚的不公正。

(4)上述条款中的"投毒"包括投放毒害性、放射性、传染病病原体等物质。已满 14 周岁不满 16 周岁的人故意实施放火、爆炸、投放危险物质的行为,符合《刑法》第一百一十四条的构成要件,即使没有致人重伤、死亡或者使公私财产遭受重大损失的,也应当负刑事责任。

(5)该条款中规定的 8 种犯罪,是指具体犯罪行为而不是具体罪名。[2] 因此,如果已满 14 周岁不满 16 周岁的人所实施的某种行为包含了上述 8 种犯罪行为,则应当追究刑事责任。例如,已满 14 周岁不满 16 周岁的人在绑架过程中故意杀人。如果已满 16 周岁的人实施该行为,根据《刑法》第二百三十九条的规定,应认定为绑架罪。但《刑法》第十七条第二款并没有规定已满 14 周岁不满 16 周岁的人对绑架罪承担刑事责任,因此将已满 14 周岁不满 16 周岁的人在绑架过程中故意杀人的行为认定为故意杀人罪。同理,已满 14 周岁不满 16 周岁的人,故意决水,造成他人死亡,或者故意破坏交通工具、交通设施等,造成他人死亡,如果明知自己的决水、破坏行为会发生他人死亡的结果,并且希望或者放任这种结果发生的,应

[1] 参见何秉松主编:《刑法教科书》,中国法制出版社 2000 年版,第 264 页以下;张明楷:《刑法学》,法律出版社 2016 年版。

[2] 参见全国人大常委会法制工作委员会 2002 年 7 月 24 日《关于已满十四周岁不满十六周岁的人承担刑事责任范围问题的答复意见》。

认定为故意杀人罪;已满14周岁不满16周岁的人在拐卖妇女、儿童的过程中,强奸妇女或者奸淫幼女的,或者在组织、强迫卖淫的过程中,强奸妇女或奸淫幼女后迫使卖淫的,应以强奸罪追究刑事责任。

3. 完全负刑事责任年龄阶段。《刑法》第十七条第一款规定:"已满十六周岁的人犯罪,应当负刑事责任。"《刑法》第十七条第三款规定:"已满十四周岁不满十八周岁的人犯罪,应当从轻或者减轻处罚。"刑法理论通常将这一阶段称为减轻刑事责任时期。《刑法》第十七条第四款还规定:"因不满十六周岁不予刑事处罚的,责令他的家长或者监护人加以管教;在必要的时候,也可以由政府收容教养。"这表明,未达到法定年龄的人,如果实施了有害于社会的行为,虽不追究刑事责任,但也不能姑息放纵,而应加强教育和看管,乃至由政府收容教养。

刑事法定年龄的计算。根据有关司法解释[1]刑法所规定的年龄,是指实足年龄,刑法特别使用"周岁"一词,就是为了限定在实足年龄,而不是指虚岁。实足年龄以日计算,并且按公历的年、月、日计算。例如,已满14周岁,是指过了14周岁生日,从第二天起,才是已满14周岁。如行为人1999年4月5日出生,2013年4月6日即认为已满14周岁。已满16周岁、已满18周岁年龄的计算,也与此相同。[2]

跨法定年龄阶段的犯罪,需要注意以下两种情况:(1)行为人已满16周岁后实施了某种犯罪,并在已满14周岁不满16周岁期间也实施过相同的行为。应具体分析应否一并追究刑事责任,如果行为人在已满14周岁不满16周岁期间实施的是《刑法》第十七条第二款规定的特定严重犯罪,则应一并追究刑事责任;否则,就只能追究已满16周岁以后犯罪的刑事责任。如果已满14周岁不满16周岁期间实施的行为与已满16周岁后实施的犯罪行为具有密切联系,说明行为人的人身危险性较大,也可以作为量刑情节予以考虑。(2)行为人在已满14周岁不满16周

---

〔1〕 参见最高人民法院1985年8月21日《关于人民法院审判严重刑事犯罪案件中具体应用法律的若干问题的答复(三)》。

〔2〕 根据最高人民检察院2000年2月21日《关于"骨龄鉴定"能否作为确定刑事责任年龄证据使用的批复》,犯罪嫌疑人不讲真实姓名、住址,年龄不明的,可以委托进行骨龄鉴定或其他科学鉴定,经审查,鉴定结论能够准确确定犯罪嫌疑人实施犯罪行为时的年龄的,可以作为判断犯罪嫌疑人年龄的证据使用。如果鉴定结论不能准确确定犯罪嫌疑人实施犯罪行为时的年龄,而且鉴定结论又表明犯罪嫌疑人年龄在刑法规定的应负刑事责任年龄上下的,应当依法慎重处理。

岁期间,实施了《刑法》第十七条第二款规定的特定严重犯罪,并在未满 14 周岁时也实施过相同行为,对此不能一并追究刑事责任,只能追究已满 14 周岁后实施的特定严重犯罪的刑事责任。同样,如果未满 14 周岁时实施的行为与已满 14 周岁后实施的犯罪行为具有密切联系,则说明行为人的人身危险性严重,量刑时应予以考虑。

9
Case Study

李典故意杀人案

精神病人 | 限制责任

■ 研读指导

1. 二审法院对改判被告人李典死刑,缓期两年执行的理由是什么?请提炼法院的推理要点。
2. 结合案情讨论,如何辨认精神病人的控制能力减弱对犯罪行为的影响?
3. 研读近似案例,比较智力障碍、精神障碍、精神病对刑事责任能力的影响,注意其中的差异并分析原因。

■ 相关法条

1979 年**《中华人民共和国刑法》**第五十三条第一款[对死刑、无期徒刑罪犯剥夺政治权利的适用]、第一百三十二条[故意杀人罪]

《中华人民共和国刑法》第十二条[追诉时效]、第十八条第三款[精神病人与醉酒的人的刑事责任]、第二百三十二条[故意杀人罪]

■ 近似案例

阿古敦故意杀人案(刑事审判参考第 152 号)

杜成军故意杀人案(刑事审判参考第 927 号)

李鹏盗窃案(刑事审判参考第 950 号)

■ 案情介绍

石家庄市人民检察院以李典犯故意杀人罪,向法院提起公诉。

石家庄市中级人民法院经公开审理查明:1988 年夏,李典与被害人续某合作发行武侠小说《失魂引》一书。该书发行后,续某按照约定将印刷发行费转到某印刷厂,由印刷厂将其中的 5 万元转到李典及其女友经营的长安新兴书社,李典家人将钱取出。但李典对此次与续某合作获利分配十分不满,并对续某怀恨在心。1996 年 4 月中旬的一天晚上 9 时许,李典拿着尖刀来到续某家欲实施报复,因续某不在家才作罢。同年 4 月 28 日下午 2 时左右,李典再次携带尖刀窜入续某家,向午睡刚起的续某腹部连刺两刀后逃离现场。续某被送往医院抢救,因腹主动脉被扎断致失血性休克抢救无效而死亡。

另查明,李典先后于 1991 年至 1996 年在河北省精神病防治院、解放军 256 医院被诊断为精神分裂症并住院治疗。1996 年 5 月 20 日,经过某司法精神病鉴定委员会对李典进行了司法精神病鉴定,认定李典实施犯罪行为时为精神分裂症不完全缓解状态,有部分责任能力。

石家庄市中级人民法院认为:李典非法剥夺他人生命的行为,构成故意杀人罪,且情节恶劣,后果严重,应依法惩处。依照 1979 年《刑法》第一百三十二条、第五十三条第一款的规定,判决如下:李典犯故意杀人罪,判处死刑,剥夺政治权利终身。

一审宣判后,李典不服,以其患有严重精神病,不应承担刑事责任为由,向提出上诉,并要求重新鉴定。

在二审期间,河北省高级人民法院委托北京市精神医学鉴定委员会北京医科大学精神卫生研究所司法精神病鉴定小组对李典重新进行了鉴定,认定李典患有精神分裂症,具有限制责任能力。

河北省高级人民法院认为:上诉人故意杀死被害人续某,犯罪情节和后果均特别严重,应判处死刑,但因其作案时精神状态处在精神分裂症不完全缓解状态,控制能力削弱,有部分责任能力,依法应当从轻处罚。依照 1997 年《刑法》第十二条第一款、第十八条第三款、第二百三十二条的规定,判决如下:(1)维持石家庄市中级人民法院刑事附带民事判决中对上诉人的定罪部分及民事赔偿部分;(2)撤销石家庄市中级人民法院刑事附带民事判决中对上诉人的量刑部分；(3)上诉人犯故意杀人罪，判处死刑，缓期2年执行，剥夺政治权利终身。

■ 案例评析

□ 重点示意图

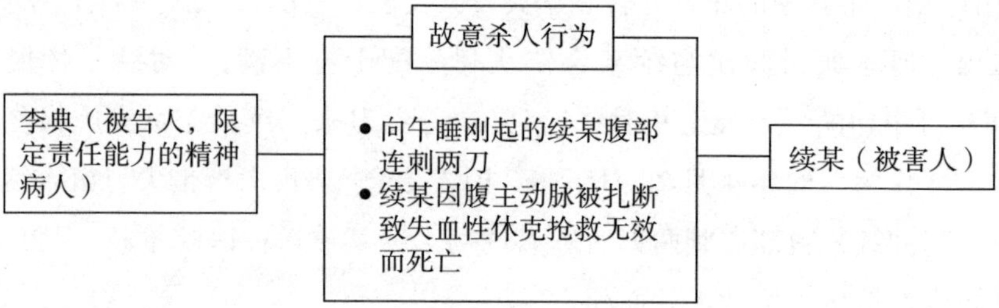

□ 疑难点释析

本案审理过程中的疑难点主要集中在被告人李典作为限制责任能力的精神病人是否构成故意杀人罪，是否应当从轻处罚。

第一，被告人李典的行为是否构成故意杀人罪？

判断李典是否构成故意杀人罪要从主客观两方面分析，不仅要看被告人是否在客观上实施了危害社会的行为，还要看其主观上有无罪过。客观上，被告人李典因与被害人续某有业务纠纷，持刀闯入被害人家中将其杀死，非法剥夺他人生命的行为，具有严重的社会危害性；主观上，被告人李典出于报复、泄愤，故意杀害他人，具有主观恶性。

本案被告人有精神病史，且经二审法院委托鉴定证明其患有精神分裂症，属于限制责任能力，认识能力和控制能力有所削弱，但并不等于完全不能辨认和控制自己的行为。根据本案被告人前后多次行为的判断，他对自己杀人行为的性质和造成被害人死亡的结果是有较为充分的认识的，且积极追求这种危害结果的发生，存在主观罪过。根据我国《刑法》第十八条第三款的规定，“尚未完全丧失辨认或者控制自己行为能力的精神病人犯罪的，应当负刑事责任”。因此，被告人应对其所犯故意杀人罪承担相应的刑事责任。

第二,对被告人李典是否应当从轻处罚?

限制责任能力的精神病人犯罪的刑事责任,与有完全刑事责任能力的犯罪人和完全没有刑事责任能力的精神病人有着显著的区别。前者由于其认识能力和控制能力正常,应对其危害社会的行为和后果承担全部刑事责任,故应根据其所犯罪行和犯罪情节、手段、后果等决定应当判处的刑罚;后者由于完全丧失辨认自己行为的性质,或者完全丧失控制自己行为的能力,主观上没有罪过,尽管行为在客观上造成了危害结果,但不是犯罪行为,依法不承担刑事责任。

被告人李典所患的精神分裂症,属于精神病中常见的精神错乱,严重的会导致患者人格改变和整体精神状态的紊乱,其认知能力和情感、适应社会功能都会产生明显改变。患者在发病期间,常出现人格及思维混乱、情感冷漠、意志和行为脱离常轨。被告人因"手中无钱花"的想法激发对被害人的报复心理,并事先作了一定的犯罪准备,说明对犯罪行为有一定的辨认能力,但考虑到行为人终究因患精神疾病导致认知、情感和意志障碍,对行凶行为及其后果缺乏必要的预判,在愤怒和仇恨的情绪支配下,选择了常人难以理解的行凶行为。结合被告人病理性因素和本案实际情况,应认定被告人为限制责任能力的精神病人。

本案一审阶段正是1979年《刑法》实施期间,刑法典对限制责任能力的精神病人的刑事责任没有规定,但司法实践对此类案件一般均酌情予从轻处罚。1997年刑法典修订,增加了限制责任能力人犯罪的处罚条款,1997年《刑法》第十八条第三款规定:"尚未完全丧失辨认或者控制自己行为能力的精神病人犯罪的,应当负刑事责任,但是可以从轻或者减轻处罚"。是否需要从轻或者减轻处罚还要根据案件的具体情况而定:如果被告人犯罪情节特别恶劣,后果特别严重,民愤很大,可以依法从轻处罚;如果被告人所犯罪行不是特别严重,情节不是特别恶劣,也可以依法减轻处罚。本案被告人李典,因为泄愤报复而窜入被害人续某住宅将其杀死,情节特别恶劣,后果特别严重,应在法律规定的故意杀人、情节严重的量刑幅度内从轻处罚。故河北省高级人民法院二审改判其死刑,缓期2年执行,是正确的。

■ 知识点梳理

根据《刑法》第十八条第三款的规定,限制责任能力的精神病人,虽因患有精神疾病,致使辨认或者控制自己行为能力明显削弱,但“尚未完全丧失辨认或者控制自己行为的能力”,其所实施的危害社会行为,既有犯罪成分,也有病理性精神障碍因素。可以认为,他们实施的危害社会的行为,是部分缺损的辨认控制能力与利己的个人动机共同作用的结果。对这类限制责任能力的精神病人的犯罪,只是“可以”从轻或者减轻处罚,而不是“应当”从轻或者减轻处罚,需要判断该犯罪行为与行为人的辨认控制能力减弱是否具有直接联系。

精神病的认定属于精神病医学的范畴,司法工作人员对精神病人的辨认控制能力的判断,在结合精神病医学专家的鉴定结论的基础上,还应注意以下几点:(1)要注意审查精神病的种类以及程度轻重,这对判断精神病人是否具有辨认控制能力具有极为重要的意义。(2)要调查精神病人的人际关系、日常言行与精神状况,作为判断精神病人是否具有辨认控制能力的有力证据。(3)要进一步判断精神病人实施的危害行为与其精神病之间有无直接联系。精神病人患病后,其精神结构不一定完全错乱,只有当他实施的危害行为是由精神病引起时,才可以认定为缺乏辨认控制能力。因此,辨认控制能力是针对行为人已经实施的、可能构成犯罪的特定行为而言的,并非一般行为。这里特别要注意对部分辨认控制能力的判断,具体来说,就是与其精神障碍有联系的某一类犯罪。[1] 所以,一方面,不能因为精神病人对某些犯罪具有辨认控制能力,就认定其对所有犯罪都具有辨认控制能力;另一方面,也不能因为精神病人对某种犯罪没有辨认控制能力,就认定其对一切犯罪都没有辨认控制能力。(4)要注意对间歇性精神病人的辨认控制能力的

〔1〕 例如,具有好诉妄想的偏执狂患者,对诬告陷害罪没有辨认或控制能力,但对与好诉妄想无关的犯罪,则具有辨认和控制能力。又如,癔病患者因某种刺激产生异常的环境反应时,对由这种反应所表现出来的侮辱、伤害等行为没有辨认或控制能力,但对与此无关的其他犯罪则具有辨认和控制能力。部分辨认控制能力与限制辨认控制能力(《刑法》第十八条第三款)是不同的概念:前者对某一类犯罪没有辨认控制能力,而对其他犯罪具有完全责任能力;后者则对所有犯罪都具有辨认控制能力,只是明显减弱而已。部分辨认控制能力与相对有辨认控制能力(《刑法》第十七条第二款)也不相同:前者是因为精神障碍而对与该精神障碍有联系的某一类犯罪(不一定是严重犯罪)没有辨认控制能力;后者由因为年龄关系导致辨认控制能力低而只对严重犯罪承担刑事责任。部分辨认控制能力与减轻辨认控制能力(《刑法》第十七条第三款)也不同:具有部分辨认控制能力的人,对其能够辨认和控制的犯罪负完全的刑事责任,而对其不能辨认或控制的部分行为完全不负刑事责任;减轻辨认控制能力则是由于年龄关系而对其所实施的犯罪从轻或者减轻处罚。现在,人们常将限制辨认控制能力、减轻辨认控制能力与部分辨认控制能力视为完全等同的概念,这不利于对真正的部分辨认控制能力展开研究。参见张明楷:《刑法学》(第二版),法律出版社 2003 年版,第 168 页。

判断。《刑法》第十八条第二款规定:“间歇性的精神病人在精神正常的时候犯罪,应当负刑事责任。”据此,间歇性精神病人实施的行为是否成立犯罪,应以其行为时精神是否正常、是否具有辨认控制能力为标准,而不是以侦查、起诉、审判时是否精神正常为标准。

10

Case Study

范尚秀故意伤害案

精神病人侵害行为

研读指导

1. 审判法院如何确定被告人范尚秀行为性质的认定？请提炼法院的推理要点。
2. 结合本案讨论，如何判断正当防卫中对“不法侵害”的认定？
3. 请注意本案中有关精神病人危害社会行为的处置程序和内容，请结合实际展开讨论。
4. 研读近似案例，比较精神病与醉酒、吸毒引发认知障碍的区别，注意刑法的不同规定并分析原因。

相关法条

《**中华人民共和国刑法**》第二十条第二款[正当防卫]、第七十二条[缓刑的适用条件]、第二百三十四条第二款[故意伤害罪]

近似案例

阿古敦故意杀人案（刑事审判参考第152号）

彭崧故意杀人案（刑事审判参考第431号）

房国忠故意杀人案（刑事审判参考第554号）

叶丹以危险方法危害公共安全案（刑事审判参考第919号）

■ 案情介绍

被告人范尚秀,男,1962 年 3 月 22 日出生,汉族,小学文化,农民。2003 年 9 月 9 日,因涉嫌犯故意伤害罪被老河口市公安局监视居住。

湖北省襄樊市人民检察院以被告人范尚秀的行为构成故意伤害罪,向襄樊市中级人民法院提起公诉。

被告人范尚秀辩解称,其用木棒致死被害人不是故意的,是不得已而为之的自卫行为。

被告人范尚秀与被害人范尚雨系同胞兄弟。范尚雨患精神病近 10 年,因不能辨认和控制自己的行为,经常无故殴打他人。2003 年 9 月 5 日上午 8 时许,范尚雨先追打其侄女范莹辉,又手持木棒、砖头在公路上追撵其兄范尚秀。范尚秀在跑了几圈之后,因无力跑动,便停了下来,转身抓住范尚雨的头发将其按倒在地,并夺下木棒朝持砖欲起身的范尚雨头部打了两棒,致范尚雨当即倒在地上。后范尚秀把木棒、砖头捡回家。约 1 小时后,范尚秀见范尚雨未回家,即到打架现场用板车将范尚雨拉到范尚雨的住处。范尚雨于上午 11 时许死亡。下午 3 时许,被告人范尚秀向村治保主任唐田富投案。

湖北省襄樊市中级人民法院认为,被告人范尚秀为了使自己的人身权利免受正在进行的不法侵害,而持械伤害他人身体,造成他人死亡的后果,属明显超过必要限度造成他人损害,其行为已构成故意伤害罪。公诉机关指控的罪名成立。被告人作案后投案自首,依法应从轻处罚。被告人范尚秀辩解称其用木棒致死被害人不是故意的,是不得已而为之的自卫行为的理由,与庭审查明的事实相符,依法应当减轻处罚。鉴于被告人的悔罪表现,可对被告人适用缓刑。依照《刑法》第二百三十四条第二款、第二十条第二款、第七十二条之规定,于 2003 年 12 月 27 日判决如下:被告人范尚秀犯故意伤害罪,判处有期徒刑 3 年,缓刑 3 年。

宣判后,范尚秀服判,检察机关不抗诉,判决发生法律效力。

■ 案例评析

□ 重点示意图

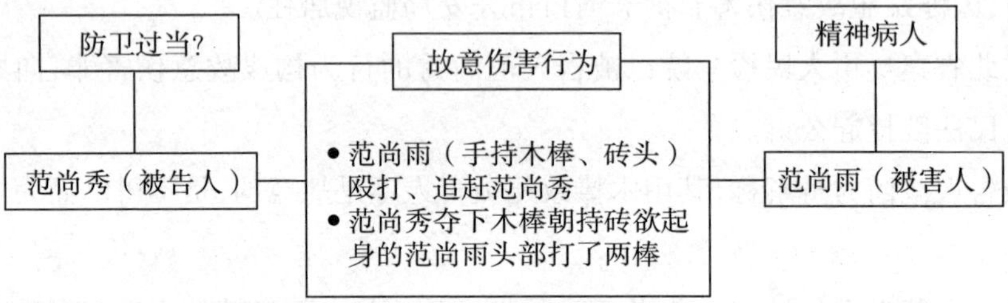

□ 疑难点释析

本案在审理过程中的争论点主要集中在:"对被告人范尚秀行为性质的认定"和"对'不法侵害'行为的认定"两个问题。

关于第一问题,如何认定被告人范尚秀行为的性质,在审理过程中争议很大,存在几种不同意见:

第一种意见认为,根据《刑法》第十八条第一款的规定,对于不能辨认或者不能控制自己行为的精神病人,属于无刑事责任能力的人,即使造成了危害结果,也不负刑事责任。因此,精神病人的侵害行为不属于《刑法》第二十条第一款规定的"不法侵害",对该行为的制止也不构成正当防卫。本案的被害人患有精神病,不符合正当防卫的对象条件;且被告人从被害人手中夺下木棒后,被害人虽有继续伤害的意图,但未当场击打被告人。针对被告人连续击打被害人头部致其死亡的行为,被告人存在明显的伤害故意,构成故意伤害罪。

第二种意见认为,精神病人实施的侵害行为虽然不属于不法侵害,不能作为正当防卫的抗辩事由,但被害人手持木棒追打的行为,已对被告人的人身权利造成了现实的紧迫危险,被告人的反击是对该危险状况采取的避险行为,但是超过了必要限度,属紧急避险过当行为,本案定故意伤害罪符合实际。

第三种意见认为,精神病人的侵害行为也是不法侵害,可以对其进行防卫。被告人为使自己免受正在进行的不法人身侵害而实施自卫行为,是正当防卫行为,但因造成被害人死亡的后果,属防卫过当,定故意伤害罪。

第四种意见认为,被告人用木棒击打被害人的行为属防卫行为,主观上是为了防止不法侵害的继续进行,并无伤害的故意,应当定过失致人死亡罪。

笔者赞同第三种意见,理由在于:对于不能辨认或者不能控制自己行为的精神病人实施的不法侵害行为可以实施正当防卫,但不能超过必要限度造成重大损害。本案被告人使用木棒连续击打被害人的要害部位,应属于明知会造成对方人身损害的后果,故以故意伤害罪对被告人定罪处罚为宜。

关于第二问题,如何认定"不法侵害"行为,笔者认为,《刑法》第二十条第一款规定的"不法侵害"不仅包括犯罪行为,还包括一般违法行为。虽然《刑法》第二十条第三款将特殊防卫的前提条件限定为"严重危及人身安全的暴力犯罪",但就一般防卫而言,刑法既没有要求是犯罪行为,也没有要求是一种严重违法行为,只要是违法行为损害了国家、公共利益以及公民的人身、财产和其他权利,均可以采取制止行为。其次,无刑事责任能力的精神病人实施的侵害行为,也是危害社会的行为,仍属于不法侵害。虽然《刑法》第十八条第一款规定,精神病人在不能辨认或者不能控制自己行为的时候造成危害结果,经法定程序鉴定确认的,不负刑事责任。但刑法并没有免除精神病人的民事违法责任。相反,《民法通则》第一百三十三条规定:"无民事行为能力人、限制民事行为能力人造成他人损害的,由监护人承担民事责任。监护人尽了监护责任的,可以适当减轻他的民事责任。有财产的无民事行为任能力人、限制民事行为能力人造成他人损害的,从本人财产中支付赔偿费用。不足部分,由监护人适当赔偿,但单位担任监护人的除外。"由于民事违法行为仍是一种不法行为,不能辨认或者不能控制自己行为的精神病人实施的侵害行为仍属于一种不法侵害,因此不能完全将其排除在正当防卫的对象之外,对这种不法侵害当然是可以进行正当防卫的。但是,无刑事责任能力人的侵害行为明显不能等同于有刑事责任能力人的故意侵害,对于无刑事责任能力的精神病人的侵害行为实施正当防卫时,应当尽一切努力避免对精神病人造成不应有的身体或精神的损害。一般而言,在遇到无刑事责任能力人的侵害时,如果明知侵害者是无刑事责任能力人并有条件用逃跑等其他方法避免侵害时,则不得实施正当防卫;如果不知道侵害者是无刑事责任能力人,或者不能用逃跑等其他方法避免侵害时,才可以实行正当防卫。[1] 本案中,被告人范尚秀在被患精神病的弟弟范尚雨追打而无力继续奔跑躲避的情况下,为使自己的人身免受不法侵害而击打范尚雨,是符合正当防卫条件的。

■ 知识点梳理

我国《刑法》第二十条规定:"为了使国家,公共利益,本人或者他人的人身、财产和其他权利免受正在进行的不法侵害,而采取的制止的不法侵害的行为,对不法侵害人造成损害的属正当防卫,不负刑事责任。"这是我国刑法关于正当防卫制度的规定,正当防卫是法律赋予公民的权利,但权利的行使必须符合一定条件,否则会造成新的不法侵害。因此,实施正当防卫也必须符合下列条件:一是必须存在现实的不法侵害行为;二是不法侵害必须正在进行;三是必须具有防卫意识;四是必须针对不法侵害人本人进行防卫;五是必须没有明显超过必要限度造成重大损害。

其中,对正当防卫的认定应以存在现实的不法侵害为前提,这也是正当防卫的起因。不法侵害"的不法"与违法是等同概念,既包括犯罪行为,也包括其他违法行为,但又不是泛指一切违法犯罪行为。首先,犯罪行为和其他违法行为都是侵犯合法权益的行为,而合法权益都是受法律保护的,没有理由禁止公民对其他违法行为进行正当防卫;有些行为是犯罪行为还是一般违法行为,一时难以区分,将不法侵害限制在犯罪范围内,不利于公民行使正当防卫权;刑法使用了"不法"一词,而没有使用犯罪概念,表明对其他违法行为可以进行防卫。其次,并非对任何违法犯罪行为都可以进行防卫,只能对那些具有进攻性、破坏性、紧迫性的不法侵害进行防卫,在采取正当防卫可以减轻或者避免危害结果的情况下,不宜进行正当防卫。例如,假冒注册商标罪、贿赂罪等虽然是犯罪行为,却不能对之进行正当防卫。

不法侵害不限于故意,而且还包括过失。对于过失不法侵害,特别是过于自信的过失而构成的不法侵害,符合其他条件的,也可以进行正当防卫;不法侵害不限

---

[1] 参见高铭暄、马克昌:《刑法学》(第五版),北京大学出版社、高等教育出版社 2013 年版,第 132 页;赵秉志、刘志伟:《正当防卫理论若干争议问题研究》,载《法律科学·西北政法学院学报》2001 年第 3 期。

于作为的不法侵害，对于不作为的不法侵害，如果不能由不作为履行义务，需要进行正当防卫的，也可以进行正当防卫。

不法侵害也包括没有达到法定年龄，不具有辨认控制自己行为能力的人的侵害。无刑事责任能力的精神病人实施的侵害行为，也是危害社会的行为，仍属于不法侵害。结合《刑法》第十八条和民事法律相关规定，不能完全将其排除在正当防卫的对象之外，对这种不法侵害当然是可以进行正当防卫的。但在此种情况下，应尽力避免对精神病人造成不应有的身体或精神的损害。

不法侵害必须是现实存在的，如果并不存在不法侵害，但行为人误认为存在不法侵害，因而进行所谓防卫的，属于假想防卫，假想防卫不是正当防卫，应按其主观上的罪过进行定罪。

11

Case Study

彭崧故意杀人案

原因自由行为

■ 研读指导

1. 本案中审判法院如何确定被告人的刑事责任能力，请梳理其论证和推理过程，并提炼审判要点。
2. 请分析法院认定因吸食毒品后丧失控制能力的行为人无须作司法精神病鉴定的主要理由和法律依据。
3. 请阐释我国刑法中是否存在原因自由行为理论，结合他国立法模式分析该理论的价值和意义？
4. 比较研读近似案例，梳理归纳具体案件中醉酒、吸毒等状态能否作为从轻或免除处罚的依据，注意其中的差异并分析原因。

■ 相关法条

《中华人民共和国刑法》第十八条［精神病人和醉酒的人的刑事责任］、第五十七条第一款［对死刑、无期徒刑罪犯剥夺政治权利的适用］、第六十七条第一款［自首］、第二百三十二条［故意杀人罪］

《中华人民共和国刑事诉讼法》（1996年修正版）第一百八十九条第（一）项

■ 近似案例

侯卫春故意杀人案（刑事审判参考第610号）

孔某危险驾驶案（刑事审判参考第904号）

张超泽交通肇事案(刑事审判参考第918号)
叶丹以危险方法危害公共安全案(刑事审判参考第919号)

■ 案情介绍

被告人彭崧,男,1983年7月19日出生,汉族,初中文化,无业。2005年5月6日因涉嫌犯故意杀人罪被逮捕。

福建省福州市人民检察院以被告人彭崧犯故意杀人罪向福建省福州市中级人民法院提起公诉。

被告人彭崧及其辩护人提出,被告人彭崧是在一种病理性动机的支配下作案,其对自身的辨认和控制能力已丧失,属于无刑事责任能力人,不应负刑事责任。

福州市中级人民法院经公开审理查明:

2005年5月5日凌晨,被告人彭崧因服食摇头丸药性发作,在其暂住处福州市鼓楼区北江里新村6座204室内,持刀朝同室居住的被害人阮召森胸部捅刺,致阮召森抢救无效死亡。当晚9时许,被告人彭崧到福建省宁德市公安局投案自首。经精神病医学司法鉴定认为,彭崧系吸食摇头丸和K粉后出现精神病症状,在精神病状态下作案,评定为限制刑事责任能力。

福州市中级人民法院认为,被告人彭崧故意非法剥夺他人生命,并致人死亡,其行为已构成故意杀人罪。被告人彭崧作案后能主动投案,并如实供述自己的罪行,可认定为自首,可以从轻处罚。被告人关于其行为不构成故意杀人罪的辩解不能成立。据此,依照《刑法》第二百三十二条、第六十七条第一款、第五十七条第一款之规定,于2006年5月10日判决如下:被告人彭崧犯故意杀人罪,判处无期徒刑,剥夺政治权利终身。

一审宣判后,被告人彭崧不服,提出上诉。其上诉理由和辩护人的辩护意见为:彭崧作案时属于无刑事责任能力人,即使构成犯罪,也只构成过失致人死亡罪,且具有自首情节,被害人本身有过错,应对其从轻、减轻处罚。

福建省高级人民法院审理认为,上诉人彭崧吸食毒品后持刀捅刺他人,致一人死亡,其行为已构成故意杀人罪。上诉人作案后能主动投案,如实供述自己的罪行,具有自首情节,可以从轻处罚。吸毒是国家法律所禁止的行为,上诉人在以前已因吸毒产生过幻觉的情况下，再次吸毒而引发本案，其吸毒、持刀杀人在主观上均出于故意，应对自己吸毒后的危害行为依法承担刑事责任，其吸毒后的责任能力问题不需要作司法精神病鉴定。因此，上诉人及其辩护人认为上诉人作案时是无刑事责任能力人，要求重新进行司法精神病鉴定，以及认为上诉人仅构成过失致人死亡罪的辩解、辩护意见不能成立，不予采纳。原判认定事实清楚，证据确实、充分，定罪准确，量刑适当，审判程序合法。依照《刑事诉讼法》第一百八十九条第（一）项、《刑法》第二百三十二条、第六十七条第一款、第五十七条第一款之规定，于 2007 年 2 月 28 日裁定驳回上诉，维持原判。

■ 案例评析

□ 重点示意图

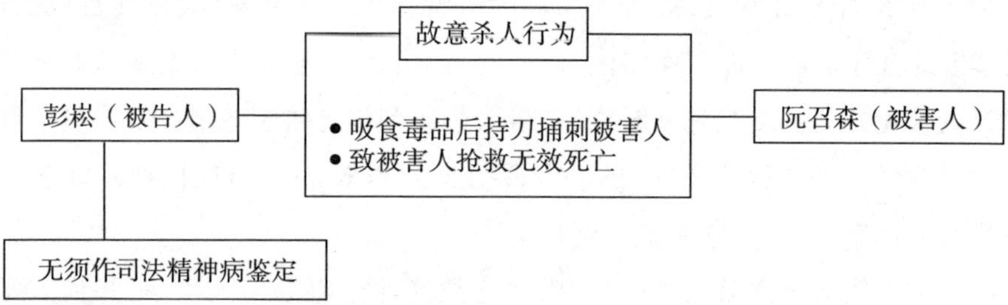

□ 疑难点释析

被告人彭崧有既往吸毒史，明知吸毒后会产生幻觉，再次吸毒而引发本案，对其吸毒后实施的杀人行为是否应当依法承担刑事责任？想要厘清这个问题，应当从以下三方面入手：

第一，被告人彭崧的杀人行为可以归责为吸毒的行为结果。

本案中，被告人彭崧有既往吸毒史，明知吸毒后会产生幻觉仍故意使自己陷入该状态，进而在控制辨认能力减弱的主观状态下将阮召森杀死。但是，造成被告人精神障碍的原因是由其自身吸毒所致，应承担故意杀人罪的刑事责任。本案属于刑法理论“原因自由行为”，即具有辨认、控制能力的行为人，故意或者过失使自己一时陷入丧失或者尚未完全丧失辨认、控制能力的状态，并在该状态下实施了符合犯罪构成的行为,依法应当承担刑事责任。

第二,吸毒后犯罪应负刑事责任符合罪刑法定原则。

《刑法》第三条规定:“法律明文规定为犯罪行为的,依照法律定罪处刑;法律没有明文规定为犯罪行为的,不得定罪处刑。”这意味着法无明文规定不定罪、不处罚;法有明文规定的,要定罪、要处罚。本案被告人涉嫌故意杀人罪,若不属于法律明确规定不负刑事责任的情形,就应当依法定罪处罚。根据《刑法》第十五条第二款、第十七条、第十八条、第二十条、第二十一条的规定,本案被告人因吸毒陷入幻觉,在其控制、辨别能力削弱的情况下实施犯罪行为的,并不属于上述不负刑事责任的情形。

《刑法》第十八条第四款规定:“醉酒的人犯罪,应当负刑事责任。”这主要是基于醉酒后会引起行为人主观认识能力的削弱。吸食毒品在我国属于违法行为,吸毒后犯罪的性质比醉酒的人犯罪更严重。根据“举重以明轻”“举轻以明重”的司法解释原理,可以认为,法律虽然没有规定吸毒的人犯罪应当负刑事责任,但举轻以明重,也应当负刑事责任。

第三,吸食毒品而致精神障碍的,不属刑法意义的精神病人,不需要司法鉴定。

《刑法》第十八条第一款规定,“精神病人在不能辨认或者不能控制自己行为的时候造成危害结果,经法定程序鉴定确认的,不负刑事责任”。该条规定对不负刑事责任设定了三个条件:一是行为人是精神病人;二是精神病人实施危害行为时处于不能辨认或者不能控制自己的行为的精神状态;三是精神病人的认定须经法定程序鉴定。

本案的情况表明,被告人彭崧是一个心智正常的人,其实施杀人行为时虽在辨认、控制能力上与其没吸食毒品时有区别,但其当时出现精神障碍,并非精神病发作的原因,而是受吸食毒品的影响,故被告人彭崧并非刑法意义上的精神病人。因此,对吸毒后犯罪的被告人作司法精神病鉴定对本案的处理不产生任何影响。换言之,被告人吸食毒品后的责任能力问题,不影响其对自己吸食毒品后的危害社会行为依法承担刑事责任,故对被告人吸食毒品后的责任能力无须作司法精神病鉴定。

■ 知识点梳理

刑法的原因自由行为,又名“自陷行为”,是指行为人由于自身罪过致使自己陷于意识不清或者行为失控的状态,并且在此无刑事责任能力或者限制责任能力的状态下实施了犯罪构成要件之行为。

目前,大陆法系各国对原因自由行为的设定行为只限故意还是兼及过失,以及行为时只限无责任能力状态还是兼及限制责任能力状态仍有争议。但大陆法系各国刑法对原因自由行为的可罚性大多予以肯定,只是在具体规定上不尽相同。总的来看,各国立法模式主要有两种:(1)在刑法总则中明确规定对于自陷精神障碍者不适用有关无责任能力和限制责任能力的规定。如《意大利刑法典》第八十七条规定:“如果某人以实施犯罪或者为自己准备借口为目的使自己处于无理解或意识能力的状态,对该人不适用第八十五条前一部分的规定。”(2)在刑法分则中作为独立的犯罪予以规定。典型的是《德国刑法典》,该法典第三百二十三条 a 款第一项规定:“故意或过失饮酒或使用其他麻醉品,使自己处于无责任能力或不能排除其无责任能力的醉酒状态下实施犯罪行为的,处 5 年以下自由刑或罚金。”

原因自由行为理论在我国刑法中未得到充分适用,《刑法》第十八条第四款有关“醉酒的人犯罪,应当负刑事责任”的规定被认为是类似于大陆法系国家刑法中原因自由行为的立法例,但该规定并未说明醉酒人在限制责任能力状态下犯罪为何却要承担全部责任,且难以涵盖其他原因自由行为理论下的不作为犯罪行为,如铁路扳道工疏于职守,工作期间因睡觉忘记扳道致使发生运营事故;汽车司机疲劳驾驶导致交通肇事等。笔者认为,有必要借鉴国外的立法经验,在我国刑法中对原因自由行为作出全面科学的规定。

12
Case Study

广州市海珠区南洲街东风第九经济合作社等非法转让土地使用权案

单位犯罪 | 主体认定

■ 研读指导

1. 提取整理本案的争议焦点。
2. 本案的审判法院如何确定九社符合单位犯罪的主体资格？请提炼法院的推理要点。
3. 结合案情讨论，如何正确理解刑法与其他法律、条例、司法解释的衔接适用问题。
4. 研读近似案例，梳理单位犯罪主体的几种特殊情况，并总结归纳。

■ 相关法条

《中华人民共和国刑法》第三十条［单位犯罪］、第一百六十三条［非国家工作人员受贿罪］、第一百六十四条［对非国家工作人员行贿罪；对外国公职人员、国际公共组织官员行贿罪］

最高人民法院、最高人民检察院《关于办理商业贿赂刑事案件适用法律若干问题的意见》第二条

最高人民法院《关于村民小组组长利用职务便利非法占有公共财物行为如何定性问题的批复》

最高人民法院《关于审理破坏土地资源刑事案件具体应用法律若干问题的解释》第二条第（四）项、第八条

■ 近似案例

张贞练虚开增值税专用发票案(刑事审判参考第89号)

邱进特等销售假冒注册商标案(刑事审判参考第676号)

徐国桢等私分国有资产罪(刑事审判参考第939号)

■ 案情介绍

被告单位,广州市海珠区南洲街东风第九经济合作社(以下简称九社),住所地广州市海珠区东风村大塘汇源大街3号。

被告人,林志坚,原任九社社长。

广州市海珠区人民检察院以被告单位九社、被告人林志坚犯非法转让土地使用权罪,向广州市海珠区人民法院提起公诉。

被告单位九社的诉讼代表人郭伟良提出,本案系被告人林志坚个人犯罪,不是九社的单位犯罪。

九社的辩护人提出,九社不能成为单位犯罪的主体,没有单位犯罪的故意。

被告人林志坚对指控的事实供认不讳。

经审理查明,1999年12月至2005年9月,九社以牟利为目的,在时任社长的被告人林志坚主管下,经社委会研究决定,违反土地管理法规,由合作社开具收款收据,以收取村社建设费、青苗补偿款名义,非法将属于九社集体土地的闸口基地块、荔枝垦地块、公主暖地块、东涌尾地块共3049.4034平方米(约4.57亩)转让给他人,非法获利人民币484.3364万元,用于合作社开支。2008年7月4日,被告人林志坚在广西壮族自治区北海市被抓获。

广州市海珠区人民法院经审理认为,被告单位九社,以牟利为目的,违反土地管理法规,未经国家有关部门合法批准,擅自转让土地使用权,非法获利人民币4843364元,情节特别严重,侵犯了国家的土地管理制度,已构成非法转让土地使用权罪。在本案中,时任九社社长的被告人林志坚主持召开社委会议决定非法转让土地使用权,故被告人林志坚系该社非法转让涉案地块土地使用权的直接责任人员,其行为已构成非法转让土地使用权罪。公诉机关指控的事实清楚,证据确实、充分,罪名成立,本院予以支持。对于九社的辩护人提出九社不是刑法中的单位犯罪主体的意见,经查,关于单位犯罪主体的法律规定有《刑法》第三十条:“公司、企业、事业单位、机关、团体实施的危害社会的行为,法律规定为单位犯罪的,应当负刑事责任。”最高人民法院、最高人民检察院《关于办理商业贿赂刑事案件适用法律若干问题的意见》第二条规定:“刑法第一百六十三条、第一百六十四条规定的‘其他单位’,既包括事业单位、社会团体、村民委员会、居民委员会、村民小组等常设性的组织……”本案的九社为南洲街东风村下属单位,其在法律上的地位为村民小组,且其具有合法的证照,有自身的组织机构,有独立的财产,有独立承担行为责任的能力,因此九社属于刑法中的单位。故辩护人的该项意见,法院不予采纳。对于九社诉讼代表人郭伟良及其辩护人提出九社没有非法转让土地使用权的单位犯罪故意,不是九社单位犯罪的意见,经查,本案中九社转让土地使用权经过全体社委的同意。虽然《广东省农村集体资产管理条例》第十九条规定集体资产经营方式的确定和变更,必须经合作经济组织成员大会或者成员代表会议审议通过。但由于九社运营不规范,没有成员代表会议的存在,只有社委会这一成员代表大会选出的常设机构的存在。故而社委会可视为成员代表大会,社委会作出的决议,应视为九社的意志。且九社以其名义收到的土地使用权转让款全部入到九社账上,用于社里支出。故而本案中非法转让土地使用权为九社的单位行为,应当由九社承担法律责任。九社的诉讼代表人郭伟良及其辩护人的该项意见,本院不予采纳。依照《刑法》第六十四条、第七十二条、第七十三条、第二百二十八条、第二百三十一条及全国人民代表大会常务委员会《关于〈中华人民共和国刑法〉的解释》第二百二十八条、第三百四十二条、第四百一十条,最高人民法院《关于审理破坏土地资源刑事案件具体应用法律若干问题的解释》第二条第(四)项、第八条之规定,判决如下:(1)被告单位广州市海珠区南洲街东风第九经济合作社犯非法转让土地使用权罪,判处罚金人民币 30 万元;(2)被告人林志坚犯非法转让土地使用权罪,判处有期徒刑 3 年,缓刑 4 年,并处罚金人民币 25 万元;(3)追缴被告单位广州市海珠区南洲街东风第九经济合作社的违法所得人民币 4843364 元,上缴国库。

一审宣判后,被告单位广州市海珠区南洲街东风第九经济合作社、被告人林志坚未提出上诉,广州市海珠区人民检察院未抗诉,判决已发生法律效力。

■ 案例评析

□ 重点示意图

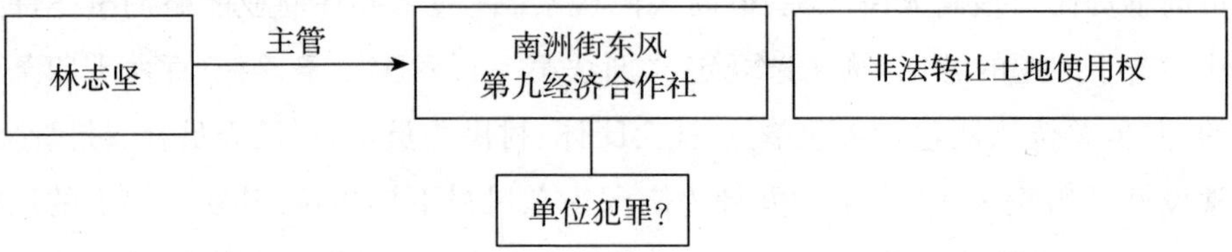

□ 疑难点释析

本案的争议焦点在于村民小组是否属于《刑法》规定的单位犯罪的主体。

《刑法》第三十条规定:“公司、企业、事业单位、机关、团体实施的危害社会的行为,法律规定为单位犯罪的,应当负刑事责任。”依据该法条难以判断本案被告单位九社是否为单位犯罪的主体,需要依据九社的行政隶属关系及其他司法解释进行判断。

广州市海珠区南洲街东风第九经济合作社为南洲街东风村下属单位,在法律上属于村民小组。关于村民小组能否成为单位犯罪主体的问题,根据最高人民法院、最高人民检察院《关于办理商业贿赂刑事案件适用法律若干问题的意见》第二条规定:“刑法第一百六十三条、第一百六十四条规定的‘其他单位’,既包括事业单位、社会团体、村民委员会、居民委员会、村民小组等常设性的组织,也包括为组织体育赛事、文艺演出或者其他正当活动而成立的组委会、筹委会、工程承包队等非常设性的组织。”最高人民法院《关于村民小组组长利用职务便利非法占有公共财物行为如何定性问题的批复》规定:“对村民小组组长利用职务上的便利,将村民小组集体财产非法占为己有,数额较大的行为,应当依照刑法第二百七十一条第一款的规定,以职务侵占罪定罪处罚。”上述解释中的村民小组都属于被害人性质的被害单位,并非犯罪主体的犯罪单位。笔者认为,“二者的内涵和外延不尽相同,作为被害人的单位,其成立条件、形式要件较之作为犯罪主体的单位宽松,因而范围也较为广泛”。因此,不能据此判定村民小组可以作为单位犯罪的主体。

在缺乏明确司法解释的情形下,可参考有关行政机关的解释。公安部《关于村民委员会可否构成单位犯罪主体问题的批复》(2007 年 3 月 1 日公复字〔2007〕1 号)规定:"根据刑法第三十条的规定,单位犯罪主体包括公司、企业、事业单位、机关、团体。按照《村民委员会组织法》第二条的规定,村民委员会是村民自我管理、自我教育、自我服务的基层群众性自治组织,不属于《刑法》第三十条列举的范围。因此,对以村民委员会名义实施犯罪的,不应以单位犯罪论,可以依法追究直接负责的主管人员和其他直接责任人员的刑事责任。"按此解释,连村民委员会都不是单位犯罪主体,何况其下属单位村民小组?但如前所述,公安部作出的《关于村民委员会可否构成单位犯罪主体问题的批复》要看其是否符合立法本意,否则不能作为法院定案的参考。

从法意解释的角度来看,村民小组可以成为单位犯罪的主体。全国人大常委会法制工作委员会刑法室编著的《中华人民共和国刑法解读》指出,"需要注意的是,我国单位犯罪不同于国外刑事立法中的法人犯罪。单位犯罪的单位,既包括法人,也包括非法人组织"。这说明从我国立法本意来讲,非法人组织也可以成为单位犯罪的主体,是否具备法人这一形式要件,不是能否成为单位犯罪主体的本质要件。2001 年《全国法院审理金融犯罪案件工作座谈会纪要》甚至指出,"以单位的分支机构或者内设机构、部门的名义实施犯罪,违法所得亦归分支机构或者内设机构、部门所有的,应认定为单位犯罪。不能因为单位的分支机构或者内设机构、部门没有可供执行罚金的财产,就不将其认定为单位犯罪,而按照个人犯罪处理"。这种理解认为单位分支机构或者内设机构、部门都可作为单位犯罪主体,只要以其名义实施犯罪行为,并且违法所得归该机构。但也有学者提出不同意见:"单位犯罪主体,不包括没有相对独立性的'单位'。单位是否具有相对独立性,不能仅看其有无自己的名称、机构与场所,更重要的是看其有无独立的财产与经费,有无独立的行为能力,能否以自己的名义承担责任;从追究单位犯罪刑事责任的目的与效果来看,是否独立的核算单位,乃是衡量是否相对独立单位的最重要标准。"笔者认为上述观点能够体现立法本意,因为"法人犯罪的现象之所以存在,究其实质在于现阶段社会生活中局部利益之间的冲突,正日益超出原有的个人利益与社会利益直接冲突的模式,而更多的代之以特定集团与社会整体的利益矛盾。在这个意义上说,单位犯罪大量出现是我国社会利益调整的必然产物。"而我国目前社会主体制度尚不完善，尚不能以是否法人为标准区分能否构成单位犯罪主体，是否独立的核算单位是一个比较符合立法本意的划分标准。

本案中的九社，有名称、机构和场所（社委会这一管理机构和工作场所），有国家颁发的证照包括广州市海珠区人民政府颁发的广东省经济合作社登记证和广州市质量技术监督局颁发的“中华人民共和国组织机构代码证”，最关键是有独立的财产。《土地管理法》第十条规定：“农民集体所有的土地依法属于村农民集体所有的，由村集体经济组织或者村民委员会经营、管理；已经分别属于村内两个以上农村集体经济组织的农民集体所有的，由村内各该农村集体经济组织或者村民小组经营、管理；已经属于乡（镇）农民集体所有的，由乡（镇）农村集体经济组织经营、管理。”本案中九社的土地就是归其自身经营管理，在此过程中发生了未经国家批准，非法转让土地使用权的犯罪事实。而且九社多年来就靠对其所有的土地进行运营积累了一些社里所有的财产，也可以社里所有的财产对外承担责任。故而类似九社的村民小组可以成为单位犯罪的主体。

■ 知识点梳理

单位犯罪，是指公司、企业、事业单位、机关、团体为本单位或者本单位全体成员谋取非法利益，由单位的决策机构按照单位的决策程序决定，由直接责任人员具体实施，且刑法明文规定单位应受刑罚处罚的犯罪。[1]

单位犯罪的特点为：（1）单位犯罪是单位本身犯罪，而不是单位的各个成员的犯罪之集合。一方面单位依赖于其成员存在，如果没有成员就不可能存在单位；另一方面单位的任何成员一旦脱离了单位，就不再作为单位的成员起作用，其行为也只是孤立的个人行为。（2）单位犯罪是由单位的决策机构在整体意志支配下决定，并由直接责任人员具体实施的。在单位犯罪中，主体实际上可以分为两类：一

〔1〕　张明楷：《刑法学》（上册）（第五版），法律出版社2016年版，第135页。

是单位犯罪主体,二是单位内部的自然人主体。[1] 盗用、冒用单位名义实施犯罪,违法所得由实施犯罪的个人私分的,或者单位内部成员未经单位决策机构批准、同意或者认可而实施犯罪的,或者单位内部成员实施与其职务活动无关的犯罪行为的,都不属于单位犯罪,应当依照刑法有关自然人犯罪的规定定罪处罚。(3)单位犯罪一般表现为本单位谋取非法利益或者以单位名义为本单位多数成员谋取非法利益。为本单位谋取非法利益,是指为单位本身谋取非法利益、违法所得由单位本身所有,但不排除以各种理由将非法所得分配给单位全体成员或多数成员享有。以单位名义为本单位全体成员谋取非法利益,是指刑法明文规定的单位私分国有资产、私分罚没收入的情形(参见《刑法》第三百九十六条)。(4)单位犯罪以刑法明文规定单位应受刑罚处罚为前提。即只有当刑法规定了单位可以成为某种犯罪的行为主体时,才可能将单位认定为犯罪主体。《刑法》第三十条规定:"公司、企业、事业单位、机关、团体实施的危害社会的行为,法律规定为单位犯罪的,应当负刑事责任。"这表明,刑法没有规定单位可以成为行为主体时,只能由自然人作为行为主体。也就是说,即便某种犯罪行为由"单位实施",但刑法没有将单位规定为行为主体时,应当且只能对自然人定罪量刑。[2]

单位犯罪的主体,必须是依法成立,拥有一定财产或者经费,能以自己的名义承担责任的公司、企业、事业单位、机关、团体。"公司、企业、事业单位"是指依法设立的国有、集体所有的,合资经营、合作经营和具有法人资格的独资、私营等公司、企业、事业单位。[3] "机关"是指履行国家的领导、管理职能和保卫国家安全职能的机构,包括立法机关、行政机关、司法机关、军事机关等。"团体"是指各种群众性组织,如工会、共青团、妇联、学会、协会等。

---

〔1〕 单位内部的自然人主体包括直接负责的主管人员与其他直接责任人员。直接负责的主管人员,是在单位犯罪中起决定、批准、授意、纵容、指挥等作用的人员,一般是单位的主管负责人,包括法人。其他直接责任人员,是在单位犯罪中具体实施犯罪并起较大作用的人员,既可以是单位的经营管理人员,也可以是单位的职工。包括聘任、雇用的人员,但应当注意的是,根据我国的刑事政策以及单位犯罪的特点,在单位犯罪中,对于受单位领导指派或奉命而参与实施了一定犯罪行为的人员,一般不宜作为直接责任人员追究刑事责任。

〔2〕 张明楷:《刑法学》(上册)(第五版),法律出版社 2016 年版,第 136 页。

〔3〕 参见最高人民法院 1999 年 6 月 18 日《关于审理单位犯罪案件具体应用法律有关问题的解释》第一条:"刑法第三十条规定的'公司、企业、事业单位',既包括国有、集体所有的公司、企业、事业单位,也包括依法设立的合资经营、合作经营企业和具有法人资格的独资、私营等公司、企业、事业单位。"

构成单位犯罪主体主要包括以下两个要件:(1)单位应当具有相对独立性。单位的相对独立性,要从该单位的名称、机构、场所,是否有独立的财产与经费、独立的行为能力、以自己的名义承担责任等方面来考虑;从追究单位犯罪刑事责任的目的与效果来看,独立的核算单位,是衡量是否相对独立单位的最重要标准。[1] 对单位犯罪一般实行双罚制,包括对单位判处罚金和追究主要责任人的刑事责任。对单位判处罚金意味着单位本身应有一定的财产或经费,即是超越单位成员集合利益以外的财产或者经费,而不是单位成员财产的集合。(2)应当是依法成立的。这意味着单位履行了规定的登记、报批手续,有合法的成立的目的与宗旨。如果个人为进行违法犯罪活动而设立的公司、企业、事业单位实施犯罪的,或者公司、企业、事业单位设立后,以实施犯罪为主要活动的,不以单位犯罪论处,而应以共同犯罪(主要是集团共同犯罪)论处。

[1] 2001年《全国法院审理金融犯罪案件工作座谈会纪要》指出,以单位的分支机构或者内设机构、部门的名义实施犯罪,违法所得亦归分支机构或者内设机构、部门所有的,应认定为单位犯罪。不能因为单位的分支机构或者内设机构、部门没有可供执行罚金的财产,就不将其认定为单位犯罪,而按照个人犯罪处理。但笔者认为,不加区别地一概将单位的内设机构、部门认定为单位犯罪的主体,一方面完全可能将普通共同犯罪认定为单位犯罪,另一方面,不考虑有无可供执行罚金的财产也会导致单位犯罪的认定丧失意义。

13
Case Study

上海新客派信息技术有限公司、王志强虚开增值税专用发票案

单位犯罪 | 一人公司

■ 研读指导

1. 本案的审判法院如何确定犯罪主体？请提炼法院的推理要点。
2. 请注意，实践中哪些因素会影响到一人公司在单位犯罪中的主体资格？
3. 比较研读近似案例中有关单位犯罪主体资格判断的原则和方法，注意其中的差异并分析原因。

■ 相关法条

《中华人民共和国刑法》第六十四条[犯罪物品的处理]、第七十二条[缓刑适用条件]、第七十三条[缓刑考验期限]、第二百零五条[虚开增值税专用发票或者虚开用于骗取出口退税、抵扣税款发票罪]

《中华人民共和国公司法》第五十八条

■ 近似案例

林春华等走私普通货物案(刑事审判参考第18号)

周敏合同诈骗案(刑事审判参考第725号)

■ 案情介绍

被告单位上海新客派信息技术有限公司(以下简称新客派公司),法定代表人王志强,住所地上海市徐汇区龙吴路777号11号楼105室,经营地上海市龙漕路135弄8号917室。

诉讼代表人郭晓菁,新客派公司工作人员。

被告人王志强,男,1977年4月14日生,新客派公司法定代表人、总经理。2010年3月15日因本案被上海市公安局徐汇分局刑事拘留,3月30日被取保候审。

上海市徐汇区人民检察院以被告单位新客派公司、被告人王志强犯虚开增值税专用发票罪,向上海市徐汇区人民法院提起公诉。

被告单位新客派公司及其辩护人、被告人王志强及其辩护人对公诉机关指控的事实及罪名均无异议,但辩护人提出被告单位、被告人均系初犯,到案后认罪态度较好,积极退赔全部税款,建议对被告单位及被告人从轻处罚。

上海市徐汇区人民法院经审理查明:2008年1月8日,被告人王志强注册成立以其一人为股东的新客派公司,王志强系法定代表人。2008年9月23日、10月28日,王志强以支付开票费的方式,通过他人让英迈(中国)投资有限公司(以下简称英迈公司)先后为新客派公司虚开增值税专用发票各一份,价税合计分别为人民币(以下币种均为人民币)221000元、350000元,其中税款分别为32111.11元、50854.70元,并分别于开票当月向税务局申报抵扣,骗取税款共计82965.81元。2010年3月15日,王志强被传唤到案。案发后,被骗税款已全部追缴。

上海市徐汇区人民法院认为,被告单位新客派公司让他人为自己虚开增值税专用发票,致使国家税款被骗82000余元,被告人王志强系直接负责的主管人员,其与单位均构成虚开增值税专用发票罪,应予处罚,公诉机关指控的罪名成立。鉴于新客派公司、王志强自愿认罪,并已退回了全部税款,可以酌情从轻处罚。根据本案的事实、性质、情节、社会危害性及被告单位、被告人的认罪态度等,依照《刑法》第二百零五条,第七十二条第一款,第七十三条第二款、第三款,第六十四条之规定,判决如下:被告单位上海新客派信息技术有限公司犯虚开增值税专用发票罪,判处罚金3万元;被告人王志强犯虚开增值税专用发票罪,判处有期徒刑1年,缓刑1年。

一审判决后,被告单位、被告人没有上诉,检察机关亦没有抗诉,判决已经发生法律效力。

■ 案例评析

□ 重点示意图

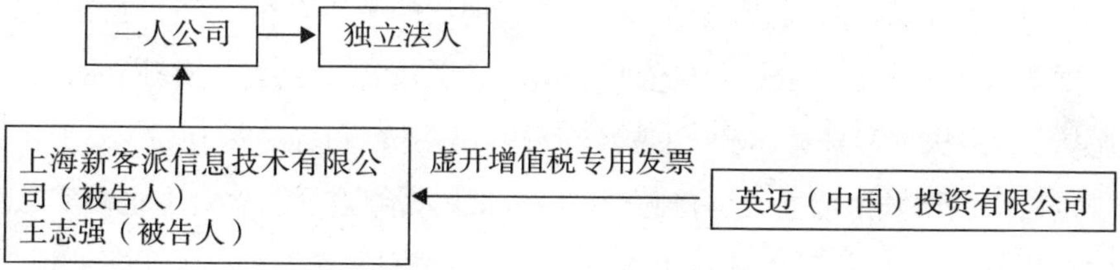

□ 疑难点释析

本案的争议焦点在于一人有限公司能否构成单位犯罪,根据我国《公司法》第五十八条的规定,一人有限责任公司(以下简称一人公司)指由一名股东(自然人或法人)持有公司的全部出资的有限责任公司,组织机构比较简单。随着一人公司的民事主体地位依法确立,一人公司在我国经济领域大量出现,犯罪现象也日益普遍。随之而来的争议是,一人公司实施的犯罪行为究竟是应当作为单位犯罪还是个人犯罪来处理?目前理论界和实务界存在不同观点:

第一种意见认为,一人公司不能成为单位犯罪的主体。[1] 主要理由如下:(1)一人公司缺乏整体性的单位意志。通常一人公司的股东兼任公司的董事、经理,控制公司的经营活动,股东意志不能受到监督和制约。(2)一人公司的利益归属不具有团体性,即公司利益体现为单一股东的个人利益。(3)民法和刑法对一人公司的判断标准不同。民法强调形式的合理性,即认可一人公司的法人定位;刑

---

〔1〕 刘伟:《一人公司单位犯罪主体资格的否认》,载《环球法律评论》2007年第5期。

法强调实质合理性,即股东与公司在人格、意志和利益上均无法区分,其独立性地位在刑法上并不必然形成。(4)单位犯罪一般比自然人的犯罪处罚要轻,有可能造成对犯罪行为的轻纵。

第二种意见认为,依法成立的一人公司可以成为单位犯罪的主体。[1] 理由如下:(1)《公司法》第三十条明确赋予了一人公司的法人地位,且最高人民法院《关于审理单位犯罪案件具体应用法律有关问题的解释》规定具有法人资格的独资公司、企业可以成为单位犯罪的主体。(2)承认一人公司的单位犯罪主体资格符合社会发展趋势。域外法治发达国家均通过立法或修订法律确定了一人公司制度,作为同样从事经营活动的法人企业,理应受到刑法的平等对待。(3)符合公司法理论的发展要求。一人公司也是严格依照公司法成立并依法经营,具有独立的人格。

笔者认为,从本案来看,被告单位新客派公司系按照我国《公司法》关于一人公司的规定依法注册登记成立,具有独立的人格和法人治理结构,客观上也确实从事了一定的合法经营活动,故其实施的犯罪应当按照单位犯罪而不是个人犯罪处理。

■ 知识点梳理

从刑法的实质合理性角度考虑,只有依法成立,取得法人地位,具有独立人格的一人公司,才有可能成为单位犯罪的主体。这要求:(1)一人公司必须严格依法成立。即一人公司必须是依照《公司法》成立,经过工商登记注册,取得独立的法人地位。(2)一人公司必须具有独立的人格,表现在具有独立的财产和独立的意志。若一人公司的股东无法证明公司财产独立于股东个人财产的,需对公司债务承担连带责任,在这种情况下,公司不能成为单位犯罪的主体,而应按照自然人犯罪处理。(3)一人公司应具有《公司法》要求的法人治理结构。公司的经营行为应以公司的名义进行,股东以个人名义进行的行为应视为股东的个人行为。(4)一人公司成立的目的必须是依法从事经营活动。

---

〔1〕 一人有限责任公司具有单位犯罪主体资格。其法理依据在于:一人公司符合单位犯罪主体资格法律确认;一人公司刑法单位人格不同于自然人人格;一人公司单位意志与自然人个人意志相区别和一人公司为单位谋取利益与股东利益之界分等。高诚刚:《一人有限责任公司单位犯罪主体资格之思考》,载《海南广播电视大学学报》2013 年第 4 期。

笔者认为,承认一人公司的在单位犯罪中的主体地位,是现代刑法的必然要求,符合历史发展趋势。这不仅有利于降低投资者的经营风险、维持企业发展、保护交易安全,也有利于减少纠纷,降低交易成本。

14
Case Study

北京匡达制药厂偷税案

单位犯罪 | 刑事责任

■ 研读指导

1. 二审法院改判被告人王璐林无罪的理由是什么？请提炼法院的推理要点。
2. 结合本案讨论，未参与策划、组织、实施单位犯罪行为的单位法定代表人，能否因单位犯罪追究其刑事责任？
3. 比较研读近似案例中单位犯罪中相关人员的责任认定，注意其中的差异并分析原因。

■ 相关法条

《中华人民共和国刑法》第三条[罪刑法定]、第七十二条[缓刑适用条件]、第七十三条[缓刑考验期限]、第二百零一条[逃税罪]、[1]第二百一十一条[单位犯危害税收征管罪的处罚规定]

《中华人民共和国刑事诉讼法》(1996年修正版)第一百八十九条[二审后处理]

2002年最高人民法院《关于审理偷税抗税刑事案件具体应用法律若干问题的解释》第一条

1998年最高人民法院《关于执行〈中华人民共和国刑事诉讼法〉若干问题的解释》(2013年失效)第一百七十六条

---

〔1〕 2009年2月28日《中华人民共和国刑法修正案(七)》第三条将“偷税罪”修改为“逃税罪”。

近似案例

河南省三星实业公司集资诈骗案(刑事审判参考第72号)
普宁市流沙经济发展公司等单位虚开增值税专用发票案(刑事审判参考第232号)
邱进特等销售假冒注册商标的商品案(刑事审判参考第676号)

案情介绍

被告单位北京匡达制药厂,住所地北京市延庆县南菜园开发区,法定代表人王璐林。

诉讼代表人李献军,北京匡达制药厂市场部经理。

被告人王璐林,男,50岁,汉族,大学文化,原系北京匡达制药厂法定代表人,北京针灸骨伤学院坏死性骨病医疗中心主任。因涉嫌犯偷税罪,于2001年9月28日被羁押,同年10月11日被逮捕,2002年7月26日被取保候审。

北京市延庆县人民检察院以被告单位北京匡达制药厂(以下简称匡达制药厂)、被告人王璐林犯偷税罪向北京市延庆县人民法院提起公诉。

起诉书指控:1998年1月至1999年1月,被告人王璐林在任北京匡达制药厂法定代表人及北京针灸骨伤学院坏死性骨病医疗中心主任期间,从匡达制药厂取走本厂生产的"健骨生丸"5100余大盒,至北京针灸骨伤学院坏死性骨病医疗中心销售,销售金额为4508240元(出厂价每大盒880元),未入本厂财务账,也未向延庆县国税局申报纳税,涉嫌偷税额达655043.42元,占同期应纳税款额的52.97%。公诉机关认为被告单位匡达制药厂及被告人王璐林的行为均构成偷税罪,提请法院依据《刑法》第二百零一条、第二百一十一条对被告单位匡达制药厂及被告人王璐林定罪处罚。

被告单位匡达制药厂的诉讼代表人及辩护人对起诉书指控的事实未提异议,但提出偷税行为系被告人王璐林个人利用担任匡达制药厂法定代表人的职务所实施,应当由被告人王璐林个人承担全部责任。

被告人王璐林辩称,自己虽是北京匡达制药厂的法定代表人,但作为企业有明确的权限划分,真正偷税的直接责任人是王彦霖;认定其偷税缺乏事实依据。其辩护人提出,根据匡达制药厂的章程规定及领导分工,王璐林虽然是北京匡达制药厂的法定代表人,但不是偷税的直接责任人员,王璐林在主观方面没有控制北京匡达制药厂进行偷税的主观故意,在客观方面亦未实施控制和决定北京匡达制药厂偷税的犯罪行为;王彦霖系主管药厂的生产、库存、销售、申报纳税的直接责任人,北京匡达制药厂在生产产品中采取一部分不入库,以"打白条"的形式于指定区域内销售,在账簿上不列或者少列收入,偷逃税款,并且在税务机关通知自查后仍拒绝缴纳税款,应由王彦霖承担法律责任,王璐林不构成偷税罪;北京匡达制药厂的行为是欠税行为,不具有偷税的故意。

北京市延庆县人民法院经公开审理查明:

北京匡达制药厂于 1997 年 9 月 12 日注册成立,住所地北京市延庆县南菜园开发区,法定代表人王璐林,总经理王彦霖,经济性质系股份合作制企业,主要生产的产品是"健骨生丸"。北京匡达制药厂于 1998 年 2 月 6 日至 12 月 23 日,共生产健骨生丸 566600 盒。总经理王彦霖指令保管员肖春霞将其中 358313 盒登记在药厂正式账上,其余 208287 盒采用不登记入库的方法,另做记录,药厂销售科人员可以打白条形式将药品领走。被告人王璐林在任北京匡达制药厂的法定代表人期间,1998 年 1 月至 1999 年 1 月,北京针灸骨伤学院坏死性骨病医疗中心共打白条领出 5123 大盒健骨生丸,销售后的金额为人民币 4508240 元(出厂价每大盒人民币 880 元),既没有在北京匡达制药厂登记入账,亦未向延庆县国税局申报纳税,致北京匡达制药厂偷逃增值税税款人民币 655043.42 元,占同期应纳税款额的 52.97%。

北京市延庆县人民法院认为:被告单位北京匡达制药厂及其直接责任人王璐林为企业获取非法利益,违反税收法规,采取生产的产品不入账,用白条出库,收款不入账的手段,通过在"坏死性骨病医疗中心"销售本厂生产的药品,偷逃税款人民币 655043.42 元,占同期应纳税额 52.97%,破坏了税收征管制度,扰乱了社会市场经济秩序,均已构成偷税罪,应予惩处。延庆县人民检察院指控被告北京匡达制药厂、被告人王璐林犯偷税罪的事实清楚,证据充分,指控的罪名成立。在偷税的过程中,任法定代表人兼任坏死性骨病医疗中心主任的王璐林负有直接责任。在追究法人单位的同时应一并追究直接责任人王璐林的刑事责任。依照《刑法》第二百零一条第一款,第二百一十一条,第七十二条第一款,第七十三条第二款、第三款和最高人民法院《关于审理偷税抗税刑事案件具体应用法律若干问题的解释》第一条第(二)项的规定,判决如下:(1)被告单位北京匡达制药厂犯偷税罪,判处罚金人民币140万元。(2)被告人王璐林犯偷税罪,判处有期徒刑3年,缓刑3年,并判处罚金人民币70万元。

一审宣判后,被告单位北京匡达制药厂及被告人王璐林不服,向北京市第一中级人民法院提出上诉。

被告单位北京匡达制药厂上诉称虽然单位构成偷税罪,不应对单位判处巨额罚金。

被告人王璐林上诉提出其行为不构成偷税罪。

北京市第一中级人民法院经审理认为:被告单位北京匡达制药厂为偷逃税款,故意将生产的部分产品隐匿,销售后收入不入账,偷逃增值税税款人民币655043.42元,占同期应纳税额52.97%,其行为已构成偷税罪,依法应予惩处。被告人王璐林虽为北京匡达制药厂的法定代表人,但经法庭质证确认的证据证明,匡达制药厂由总经理王彦霖负责,将其中358313盒登记在药厂正式账上,其余208287盒采用不登记入库的方法,另做记录可由药厂销售科人员以打白条形式领走,系王彦霖授意为之,无证据证明王璐林具有决定、批准、授意、指挥企业人员不列或少列收入,从而偷税的行为。故认定王璐林系北京匡达制药厂偷税犯罪直接负责的主管人员,应追究偷税罪的刑事责任证据不足,一审法院判决认定北京匡达制药厂构成偷税罪的证据确实、充分,审判程序合法。但量刑不当,应予改判。被告单位北京匡达制药厂及其辩护人所提对单位罚金过重、被告人王璐林及其辩护人所提王璐林的行为不构成偷税罪的上诉理由和辩护意见,本院予以采纳。据此,依照《刑事诉讼法》第一百八十九条第(三)项和《刑法》第二百零一条第一款、第二百一十一条、第三条及最高人民法院《关于审理偷税抗税刑事案件具体应用法律若干问题的解释》第一条、《刑事诉讼法》第一百八十九条第(二)项、最高人民法院《关于执行〈中华人民共和国刑事诉讼法〉若干问题的解释》第一百七十六条第(四)项之规定,判决如下:(1)撤销北京市延庆县人民法院(2002)延刑初字第176号刑事判决主文,即被告单位北京匡达制药厂犯偷税罪,判处罚金人民币140万元;被告人王璐林犯偷税罪,判处有期徒刑3年,缓刑3年,并处罚金人民币70万元。(2)被告单位北京匡达制药厂犯偷税罪，判处罚金人民币 70 万元。(3)被告人王璐林无罪。

■ 案例评析

□ 重点示意图

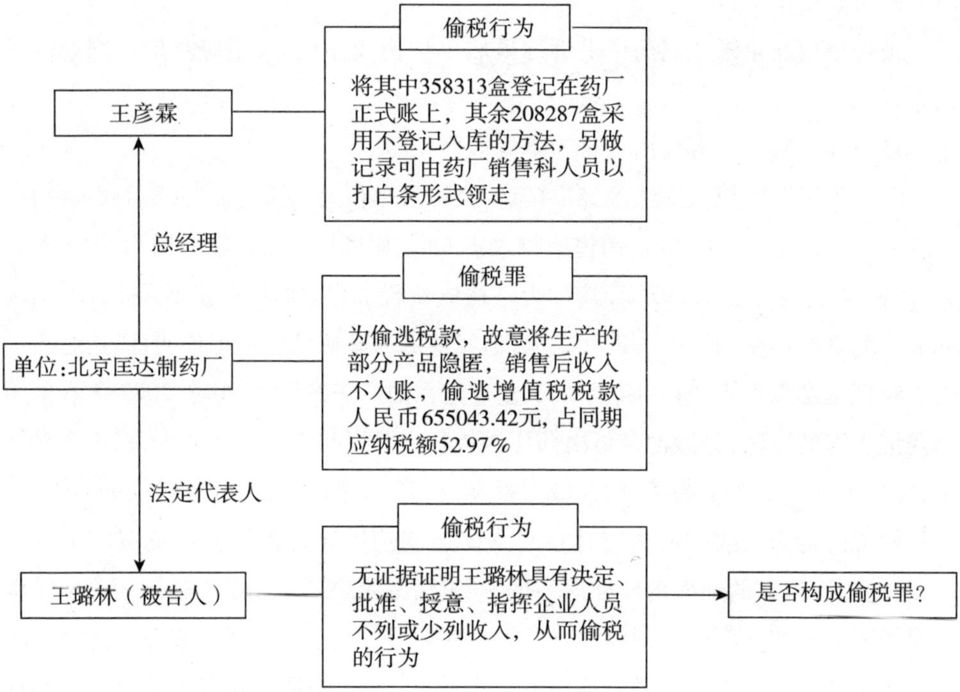

□ 疑难点释析

本案的疑难点主要为:本案被告单位法定代表人王璐林是否属于“直接负责的主管人员”?

从案件基本情况来看,本案被告单位北京匡达制药厂将生产的部分产品隐匿,销售后收入不入账,偷逃增值税税款的行为构成偷税罪没有疑义,但能否以此追究其法定代表人王璐林的刑事责任,关键在于能否认定被告人王璐林属于该单位犯罪行为的“直接负责的主管人员”。这就涉及对《刑法》第三十一条的“直接负责的主管人员"的理解。对此,我国刑法及相关司法解释未作具体规定,笔者认为,"直接负责的主管人员"应当是单位中实际行使管理职权的负责人员,并对单位具体犯罪行为负有主管责任。司法实践中,主管人员主要包括单位法定代表人、单位的主要负责人、单位的部门负责人等,但上述人员并非在任何情况下都要对单位犯罪承担刑事责任,只有当他在单位犯罪中起着组织、指挥、决策作用,实施的行为与单位犯罪行为融为一体,成为单位犯罪行为组成部分时,上述人员才能成为单位犯罪的处罚主体,对单位犯罪承担刑事责任。需强调指出的是,单位的法定代表人,也即"一把手",作为单位的最主要的领导成员,在单位里对重要问题的决定会起着至为重要的作用,在单位实施犯罪的情况下,是否均需对单位犯罪负责?对此,不能一概而论,应否承担刑事责任,仍需视其是否具体介入了单位犯罪行为,在单位犯罪过程中是否起到了组织、指挥、决策作用而定。如主持单位领导层集体研究、决定或者依职权个人决定实施单位犯罪的情况下,当属"直接负责的主管人员";反之,在由单位其他领导决定、指挥、组织实施单位犯罪、不在其本人职权分工范围之内、本人并不知情的情况下,则不应以单位犯罪直接负责的主管人员追究其刑事责任。当然,单位的法定代表人因失职行为,依法构成其他犯罪的,另行定罪处罚。

具体到本案,被告人王璐林虽然是被告单位北京匡达制药厂的法定代表人,但经法庭质证确认的证据不能证明王璐林具有决定、批准、授意、指挥、组织企业人员采用"打白条"的形式,在账簿上不列或少列收入,以偷逃税款的行为,且相关证据证明偷逃税款系北京匡达制药厂总经理王彦霖授意所为,所以一审法院判决认定王璐林系北京匡达制药厂偷税犯罪直接负责的主管人员,应追究偷税罪的刑事责任证据不足,二审法院依法予以改判王璐林无罪的判决是正确的,体现了罪刑法定和罪责自负的刑法原则。

■ 知识点梳理

《刑法》第三十一条规定:"单位犯罪的,对单位判处罚金,并对其直接负责的主管人员和其他直接责任人员判处刑罚。本法分则和其他法律另有规定的,依照规定。"其中"本法分则和其他法律另有规定的,依照规定"指分则法条表述的行为主体是单位,但只处罚直接负责的主管人员和其他直接责任人员(有的法条规定仅处罚直接责任人员)，这种情形主要有三类:(1)并非为本单位谋取利益，而是以单位名义实施的私分国家资产、私分罚没财物罪，法条表述的主体是国家机关、国有公司、企业、事业单位、人民团体与司法机关、行政执法机关，但只处罚直接负责的主管人员与其他直接责任人员;(2)将部分过失犯罪的行为主体表述为单位(如《刑法》第一百三十七条表述的行为主体为建设单位、设计单位、施工单位、工程监理单位)，但仅处罚直接责任人员;(3)虽然将行为主体表述为单位(《刑法》第一百六十一条表述的行为主体为依法负有信息披露义务的公司、企业)，但因处罚单位会损害无辜者的利益，因而仅处罚直接负责的主管人员与其他直接责任人员。对于单位犯罪，通常情况下除需对单位判处罚金之外，还应对单位犯罪中"直接负责的主管人员和其他直接责任人员"判处刑罚，即所谓的双罚制，根据《刑法》第二百一十一条的规定单位偷税犯罪即属此例。[1] 但有学者认为，对行为主体犯罪与否的判断，并不能只看法条对行为主体的表述，还要看刑法是否针对该行为主体规定了刑罚，对于只处罚直接负责的主管人员与其他直接责任人员的情形，即使刑法分则条文将行为主体表述为单位，也不宜认定为单位犯罪。[2]

---

〔1〕 高铭暄、马克昌:《刑法学》，高等教育出版社2004年版。
〔2〕 张明楷:《刑法学》(上)(第五版)，法律出版社2016年版，第137页。

15

Case Study

陈美娟投放危险物质案

刑法因果关系

■ 研读指导

1. 本案的审判法院如何确定被告人陈美娟的行为与被害人陆兰英的死亡结果之间的因果关系？请提炼法院的推理要点。
2. 请注意，本案被害人身体因素是否构成刑法因果关系的中断？实践中应如何判断影响因果关系中断的因素？
3. 研读近似案例，比较不同案件中认定刑法因果关系存在或中断的差异，归纳要点并分析原因。

■ 相关法条

《中华人民共和国刑法》第三十六条［赔偿经济损失与民事优先原则］、第四十八条［死刑、死缓的适用对象及核准程序］、第五十七条第一款［对死刑、无期徒刑罪犯剥夺政治权利的适用］、第一百一十五条第一款［放火罪、决水罪、爆炸罪、投放危险物质罪、以危险方法危害公共安全罪］

《中华人民共和国民法通则》第一百一十九条

《中华人民共和国刑事诉讼法》(1996 年修正版)第二百零一条

1998 年最高人民法院《关于执行〈中华人民共和国刑事诉讼法〉若干问题的解释》(2013 年 1 月 1 日废止)第二百七十八条第二款第(一)项

■ 近似案例

穆志祥被控过失致人死亡案(刑事审判参考第 201 号)

罗靖故意伤害案(刑事审判参考第226号)

龚晓玩忽职守案(刑事审判参考第294号)

韩宜过失致人死亡案(刑事审判参考第440号)

张校抢劫案(刑事审判参考第685号)

杨道计等故意伤害案(刑事审判参考第813号)

■ 案情介绍

被告人陈美娟,女,1966年6月9日出生,汉族,初中文化,农民。2002年8月15日被逮捕。

江苏省南通市人民检察院以被告人陈美娟犯投放危险物质罪,向南通市中级人民法院提起公诉。被害人陆兰英的近亲属及另一被害人黄金花提起附带民事诉讼。

南通市中级人民法院经公开审理查明:被告人陈美娟与被害人陆兰英两家东西相邻。2002年7月下旬,两人因修路及其他琐事多次发生口角并相互谩骂,陈美娟遂怀恨在心,决意报复。2002年7月25日晚9时许,陈美娟从自家水池边找来一支一次性注射器,再从家中柴房内的甲胺磷农药瓶中抽取半针筒甲胺磷农药后,潜行至陆兰英家门前丝瓜棚处,将农药打入瓜藤上所结的多条丝瓜中。次日晚,陆兰英及其外孙女黄金花食用了被注射有甲胺磷农药的丝瓜后,出现上吐下泻等中毒症状。其中,黄金花经抢救后脱险;陆兰英在被送往医院抢救后,因甲胺磷农药中毒引发糖尿病高渗性昏迷低钾血症,医院对此诊断不当,而仅以糖尿病和高血压症进行救治,陆兰英因抢救无效于次日早晨死亡。

陆兰英死后,其亲属邻里在门前瓜棚下为其办理丧事时,发现未采摘的丝瓜中有的有小黑斑,遂怀疑他人投毒,故向公安机关报案。经侦查,陈美娟被抓获。

南通市中级人民法院认为,被告人陈美娟因与被害人发生口角而心怀不满,故意在被害人所种植的丝瓜中投放甲胺磷农药,危害公共安全,造成二人中毒、其中一人死亡的严重后果,其行为已构成投放危险物质罪。陈美娟归案后,认罪态度较好,可酌情从轻处罚。陈美娟对其犯罪行为给附带民事诉讼原告人所造成的经济损失,合理的部分应予赔偿。对被告人及其辩护人关于被害人的死因并非被告人投放甲胺磷必然导致的辩解及辩护理由,经庭审查明,被害人系因有机磷中毒诱发糖尿病高渗性昏迷低钾血症，在两种因素共同作用下死亡，没有被告人的投毒行为在前，就不会有被害人死亡结果的发生，故对该辩解和辩护理由不予采纳。根据《刑法修正案(三)》第二条、《刑法》第一百一十五条第一款、第四十八条第一款、第五十七条第二款、第三十六条第一款，《民法通则》第一百一十九条的规定，于2002年12月24日判决如下：(1)被告人陈美娟犯投放危险物质罪，判处死刑，缓期二年执行，剥夺政治权利终身。(2)被告人陈美娟赔偿附带民事诉讼原告人黄金花医药费及交通费人民币269.20元、被害人陆兰英抢救费及交通费人民币1535.20元、丧葬费人民币3000元，合计人民币4804.40元。(3)驳回附带民事诉讼原告人的其他诉讼请求。一审判决宣告后，被告人陈美娟及附带民事诉讼原告人没有上诉，检察机关没有抗诉。南通市中级人民法院依法将本案报送江苏省高级人民法院核准。

江苏省高级人民法院经复核认为：被告人陈美娟与被害人陆兰英因修路等邻里琐事发生口角而心怀不满，故意在被害人所种植的丝瓜中投放甲胺磷农药，危害公共安全，其行为已构成投放危险物质罪。南通市中级人民法院对被告人陈美娟的定罪量刑正确，审判程序合法。根据《刑事诉讼法》第二百零一条和最高人民法院《关于执行〈中华人民共和国刑事诉讼法〉若干问题的解释》第二百七十八条第二款第(一)项的规定，于2003年5月7日裁定如下：核准江苏省南通市中级人民法院以投放危险物质罪判处被告人陈美娟死刑，缓期2年执行，剥夺政治权利终身的刑事判决。

■ 案例评析

□ 重点示意图

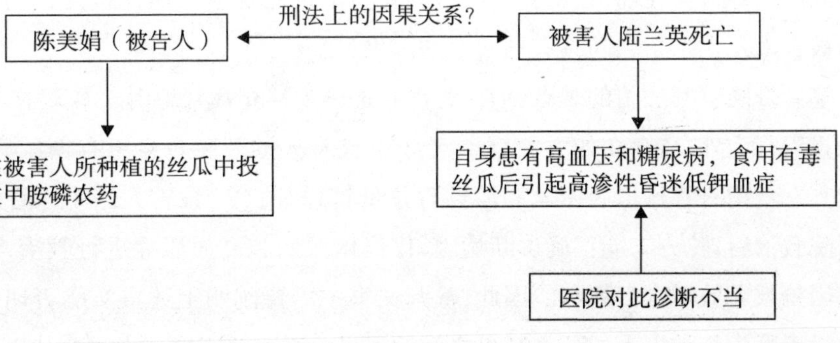

□ 疑难点释析

本案在审理过程中的争论主要集中在：被告人陈美娟的涉案行为与被害人陆兰英的死亡结果之间是否存在刑法上的因果关系。从案件基本情况来看，基本可以确认被告人陈美娟实施了以杀害特定人为目的而危害公共安全的投毒行为。因此，其行为既构成投放危险物质罪，也构成故意杀人罪，属刑法理论上的想象竞合犯。

如果被告人的行为与被害人的死亡结果之间存在刑法上的因果关系，则被告人应当对被害人的死亡结果依法承担刑事责任，其行为属于投放危险物质罪的结果加重犯与故意杀人罪的基本犯既遂的想象竞合，依照“从一重处断”的原则，应当以投放危险物质罪论处，并在“十年以上有期徒刑、无期徒刑或者死刑”的刑度内裁量适用刑罚。如果被告人的行为与被害人的死亡结果之间不存在刑法上的因果关系，则被告人无须对被害人的死亡结果承担刑事责任，其行为就属于投放危险物质罪的危险犯与故意杀人罪未遂的想象竞合，依照“从一重处断”的原则，对其可能就应当以故意杀人罪（未遂）论处，在量刑上“可以比照既遂犯从轻或者减轻处罚”。

具体到审理过程中，辩护方认为，被告人使用一次性注射器向数条丝瓜中注射半筒农药，其毒性有限，被害人因农药中毒诱发其自身患有的高血压和糖尿病，引起高渗性昏迷低钾血症，再加上医院诊断不准贻误救治时机，因此被告人的投毒行为与被害人的死亡结果之间并不存在刑法上的因果关系。法院认为，“被害人系因有机磷中毒诱发糖尿病高渗性昏迷低钾血症，在两种因素共同作用下死亡，没有被告人的投毒行为在前，就不会有被害人死亡结果的发生”，因此被告人的投毒行为与被害人死亡结果之间具有刑法上的因果关系。

笔者赞同审判法院的观点，但认为需要进一步补充裁判理由。本案中，除被告人的投毒行为外，还存在如下关键事实：（1）被害人陆兰英自身患有糖尿病，因此导致其在食用有毒丝瓜后诱发高渗性昏迷低钾血症；（2）被害人因中毒昏迷被送往医院救治后，院方未能正确诊断病因，仅以糖尿病和高血压症进行救治，结果导致其因抢救无效于次日死亡。因此，裁判文书中需要阐明上述事实能否切断被告人的投毒行为与被害人的死亡结果之间的因果关系。关于这一点主要从以下两方面判断:首先,因果关系具有条件性和具体性。[1] 一种行为引起什么样的结果并没有固定的模式,而是取决于行为时的具体条件。具体而言,某一行为虽然在通常情况下并不会导致异常结果发生,但若因某一特殊条件的出现导致该结果发生的,也应肯定两者之间存在刑法意义上的因果关系。具体到本案,被告人的投毒行为与被害人死亡结果之间的因果联系,并不因被害人自身患有糖尿病这一事实而受到任何影响。其次,本案的介入因素——医院诊治失误,并不足以切断被告人的投毒行为与被害人死亡结果之间的因果关系。本案中,因被告人投毒的剂量小,被害人并未直接外显为中毒症状,反而诱发了高渗性昏迷低钾血症,而施救的镇医院又因医疗条件和水平有限,对这种较为罕见的疾病出现诊治错误,也是可以理解的。

综上,本案医院诊治失误并非异常介入因素,对死亡结果发生的作用力较小,因此,仍然应当认定被告人的投毒行为与被害人的死亡结果之间存在刑法上的因果关系。

■ 知识点梳理

刑法上因果关系,是指危害行为与危害结果之间的一种引起与被引起的关系。其中的"引起"者是原因(危害行为),"被引起"者是结果(危害结果),而因果"关系"本身不包括原因与结果,只包含二者之间的引起与被引起的关系。

司法实践中,主要从两个方面着手解决因果关系问题:一是已发生某种危害结果(在此宜理解为一般意义的损害结果),但不知道由谁的行为引起;二是已实施的危害行为,是否造成了危害结果以及造成了哪些危害结果。后一种情况比较容易解决,关键是前一种情况。当某种危害结果已经发生时,应当先考察一般意义上的因果关系,即先查明是由谁的行为造成的,再进一步考察是否存在不承担刑事责任的事由。例如,若已查明是甲的行为造成了某种危害结果,但存在不承担刑事责

[1] 刑法中的因果关系,应从事实上的因果关系与法律上的因果关系两方面进行考察。刑法因果关系的判断方法:(1)必须存在犯罪构成客观要件所规定的危害行为,即实行行为。(2)危害行为和危害结果之间具有"没有前者就没有后者"的条件关系,即二者之间的事实联系。(3)危害行为产生危害结果是相当的。参见陈兴良:《刑法因果关系研究》,载《法学》2009 年第 7 期;侯斌:《刑法因果关系研究》,载《西南民族大学学报》(人文社科版)2004 年第 10 期。

任事由，则司法机关不将此案件作为犯罪处理。这里虽然事实上存在一般意义上的因果关系，但不存在刑法上的因果关系。

实践中，司法机关对犯罪的认定，往往先考察一般因果关系，确定谁的行为造成了危害结果，再判定该行为是否符合犯罪构成。若该行为成立犯罪，则上述一般因果关系就成为犯罪因果关系。因此，对刑法上的因果关系的理解，从认定的角度考察是研究人的行为与危害结果之间的关系；从结局上考察是研究犯罪行为与犯罪结果之间的因果关系。

在我国刑法学界主要存在必然因果关系说与偶然因果关系说两种理论。

必然因果关系说认为，当危害行为中包含着危害结果产生的根据，并合乎规律地产生了危害结果时，危害行为与危害结果之间就是必然因果关系；只有这种必然因果关系，才是刑法上的因果关系。[1] 偶然因果关系说认为，虽然危害行为本身并不包含产生危害结果的根据，但在该危害行为发展过程中，偶然介入其他因素，又由介入因素合乎规律地引起危害结果时，危害行为与危害结果之间就是偶然因果关系，介入因素与危害结果之间是必然因果关系。必然因果关系与偶然因果关系都是刑法上的因果关系。[2]

因果关系的中断。在刑法理论上，一般认为在因果关系发展进程中，如果介入了第三者的行为、被害人的行为或特殊自然事实等其他因素，应当考察行为人的行为导致结果发生的危险性大小、介入因素的异常性大小、介入因素对结果发生的作用力大小、介入因素是否属于行为人的管辖范围等情形，但最重要的是判断谁的行为对结果发生起到了决定性作用，同时也要考虑第三者介入的盖然性与可能性，不能简单地采取回溯禁止的理论。[3] 例如，在存有医生的重大过失这一介入因素引起被害人死亡的案件中，如果先前行为只是导致被害人轻伤，介入因素直接导致危害结果的发生，则应认定先前行为与结果之间的因果关系中断；如果先前行为导致被害人濒临死亡的重伤，介入因素不足以导致被害人死亡，只是导致了危害结果的

〔1〕 高铭暄：《刑法学》（修订本），法律出版社1984年版，第129页。

〔2〕 李光灿、张文、龚明礼：《刑法因果关系论》，北京大学出版社1986年版，第99页。

〔3〕 结果归属角度的回溯禁止理论存在不同观点与表述。例如，有人认为，如果前行为人是过失，后行为人故意介入时，就不得将结果归属于前行为。有人指出，如果前行为人是按照他的社会角度行事，第三者制造了不被允许的风险，那么，就不得将结果归属于前行为人。

提前到来,则宜认定先前行为与被害人死亡之间存在因果关系。例如,A 的行为已经导致 B 濒临死亡的重伤,C 后来又对 B 实施殴打,导致 B 的死亡时期略微提前的,应肯定 A 的行为与 B 的死亡之间具有因果关系;如果 C 开枪射杀已经受伤的 B,则应认定 A 的行为与 B 的死亡之间因果关系已中断。当然,介入情况的异常与否,对判断因果关系是否中断也有较大影响:前行为必然导致介入情况、前行为通常导致介入情况、前行为很少导致介入情况、前行为与介入情况无关这四种情形,对认定因果关系的中断所起的作用依次递增。

PART 03

正当事由

16
Case Study

周文友故意杀人案

正当防卫 | 认定

研读指导

1. 本案审判法院如何确定对被告人周文友行为性质的认定？请提炼法院的推理要点。
2. 当被告人与被害人双方均有过错的情况下，应该如何划分赔偿责任？
3. 研读近似案例，比较具体案件中正当防卫的认定原则和方法，注意其中的差异并分析原因。

相关法条

《中华人民共和国刑法》第二十条［正当防卫］、第六十七条第一款［自首］、第二百三十二条［故意杀人罪］

最高人民法院《关于处理自首和立功具体应用法律若干问题的解释》第一条

最高人民法院《关于被告人对行为性质的辩解是否影响自首成立问题的批复》

《中华人民共和国民法通则》第一百一十九条、第一百三十一条

最高人民法院《关于审理人身损害赔偿案件适用法律若干问题的解释》第十七条、第二十九条

近似案例

王长友过失致人死亡案（刑事审判参考第124号）

张建国故意伤害案（刑事审判参考第138号）

李明故意伤害案(刑事审判参考第907号)

■ 案情介绍

附带民事诉讼原告人李昌禄,男,1937年7月28日出生,汉族,农民。系被害人李博之父。

附带民事诉讼原告人邹启会,女,1939年10月4日出生,汉族,农民。系被害人李博之母。

被告人周文友,男,1973年9月23日出生,汉族,农民。2004年8月11日因涉嫌犯故意杀人罪被刑事拘留,同月29日被逮捕。

附带民事诉讼被告人赵孝学,女,1954年1月出生,汉族。系被告人周文友之母。

重庆市人民检察院第三分院以被告人周文友犯故意杀人罪向重庆市第三中级人民法院提起公诉。审理过程中,附带民事诉讼原告人李昌禄、邹启会向法院提起附带民事诉讼。附带民事诉讼原告人李昌禄、邹启会要求被告人周文友、附带民事诉讼被告人赵孝学共同赔偿丧葬费、死亡赔偿费、被抚养人生活费、误工费、交通费等共计人民币225166.38元,精神抚慰金100000元,共计人民币325166.38元。

重庆市第三中级人民法院经公开审理查明:2004年7月27日晚,被告人周文友之妹周洪为家庭琐事与其夫李博(被害人)发生争吵,周文友之母赵孝学出面劝解,后李博用板凳打了赵孝学。当晚23时许,周文友回家得知此事,遂打电话质问李博,并叫李博回家把事情说清楚,为此,两人在电话里发生争执。次日凌晨1时30分许,李博邀约任毅、杨海波、吴四方等人乘坐出租车来到周文友家。周文友见状遂持尖刀走出房间来到坝子,与持砍刀的李博对打。在周文友与李博相互对打中,周文友将李博右侧胸肺、左侧腋、右侧颈部等处刺伤,致李博急性失血性休克,呼吸、循环衰竭死亡;李博持砍刀将周文友头顶部、左胸壁等处砍伤,将周文友左手腕砍断。经法医鉴定周文友的损伤程度属重伤。周文友受伤后乘坐出租车前往医院治疗,途经南川市公安局西城派出所时,向派出所报案,称其杀了人,来投案自首,现在要到医院去治伤,有事到医院找他。

另查明,被害人李博死亡后,其损失为:丧葬费人民币6222元,死亡补偿费人民币44300元,李昌禄赡养费人民币6859元,邹启会赡养费人民币7915元,误工、交通费人民币1500元,共计人民币66796元。

重庆市第三中级人民法院认为:被告人周文友故意非法剥夺他人生命,致一人死亡的行为,已构成故意杀人罪。鉴于被告人周文友有自首情节,且被害人李博邀约多人到被告人周文友家,并持砍刀与周文友对砍、对杀,周文友也身负重伤,故被害人李博有重大过错,可对被告人周文友减轻处罚。被告人周文友的犯罪行为给附带民事诉讼原告人李昌禄、邹启会造成的经济损失,应当赔偿。因被害人李博有重大过错,可减轻民事赔偿责任。附带民事诉讼被告人赵孝学没有参与打斗,故不承担民事赔偿责任。依照《刑法》第二百三十二条、第六十七条第一款和《民法通则》第一百一十九条、第一百三十一条的规定,于2005年1月3日判决如下:(1)被告人周文友犯故意杀人罪,判处有期徒刑8年。(2)被告人周文友赔偿附带民事诉讼原告人李昌禄、邹启会的丧葬费、死亡补偿金、交通费、误工费、赡养费共计人民币40077.6元。(3)附带民事诉讼被告人赵孝学不承担民事赔偿责任。

一审宣判后,周文友不服,向重庆市高级人民法院提起上诉称:自己没有非法剥夺被害人生命的主观意图和故意行为,其行为属正当防卫,不应承担刑事和民事责任。其辩护人认为:原判认定事实不清,证据不足;周文友是在自身安危已构成严重威胁之时的正当防卫行为,不应承担刑事和民事责任,请求宣告周文友无罪。

附带民事诉讼原告人李昌禄、邹启会上诉称:原审判决对附带民事赔偿数额处理不当,所划分责任显失公平;请求判决周文友和赵孝学赔偿因李博死亡造成的经济损失丧葬费6222元,死亡补偿费161880元,被扶养人生活费14774元,误工、交通费人民币1500元,精神抚慰金100000元,共计284376元。

重庆市高级人民法院经审理查明:2004年7月27日晚,被告人周文友之妹周洪为家庭琐事与其夫被害人李博发生争吵,周文友之母赵孝学出面劝解时被李博用板凳殴打。周文友回家得知此事后,即邀约安礼强一起到李博家找李博,因李博不在家,周文友即打电话质问李博,并叫李博回家把事情说清楚,为此,两人在电话里发生争执,均扬言要砍杀对方。之后,周文友打电话给南川市公安局西城派出所,派出所民警到周文友家劝解,周文友表示只要李博前来认错、道歉及医治,就不再与李博发生争执,随后派出所民警离开。次日凌晨1时30分许,李博邀约任毅、杨海波、吴四方等人乘坐出租车来到周文友家。周文友听见汽车声后,从厨房拿一把尖刀从后门出来绕到房屋左侧,被李博等人发现,周文友与李博均扬言要砍死对方，然后周文友与李博持刀打斗，杨海波、任毅等人用石头掷打周文友。打斗中，周文友将李博右侧胸肺、左侧腋、右侧颈部等处刺伤，致李博急性失血性休克，呼吸、循环衰竭死亡；李博持砍刀将周文友头顶部、左胸壁等处砍伤，将周文友左手腕砍断。经法医鉴定周文友的损伤程度属重伤。周文友受伤后乘坐出租车前往医院治疗，途经南川市公安局西城派出所时，向派出所报案，称其杀了人，来投案自首，现在要到医院去治伤，有事到医院找他。

另查明，被害人李博系城镇户口，因李博的死亡给上诉人李昌禄、邹启会造成的经济损失包括丧葬费人民币6222元，死亡补偿费人民币161880元，李昌禄赡养费人民币6859元，邹启会赡养费人民币7915元，误工、交通费人民币1500元，共计人民币184374元。

重庆市高级人民法院认为：上诉人周文友在其母亲被被害人殴打后欲报复被害人，持刀与被害人打斗，打斗中不计后果，持刀猛刺被害人胸部等要害部位，致被害人死亡，其行为已构成故意杀人罪。鉴于周文友有自首情节，且被害人李博邀约多人到周文友家，并持砍刀与周文友对砍，致周文友重伤，李博有重大过错，可对周文友减轻处罚。周文友的犯罪行为给上诉人李昌禄、邹启会造成的经济损失，应当赔偿。因被害人李博有重大过错，可减轻周文友民事赔偿责任。根据过错相抵的原则，由周文友承担60%的赔偿责任。被上诉人赵孝学没有参与打斗，故不承担民事赔偿责任。故上诉人李昌禄、邹启会及其诉讼代理人所提判令赵孝学承担民事赔偿责任的上诉理由及代理意见不能成立。原判刑事部分判决认定事实和适用法律正确，量刑适当，审判程序合法，但民事部分判决认定被害人李博系农业户口错误，导致判决赔偿数额不当，应予以纠正。依照《刑事诉讼法》第一百八十九条第（一）项、第（二）项，《刑法》第二百三十二条、第六十七条第一款，《民法通则》第一百一十九条，第一百三十一条的规定，于2005年5月16日判决如下：(1)维持重庆市第三中级人民法院刑事附带民事判决中对被告人周文友的定罪量刑以及附带民事诉讼被告人赵孝学不承担民事赔偿责任部分。(2)撤销重庆市第三中级人民法院刑事附带民事判决中对被告人周文友赔偿附带民事诉讼原告人李昌禄、邹启会的赔偿部分。(3)上诉人周文友赔偿上诉人（原审附带民事诉讼原告人）李昌禄、邹启会因李博的死亡造成经济损失丧葬费、死亡补偿金、交通费、误工费、赡养费共计人民币110624元。

■ 案例评析

□ 重点示意图

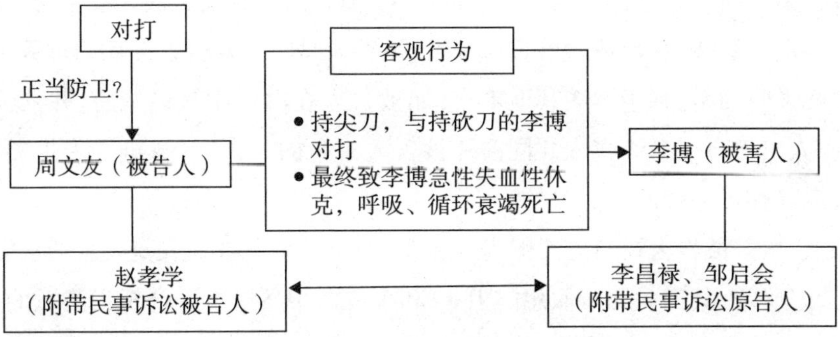

□ 疑难点释析

本案在审理过程中的争论点主要集中在“被告人周文友的行为是否构成正当防卫”以及“对于被害人有过错如何进行量刑和划分赔偿责任”两个问题。

1. 关于被告人周文友的行为是否构成正当防卫?

本案在审理过程中对被告人周文友行为的定性存在三种意见:第一种意见认为被告人的行为构成故意杀人罪;第二种意见认为被告人的行为属于正当防卫;第三种意见认为被告人的行为属于防卫过当,构成故意伤害罪。合议庭对被害人李博深夜带领众人前去被告人家的行为认定存在分歧:

一种观点认为,被告人于案发前向派出所打电话是出于求助和寻求保护的目的,其持刀打斗的行为是对对方迫杀的反击,而且从被告人躲避、退让和打电话求助的行为状态可以认定是出于保护自己的合法权益,在不得已的情况下实施的正当防卫行为。对于“正在进行的不法侵害”的理解,只要形势紧迫即可进行防卫,并不苛求已经着手。本案被害人凌晨2时许邀约多人前往被告人家即可认为不法侵害正在进行。

另一种观点认为,双方都有伤害对方的故意,但不能说明被害人邀约多人前往就是要来杀人,还有可能是来打人或毁坏财物等,所以在被害方未动手之前不能认定为“不法侵害正在进行”。被告人在看见被害人后主动迎上去并扬言砍死被害人,说明周文友亦有加害被害人的故意。故本案不属正当防卫。

笔者同意后一种观点,主要基于以下理由:首先,案发前被告人已流露出欲与被告人李博打架的念头,并做好了准备,表明其存在非法侵害他人的意图。其次,被告人在案发前有条件避免与被害人的冲突,但其反而在实害尚未发生时,积极主动参与斗殴。最后,从尸体检验报告来看,被害人是在与被告人互砍的过程中被杀的。需要说明的是,基于本案其他事实,如被告人在电话中言语威胁,并催促被害人,被害人出于自保邀约多人共同前往被告人家中的,且其只身进入未带器械,并不能肯定其存在寻衅滋事的目的。

综上,本案被告人在对方意图尚未显现、还未发生危及其人身安全的侵害的情况下,持刀砍杀,其行为属于假想防卫[1]和事先防卫[2],不符合正当防卫的条件。被告人主观上有剥夺他人生命的故意,客观上实施了与他人进行斗殴的行为,并且造成他人死亡的危害后果,依法应当承担故意杀人罪的刑事责任。

2. 对于被害人有过错的,如何进行量刑和划分赔偿责任?

在侵犯公民人身权利的刑事附带民事案件中,“被害人过错”的判断对于确定量刑幅度和分配民事赔偿责任具有重要作用。1999 年最高人民法院的《全国法院维护农村稳定刑事审判工作座谈会纪要》提出,在故意杀人、故意伤害案件中,“对于被害人有明显过错或对矛盾激化有直接责任,或者被告人有法定从轻处罚情节的,一般不应判处死刑立即执行”。这意味着“被害人过错”作为酌定量刑情节在司法实践中得以运用。刑法理论认为,决定量刑情节的要素包括被告人罪行的轻重和被告人的人身危险性。而被害人的过错往往与被告人的罪行、人身危险性程度成反比,因为若被害人存在过错,一般能够反证被告人罪行较轻、人身危险性较

---

〔1〕 在判断是否属于假想防卫的时候,需要注意与正当防卫和一般犯罪加以正确区分:首先应当正确判断客观上是否存在不法侵害,这是假想防卫与正当防卫的根本区分之所在……其次应当正确判断主观上是否存在认识错误,即误认为存在不法侵害,这是假想防卫与一般犯罪的根本区分之所在。如果并没有发生认识错误而是以侵害故意对他人实施伤害或者杀害行为,则属于一般犯罪,不得认定为假想防卫。只有在行为人存在认识错误的情况下,行为人基于假想中的防卫意图,对他人实施了所谓的防卫,才能认定为假想防卫。参见陈兴良:《正当防卫:指导性案例以及研析》,载《东方法学》2012 年第 4 期。

〔2〕 事先防卫,即不法侵害尚处于预备阶段或犯意表示阶段,对于合法权益的威胁并未达到现实状态时,就对其采取某种损害权益的行为。

小。本案中,被害人李博因家庭琐事殴打岳母,对于引发本案负有重大责任,后又带人前往被告人家寻找,与被告人对砍,造成对方重伤,有明显过错。故一、二审法院在综合考虑到被害人行为具有重大过错以及被告人投案自首情节,对被告人作出减轻处罚这一判决是适当的。

对于被害人存在过错的附带民事诉讼的赔偿责任,《民法通则》第一百三十一条明确规定"受害人对损害的发生也有过错的,可以减轻侵害人的民事责任",即适用"过失相抵"原则。本案中,双方当事人均有伤害的故意,且都实施了伤害行为,双方均有过错。鉴于被告人首先持刀攻击并杀死被害人,过错程度较重,故一、二审法院认定周文友应负60%的赔偿责任是正确的。

关于附带民事诉讼的人身损害造成死亡的赔偿范围,根据最高人民法院《关于审理人身损害赔偿案件适用法律若干问题的解释》第十七条第三款的规定,赔偿的范围包括"受害人死亡的,赔偿义务人除应当根据抢救治疗情况赔偿本条第一款规定的相关费用外,还应当赔偿丧葬费、被扶养人生活费、死亡补偿费以及受害人亲属办理丧葬事宜支出的交通费、住宿费和误工损失等其他合理费用",第十八条又单独规定了精神损害赔偿。因此,本案中的附带民事诉讼原告人作为已死亡被害人的近亲属,对于被告人的犯罪行为所导致的物质损失,依法可以主张赔偿死亡补偿费。故一、二审法院将死亡补偿费列入赔偿范围是正确的。同时由于我国现阶段城乡二元结构的存在,根据最高人民法院《关于审理人身损害赔偿案件适用法律若干问题的解释》第二十九条的规定,"死亡补偿费"在赔偿的标准上城镇居民与农村居民是存在差别的,所以二审法院根据被害人系非农户口而提高其死亡补偿费的数额是有法律依据的。本案附带民事诉讼原告人还向法院提出赔偿精神抚慰金的请求,但未获得法院的支持,其根据的是最高人民法院《关于刑事附带民事诉讼范围问题的规定》第一条第二款的规定:"对于被害人因犯罪行为遭受精神损失而提起附带民事诉讼的,人民法院不予受理。"最高人民法院《关于是否受理刑事案件被害人提起精神损害赔偿民事诉讼问题的批复》亦规定:"根据刑法第三十六条和刑事诉讼法第七十七条以及我院《关于刑事附带民事诉讼范围问题的规定》第一条第二款的规定,对于刑事案件被害人由于被告人的犯罪行为而遭受精神损失提起的附带民事诉讼,或者在该刑事案件审结以后,被害人另行提起精神损害赔偿民事诉讼的,人民法院不予受理。"因此,一、二审法院驳回附带民事诉讼原告人提出赔偿精神抚慰金的请求并无不当。此外,关于附带民事诉讼原告人要求被告人的母亲赵孝学一同承担民事赔偿的问题,经查赵孝学没有参与本案的犯罪活动,亦不是共同侵权的责任人之一,被害人死亡的结果完全是被告人的行为独自造成的,与赵孝学没有关联,赵孝学对于李博的死亡无过错,依法不应承担本案的民事赔偿义务,故一、二审法院裁决附带民事诉讼被告人赵孝学不承担民事赔偿是正确的。

■ 知识点梳理

正当防卫是我国刑法中规定的违法性阻却事由之一。正当防卫行为从表面上看具有加害性,但实质上并不具备犯罪构成的要件,也不具有社会危害性,属于一种排除社会危害性的行为。《刑法》第二十条规定:“为了使国家、公共利益、本人或者他人的人身、财产和其他权利免受正在进行的不法侵害,而采取的制止不法侵害的行为,对不法侵害人造成损害的,属于正当防卫,不负刑事责任。”可见,正当防卫是为保障公民合法权益免受侵害,在紧急情况下制止不法侵害的一项自力救济措施。因此,不法侵害的存在是正当防卫成立的前提条件,且只有这种不法侵害具有紧迫性时,才允许对其实行防卫。〔1〕

根据《刑法》第二十条的规定,正当防卫可以分为两种:一般正当防卫(《刑法》第二十条第一款)与特殊正当防卫(《刑法》第二十条第三款)。前者是针对正在进行的其他不法侵害所进行的防卫,具有防卫限度因而存在防卫过当的问题。后者是针对正在进行的严重危及人身安全的暴力犯罪所进行的防卫,不存在防卫过当(《刑法》第二十条第二款)的问题。

实施正当防卫必须符合以下条件:(1)必须存在现实的不法侵害行为,这是正当防卫的起因条件;(2)不法侵害必须正在进行(紧迫性),具体地说,是不法侵害

---

〔1〕 通说认为,不法侵害正处于已经开始并且尚未结束的进行阶段,是允许实施正当防卫的时间。其中“开始”是指侵害人已经着手。在个别情况下,不法侵害虽然还没有进入实行阶段,但其实施却已逼近,侵害在即,形势十分紧迫,不进行正当防卫不足以保护国家、公共利益和其他合法权益。在这种情况下,可以实行正当防卫。参见陈兴良:《正当防卫:指导性案例以及研析》,载《东方法学》2012 年第 4 期。

已经开始且尚未结束;(3)具备防卫意识,即只要行为人认识到自己的行为是与正在进行的不法侵害相对抗,就应认为具有防卫意识;(4)针对不法侵害人本人进行防卫,包括针对不法侵害人的人身进行防卫和针对不法侵害人的财产进行防卫;(5)防卫没有明显超过必要限度造成重大损害。

不法侵害正在进行,是指不法侵害已经开始且尚未结束。不法侵害正在进行时,令法益处于紧迫的危险之中,从而使防卫行为成为保护法益的必要手段。对不法侵害的界定,需要明确其开始和结束的时间点。

不法侵害的开始时间,理论上主要有进入侵害现场说、着手说、直接面临说与综合说。[1] 笔者赞同综合说,即在一般情况下,应以不法侵害人着手实行不法侵害时为开始时间(着手说),但不法侵害的现实威胁十分明显、紧迫,若待其着手实行后来不及减轻或者避免危害结果的,也应认为不法侵害已经开始(直接面临说)。需要注意的是,对于一些犯罪的预备行为,若相对其他犯罪属于已经着手的实行行为,则可以针对该实行行为实施正当防卫。例如,为了杀人而侵入他人住宅的,可以针对已经开始的不法侵入住宅的行为进行正当防卫(不是针对杀人行为的防卫)。

关于不法侵害的结束时间,刑法理论上也有不同观点。有学者认为,已经形成了危害结果时就是结束时间;[2] 有学者认为,排除了不法侵害的客观危险时就是结束时间;[3] 有学者认为,不法侵害被制止时就是结束时间;[4] 有学者认为,对不法侵害的结束时间应具体情况具体分析,没有统一标准。[5] 笔者认为,不法侵害的结束时间,是指不再处于紧迫、现实的侵害、威胁之中,或者说不法侵害人已经丧失了侵害能力,或已自动中止了不法侵害,或已逃离现场,不法侵害已经造成且危害结果不可能继续加重,等等。值得注意的是,在财产性违法犯罪中,犯罪行为虽已既遂,但追捕者在现场还来得及挽回损失的,应当认为不法侵害尚未结束,可以实行正当防卫。也就是说,此类案件的结束时间将一直延续到不法侵害人将其所

---

〔1〕 参见赵秉志主编:《刑法争议问题研究》(上卷),河南人民出版社 1996 年版,第 525 页以下。

〔2〕 参见高格:《正当防卫与紧急避险》,福建人民出版社 1985 年版,第 29 页。

〔3〕 参见陈兴良:《正当防卫论》,中国人民大学出版社 2006 年版,第 102 页。

〔4〕 参见周国钧、刘根菊:《正当防卫的理论与实践》,中国政法大学出版社 1988 年版,第 62 页。

〔5〕 参见姜伟:《正当防卫》,法律出版社 1988 年版,第 71 页。

取得的财物藏匿至安全场所为止；在此之前，追捕者可以使用强力将财物取回。[1]例如，抢劫犯使用暴力劫得财物，抢劫罪虽已既遂，但在当场对抢劫犯予以暴力反击夺回财物的，应认为是正当防卫。

〔1〕 参见［德］卡尔·拉伦茨：《德国民法通论》（上册），王晓晔等译，法律出版社2003年版，第361页。

17
Case Study

韩霖故意伤害案

防卫过当 | 故意伤害

■ 研读指导

1. 二审法院如何认定被告人韩霖行为的性质？请提炼法院的推理要点。
2. 结合案情讨论，如何理解和适用《刑法》第二十条第二款关于防卫过当的规定？
3. 比较研读近似案例，分析防卫过当、防卫不适时在司法实践中的适用规则，注意其中的差异并总结归纳。

■ 相关法条

《中华人民共和国刑法》第二十条［正当防卫］、第六十七条第一款［自首］、第二百三十四条第二款［故意伤害罪致人死亡或重伤］

■ 近似案例

苏良才故意伤害案（刑事审判参考第130号）
胡咏平故意伤害案（刑事审判参考第224号）
罗靖故意伤害案（刑事审判参考第226号）

■ 案情介绍

被告人韩霖，男，1981年3月26日出生，逮捕前系烟台师范大学学生。因涉嫌犯故意伤害罪于2003年9月10日被逮捕。

山东省威海市人民检察院以被告人韩霖犯故意伤害罪向威海市中级人民法院提起公诉，同时建议对其追究刑事责任时考虑其在犯罪后投案自首的情节。

被告人韩霖对被指控的犯罪事实无异议。其辩护人提出：韩霖的行为系防卫过当，且有自首情节，请求对其减轻处罚。

威海市中级人民法院经公开审理查明：2003年8月30日19时许，被害人王某见被告人韩霖同丁某某在山东省乳山市"豪迈"网吧上网，王某认为丁某某是自己的女友，即对韩霖产生不满，纠集宋某、贾某等四人到网吧找韩霖。王某先让其中二人进网吧叫韩霖出来，因韩霖不愿出来，王某又自己到网吧中拖扯韩霖，二人发生争执，后被网吧老板拉开。王某等人到网吧外等候韩霖，当韩、丁二人走出网吧时，王某即将韩霖拖到一旁，并朝韩霖踢了一脚。韩霖挣脱后向南跑，王某在后追赶，宋某、贾某等人也随后追赶。韩霖见王某追上，即持随身携带的匕首朝王挥舞，其中一刀刺中王某左颈部，致王某左侧颈动脉、静脉断裂，急性大失血性休克死亡。案发后，韩霖于9月2日到公安机关投案自首。在案件审理中，经双方协商，韩霖的父母自愿代韩霖向被害人王某的父母赔偿经济损失人民币3万元。

威海市中级人民法院认为，被告人韩霖持刀伤人并致人死亡，其行为已构成故意伤害罪。公诉机关指控的罪名成立。韩霖在犯罪后投案自首，依法可从轻处罚。被害人王某因嫉妒韩霖与自己喜欢的女孩交往，即纠集多人找到韩霖所在的网吧滋事，并殴打、追赶韩霖，在本案中存有明显过错。韩霖面对赤手空拳追赶其的王某等人，在尚未遭到再次殴打的情况下，手持匕首刺中王某，其行为系防卫不适时，已超出防卫的范畴，关于韩霖的行为属防卫过当的辩护意见不当，不予支持。据此，依照《刑法》第二百三十四条第二款、第六十七条第一款之规定，判决如下：被告人韩霖犯故意伤害罪，判处有期徒刑11年。

一审宣判后，被告人韩霖以其行为系正当防卫为由提出上诉。其辩护人提出，依照《刑法》第二十条第三款的规定，对正在进行行凶、杀人、抢劫、强奸、绑架以及其他严重危及人身安全的暴力犯罪，采取防卫行为，造成不法侵害人伤亡的，不属于防卫过当，韩霖的行为应认定为正当防卫。

山东省高级人民法院经二审审理认为，原审认定的事实清楚，证据确实、充分。综观本案的全过程，应当认定被害人王某等人的不法侵害行为从围攻被告人韩霖时已经开始，且已达到有必要进行防卫的程度；王某等人追赶韩霖的行为，是不法侵害的持续而非中止，此时韩霖所面临的不法侵害的威胁并未消除或减弱，即不法侵害行为正在进行。韩霖在王某一方人多势众、执意追打，且自己又摆脱不能的情况下，为使本人的人身权利免受正在进行的不法侵害，对不法侵害人实施防卫行为是适时的、必要的。但韩霖采取持刀捅刺不法侵害人的防卫手段、强度及致不法侵害人死亡的严重后果，与不法侵害人赤手空拳殴打行为的手段、强度及通常可能造成的一般后果相比较，两者存在过于悬殊的差距，该防卫行为已明显超过了有效制止不法侵害行为的必要限度。应当认定韩霖的行为系防卫过当，且构成故意伤害罪。韩霖所提正当防卫的上诉理由不予支持。《刑法》第二十条第三款是对严重危及人身安全的暴力犯罪人实施防卫所作出的特殊规定，本案被害人所实施的撕扯、脚踢等行为，尚达不到严重危及人身安全的暴力犯罪程度，只能认定系一般的不法侵害行为，不适用该条款的规定，故所提系特殊正当防卫的辩护意见不予采纳。韩霖防卫过当，且投案自首，应依法对其减轻处罚。原审判决定罪准确，审判程序合法，但未认定韩霖系防卫过当及量刑不当，应予以纠正。依照《刑事诉讼法》第一百八十九条第（二）项、第一百九十五条和第一百六十二条第（二）项及最高人民法院《关于执行〈中华人民共和国刑事诉讼法〉若干问题的解释》第一百七十六条第（三）项的规定，判决如下：(1)维持威海市中级人民法院(2003)威刑一初字第40号刑事判决对被告人韩霖的定罪部分，即被告人韩霖犯故意伤害罪；(2)撤销威海市中级人民法院(2003)威刑一初字第40号刑事判决对被告人韩霖的量刑部分，即判处被告人韩霖有期徒刑11年；(3)上诉人（原审被告人）韩霖犯故意伤害罪，判处有期徒刑7年。

■ 案例评析

□ 重点示意图

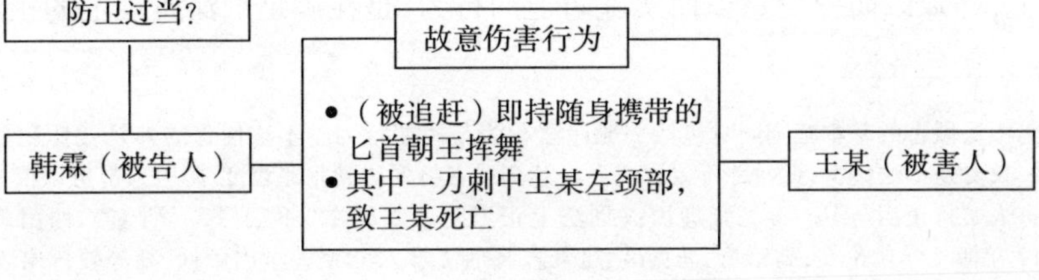

□ 疑难点释析

本案在审理过程中的争论点主要集中在“被告人韩霖的行为是否是对不法侵害的防卫行为”和“被告人韩霖的行为是否明显超过防卫的必要限度”两个问题。

关于第一问题，被告人韩霖的行为是不是对不法侵害的防卫行为。本案审理期间存在三种不同意见：第一种观点认为，被告人伤害被害人的行为并非对其遭受殴打的反击，属于防卫不适时，不属于正当防卫；第二种观点认为，被告人的行为属于正当防卫；第三种观点认为，被告人的行为属于防卫过当，应承担相应刑事责任。

笔者赞同第三种观点，即被告人的行为属于正当防卫，但明显超过必要限度造成重大损害，属于防卫过当。理由如下：本案中，韩霖所实施的防卫行为，满足存在不法侵害且不法侵害正在进行的正当防卫时间条件。所谓“不法侵害”，应包括犯罪行为和一切违法、危害社会行为，这些行为给社会秩序和公民权益带来现实危害，均属于不法侵害的范围。[1] 本案中，所谓“不法侵害正在进行”，其起止时间应以不法侵害人着手实行侵害行为时始，至不法侵害停止或已不可能继续侵害或威胁合法权益时止。把握不法侵害是否正在进行，其实质是考量合法权益是否处于紧迫、现实的侵害和威胁之下，以使防卫行为成为保护法益的必要手段。结合本案案情考察，韩霖实施反击行为，还满足遭受不法侵害的当场、针对不法侵害人实施的场合及对象条件。本案的案发原因是被害人王某因嫉妒而欲殴打韩霖，王某在其中起了纠集他人、唆使他人进入网吧寻衅以及积极主动地单独、亲自实施进入网吧滋事、殴打及追赶韩霖的行为，是组织、指挥、实施寻衅滋事的主要不法侵害人；韩霖是在被害人王某正在追击且有其他同伙尾随的时候，针对被害人本人，当场实施反击，抵制其所实行的不法侵害行为，以使其停止侵害或丧失侵害能力，符合正当防卫的目的。

综上，韩霖以防卫的意识而实施防卫的行为，是在满足刑法所规定的正当防卫

---

〔1〕 认为不法侵害的基本范围同时包括一般违法行为与犯罪行为。不法侵害的外延要比犯罪宽泛得多。只要是不法侵害行为，并不要求它已经达到或者将要达到犯罪程度，防卫人都可以依法对不法侵害人实行正当防卫。参见张理恒：《刑法上正当防卫制度之“不法侵害”研究》，西南政法大学2012年博士学位论文；高铭暄、马克昌、赵秉志：《刑法学》，北京大学出版社、高等教育出版社2013年版，第131页。

时空条件情形之下实施的,对此二审法院判决认定韩霖对不法侵害人实施防卫行为是适时的、必要的意见是正确的。

关于第二个问题,被告人韩霖的行为是否明显超过防卫的必要限度。笔者认为被告人韩霖的行为属于防卫过当,构成故意伤害罪,理由如下:

第一,本案中,被害人一方在案发前并无明确预谋,案发中也仅限于拳脚殴打、撕扯、拖拉,暴力程度未达到对被告人韩霖的人身安全严重危害的程度。从必要性角度来看,被告人持刀捅刺的行为在防卫手段和强度上,已经远远超过对方的侵害行为;从限制性角度来看,被告人的行为最终导致不法侵害人死亡的严重后果,远远超出了对方拳脚殴打可能导致的损害后果,存在明显的失衡。综上,足以认定被告人的防卫行为符合明显超过必要限度造成重大损害,属于防卫过当。

第二,二审辩护人提出被告人的行为是"针对正在进行的严重危及人身安全的暴力犯罪所采取的防卫行为",不属于防卫过当的辩护意见,笔者认为,《刑法》第二十条第三款规定的特殊正当防卫制度,对正在进行的行凶、杀人、抢劫、强奸、绑架以及其他严重危及人身安全的暴力犯罪的行为规定的无过当防卫条款,是基于此类暴力犯罪侵害强度极大,对人身安全的危害极严重,而且具有高度紧迫性和危险性,防卫人往往必须采取可能导致不法侵害人重大伤亡后果的极端手段,才足以达到制止不法侵害的目的。然而综观本案,尚无充足证据表明被害人欲对被告人行凶甚至杀害,被害人的行为不属于上述列名的暴力犯罪。因此,被告人采取的防卫措施只能适用一般正当防卫的规定。二审法院对被告人行为的定性是正确的。

第三,被告人应对其实施的防卫过当行为负刑事责任,但依法应当减轻或免除处罚。《刑法》规定,对于防卫过当行为,应当减轻或者免除处罚。主观上,防卫人具有制止不法侵害、保护合法权益的意图;客观上,其行为是对遭受的不法侵害在迫切情势下的反击。从处理案件的法律效果和社会效果上看,对于防卫过当行为从宽处罚,是对公民维护自己合法权益的保护,也有利于保护和鼓励公民同犯罪作斗争的积极性。

综上,本案被告人在遭受不法侵害时,在具备正当防卫的法定时空条件下,以防卫的意识实施防卫行为,具有一定正当性;但是其防卫行为超出必要限度,造成了被害人死亡的结果。二审法院依法认定被告人韩霖的行为属于防卫过当,构成故意伤害罪;考虑韩霖有自首情节,以及取得被害人家属谅解的情况,改判其有期徒刑7年,符合《刑法》的规定,体现了宽严相济的刑事政策精神。

■ 知识点梳理

《刑法》第二十条第二款规定了防卫过当,具体条文表述为“正当防卫明显超过必要限度造成重大损害的,应当负刑事责任,但是应当减轻或者免除处罚”。其中“必要限度”,应以制止不法侵害、保护法益的合理需要为标准,即只要是制止不法侵害、保护法益所必需的,就是必要限度之内的行为。是否“必需”,应对案件进行全面分析:一方面,要分析不法侵害行为的危险程度、侵害者的主观心理状态,以及双方的手段、强度、人员多少与强弱、在现场所处的客观环境与形势等;另一方面,还应权衡防卫行为所保护的法益性质与防卫行为所造成的损害后果。

此外,防卫人采取的防卫手段通常是由现场的客观环境决定的,往往只能在现场获得最顺手的工具,一般不能要求防卫人在现场选择比较缓和的工具。[1] 具体在如何使用防卫工具,即防卫强度问题(包括打击部位与力度)上,应根据客观情况,判断防卫人在当时的情况下应否、能否控制防卫的强度,即在所保护的法益与所损害的利益之间,不能差距过大,不能为了保护微小权益而造成不法侵害者重伤或者死亡,即便是在非杀死侵害人不能保护微小法益的情况下,也不能认为杀死不法侵害人是必需的。

对于不属于“严重危及人身安全的暴力犯罪”的不法侵害进行防卫,明显超过必要限度造成重大损害的,成立防卫过当。防卫过当不是独立罪名,应根据其符合的犯罪构成确定具体的罪名。从《刑法》第二十条关于防卫过当的规定来看,只有在造成不法侵害人重伤或者死亡时,才存在防卫过当;造成他人轻伤以及针对财产进行防卫的,一般不存在防卫过当。因此,对防卫过当确定罪名的关键,是如何正确认识防卫过当的罪过形式。

关于防卫过当的罪过形式,理论上有以下不同主张。第一种观点认为,防卫过当既可以是过失,也可以是故意,包括直接故意与间接故意;在防卫强度违反了自

---

〔1〕 在防卫人事先已经预见到不法侵害的情况下,则可能要求防卫人选择适当的防卫手段。

我约束性造成过当时,可以是过失与间接故意;在防卫行为违反了随时随地终止性的情况下,就是直接故意。[1] 第二种观点认为,防卫过当既可以是过失,也可以是间接故意,但不能是直接故意。[2] 这是我国刑法理论的通说。第三种观点认为,防卫过当只能是间接故意,因为现行刑法规定,明显超过必要限度造成重大损害的,才是防卫过当。这表明了防卫人也清楚地认识到自己的行为超过了防卫限度,在这种情况下仍然实施其过当防卫行为,就是间接故意。[3] 第四种观点认为,防卫过当只能是过失,不存在故意。[4] 第五种观点认为,防卫过当只能是疏忽大意的过失。[5]

笔者认为,防卫人在具有防卫意识前提下的防卫过当行为的罪过形式应是过失,而且主要是疏忽大意的过失。故防卫过当致人死亡或者重伤的,应分别成立过失致人死亡罪与过失致人重伤罪。

但是,如果行为人没有防卫意识,同时肯定偶然防卫也是正当防卫,则偶然防卫过当的罪过形式既可以是过失,也可以是故意(包括直接故意)。例如,行为人过失实施的重伤行为,客观上符合了正当防卫的前提条件(他人正在实施盗窃行为),但即使行为人认识到了事实真相,其行为也明显超过必要限度造成了重大损害,此时宜认定为过失的防卫过当。再如,行为人故意实施伤害行为但过失导致他人死亡时,客观上符合了正当防卫的前提条件(他人正在实施伤害行为),但即使行为人认识到了事实真相,其行为也明显超过了必要限度造成了重大损害,对此同样宜认定为过失的防卫过当。又如,行为人在故意实施杀人行为时,客观上符合了正当防卫的前提条件(他人正在实施伤害行为),但即使行为人认识到了事实真相,其行为也明显超过了必要限度造成了重大损害,此时宜认定为故意的防卫过当。

对于防卫过当,应当酌情减轻或者免除处罚。至于究竟是减轻还是免除处罚以及如何减轻处罚,则应考虑过当的程度、防卫的起因、防卫所保护的权益性质等。

---

〔1〕 参见金凯:《试论正当防卫与防卫过当的界限》,载《法学研究》1981 年第 1 期。

〔2〕 参见陈兴良:《正当防卫论》,中国人民大学出版社 2006 年版,第 177 页。

〔3〕 参见王政勋:《正当行为论》,法律出版社 2000 年版,第 195 页。

〔4〕 曾宪信、江任天、朱继良:《犯罪构成论》,武汉大学出版社 1988 年版,第 134 页以下。

〔5〕 参见利子平:《防卫过当罪过形式探讨》,载《法学评论》1984 年第 2 期。

18
Case Study

李小龙等被控故意杀人案

特殊防卫

■ 研读指导

1. 二审法院改判被告人无罪的理由是什么？请提炼法院的推理要点。
2. 结合案情讨论，如何理解和适用《刑法》第二十条第三款规定了特殊正当防卫制度？
3. 比较研读叶永朝故意杀人案中法院对特殊防卫的认定及结论，请注意其中的差异并分析原因。

■ 相关法条

《中华人民共和国刑法》第二十条[正当防卫]、第二百三十四条[故意伤害罪]

■ 近似案例

叶永朝故意杀人案(刑事审判参考第40号)

■ 案情介绍

甘肃省检察院武威分院以李小龙、李从民、李小伟、靳国强、李凤领犯故意伤害罪向法院提起公诉。附带民事诉讼原告人王顺国(本案被害人王永富之父)、徐永红提起附带民事诉讼，要求上述各被告人赔偿相关经济损失。

法院经公开审理查明：2000年8月13日晚21时许，河南省淮阳县春蕾杂技团在甘肃省武威市下双乡文化广场进行商业演出。该乡村民徐永红、王永军、王永富等人不仅自己不买票欲强行入场,还强拉他人入场看表演,被在门口检票的被告人李从民阻拦。徐永红不满,挥拳击打李从民头部,致李倒地,王永富亦持石块击打李从民。被告人李小伟闻讯赶来,扯开徐永红、王永富,双方发生厮打。其后,徐永红、王永军分别从其他地方找来木棒、钢筋,与手拿鼓架子的被告人靳国强、李凤领对打。当王永富手持菜刀再次冲进现场时,赶来的被告人李小龙见状,即持"T"形钢管座腿,朝王永富头部猛击一下,致其倒地。王永富因伤势过重被送往医院,后因抢救无效死亡。经法医鉴定,王永富系外伤性颅脑损伤,硬脑膜外出血死亡。徐永红在厮打中被致轻伤。

法院审理后认为:被告人李小龙、李从民、李小伟、靳国强、李凤领在遭被害人方滋扰引起厮打后,其行为不克制,持械故意伤害他人,致人死亡,后果严重。其行为均已构成故意伤害罪。公诉机关指控罪名成立。李小龙在共同犯罪中,行为积极主动,持械殴打致人死亡,系本案主犯,应从严惩处。被告人李从民、李小伟、靳国强、李凤领在共同犯罪中,起辅助作用,系本案从犯。考虑被害人方在本案中应负相当的过错责任,对各被告人可减轻处罚。各被告人的犯罪行为使被害人及其家庭所遭受的物质损失,应依法据实判赔。根据《刑法》第二百三十四条第二款、第二十五条第一款、第二十六条第一款、第二十七条和《民法通则》第一百一十九条之规定,判决如下:被告人李小龙犯故意伤害罪,判处有期徒刑 14 年。

一审宣判后,上述各被告人均以其行为属于正当防卫,不应负刑事责任为由,提出上诉。

甘肃省高级人民法院经审理后认为,在本案中,被告人一方是经政府部门批准的合法演出单位。被害人一方既不买票,又强拉他人入场看表演。被告人李从民见状要求被害人等人在原来票价一半的基础上购票观看演出,又遭拒绝,并首先遭到徐永红的击打,引发事端。双方在互殴中,被害人持木棒、钢筋等物殴打上诉人。当王永富持菜刀冲进现场行凶时,被李小龙用钢管座腿击打到头部,致其倒地。此后,李小龙等人对王永富再未施加伤害行为。王永富的死亡,系李小龙的正当防卫行为所致。徐永红的轻伤系双方互殴中所致。本案中,被害人一方首先挑起事端,在实施不法侵害行为时,使用了凶器木棒、钢筋、菜刀等物,其所实施的不法侵害行为无论强度还是情节都甚为严重;并且在整个发案过程中,被害人一方始终未停止过不法侵害行为,五上诉人也始终处于被动、防御的地位。根据《刑法》第二十条的规定,为了使国家、公共利益、本人或者他人的人身、财产和其他权利免受正在进行的不法侵害，而采取的制止不法侵害的行为，对不法侵害人造成损害的，属于正当防卫，不负刑事责任。同时，该条第三款规定了无过当防卫条款，即对正在进行行凶、杀人、抢劫、强奸、绑架以及其他严重危及人身安全的暴力犯罪，采取防卫行为，造成不法侵害人伤亡的，不属于防卫过当，不负刑事责任。其目的就是鼓励公民同违法犯罪行为做斗争，保护国家、公共利益、本人或者他人的人身、财产和其他合法权利不受侵害，五上诉人的行为符合上述规定，其主张正当防卫的上诉理由成立，予以采纳。依照《刑事诉讼法》第一百八十九条第（二）项、第一百九十七条及《刑法》第二十条第一款、第三款之规定，判决如下：（1）撤销甘肃省武威地区中级人民法院（2001）武中刑初字第20号刑事附带民事判决；（2）对上诉人（原审被告人）李小龙、李从民、李小伟、靳国强、李凤领宣告无罪。

■ 案例评析

□ 重点示意图

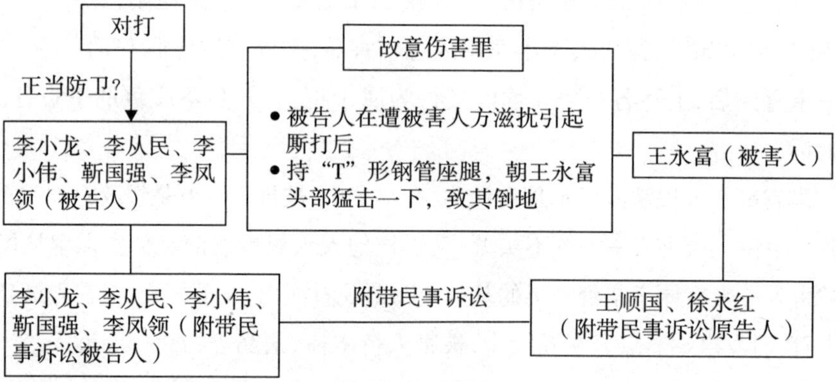

□ 疑难点释析

本案中，被害人一方仗势欺人，滋事生非，自己既不买票，还强拉他人入场看表演。当被告人李从民为息事宁人作出让步，要求被害人等人在原来票价一半的基础上购票看演出时，又首先遭到被害人方的不法侵害。在被告人方进行防卫反击时，被害人一方又找来木棒、钢筋、菜刀等足以严重危及他人重大人身安全的凶器意欲进一步加害被告人一方,使被告人方的重大人身安全处于现实的、急迫的、严重的危险之下,应当认定为“行凶”。笔者认为,“行凶”应当从两个方面进行理解:一方面,行凶包含的杀人与伤害的行为界限不明,但有很大可能造成他人严重的重伤或者死亡的行为,所以,对于暴力造成一般重伤的,不宜包含在“行凶”之内。例如,根据《人体重伤鉴定标准》,“任何一手拇指缺失超过指间关节”即属于重伤,但当不法侵害人只是意欲使用暴力砍掉被害人的拇指时,不宜适用特殊正当防卫的规定。另一方面,“行凶”也是对暴力犯罪方式的举例,即对以行凶方式实施的杀人、抢劫、强奸、绑架等暴力犯罪,适用特殊防卫过当的规定。

此时,被告人李小龙为保护自己及他人的重大人身安全,用钢管座腿击打王永富的头部,符合特殊防卫的条件,虽致王永富死亡,但依法不负刑事责任。本案其他被告人在防卫反击中,致徐永红轻伤,防卫行为没有明显超过必要限度,且也未造成不法侵害人重大损害,故同样不负刑事责任。二审法院依法宣告本案各被告人无罪的判决是正确的。

■ 知识点梳理

《刑法》第二十条第三款规定了特殊正当防卫,具体条文表述为“对正在进行行凶、杀人、抢劫、强奸、绑架以及其他严重危及人身安全的暴力犯罪,采取防卫行为,造成不法侵害人伤亡的,不属于防卫过当,不负刑事责任。”

特殊正当防卫与一般正当防卫的区别在于防卫起因的特殊性:一般防卫针对的是正在进行的不法侵害行为;特殊防卫所针对的是正在进行的行凶、杀人、抢劫、强奸、绑架以及其他严重危及人身安全的暴力犯罪,这也正是成立特殊正当防卫的必要条件。正确理解特殊正当防卫,应当着重把握以下要点:

第一,必须是正在进行的暴力犯罪行为。所谓暴力犯罪,是以暴力为手段实施的犯罪行为。实施特殊的正当防卫,应当是上述列举的五类严重犯罪行为,且必须同时采取了暴力手段,否则一般也不宜实施特殊防卫。正在进行的暴力犯罪,是指暴力犯罪行为已经着手实施,尚未实行完毕。在暴力侵害行为尚未着手的情况下,显然是不能进行防卫的。也就是不能以严重的暴力犯罪正在预备,马上就要付诸实施为借口实施特殊防卫。值得注意的是,刑法规定特殊防卫的条件是暴力犯罪,是否构成犯罪,严格地说应由司法机关依照法定程序判定。就防卫人而言,由于特殊防卫都是在现实的、紧迫的危急状态下实施的,无法要求防卫人判定正在实施的暴力侵害行为已然构成犯罪,才可以实施特殊防卫。法律之所以使用暴力犯罪这一表述,意仅在强调正在进行的暴力侵害行为,其对他人的人身危险性已足以达到相当严重的程度。

第二,足以严重危及人身安全。人身安全主要包括他人的生命安全、健康安全,妇女的性的不可侵犯的权利。[1] 非针对他人人身安全的暴力犯罪行为,如对抢夺等针对物所实施的暴力犯罪行为,就不能实施特殊防卫。所谓严重危及人身安全,主要是强调暴力侵害行为对他人人身安全危害的现实性、急迫性和严重性。如暴力侵害程度足以危及他人的生命安全,足以对他人的健康造成严重损害后果的,无疑都是可以实施特殊防卫的。但需要说明的是,暴力侵害也有程度之分,对轻微的暴力伤害,就不能实施特殊防卫。对正在进行的暴力侵害行为,能否实施特殊防卫,关键要看该行为是否足以严重危及他人的重大的人身安全。特殊防卫是以可以杀死不法侵害人为代价的,因此,特殊防卫所要保护的也必须是相等的公民的重大法益。只有他人的生命安全、重大的健康安全、妇女性的不可侵犯的权利,才可以视为相等的重大法益。

第三,对以暴力实施的杀人、抢劫、强奸、绑架犯罪行为可以实施特殊防卫,其中"杀人"限于故意杀人。至于对刑法规定的转化型杀人、抢劫等能否进行正特殊正当防卫,应具体分析,关键在于是否严重危及人身安全,而不能以其行为最终成

---

〔1〕 从严格的意义上讲,住宅、人格、名誉等安全只是与人身安全密切相关,这也正是我国刑法分则第四章将杀人、伤害、强奸、非法剥夺人身自由、侮辱、诽谤等犯罪统称为侵犯公民人身权利罪的个中原由,但这些并不属于直接涉及人的身体本身的安全问题。而且他们的价值也与人的生命、健康和性自由安全相差过于悬殊。因此允许防卫人对犯罪分子采用暴力手段严重危及被害人这些所谓的与人身相关的权利行为实行特殊防卫就缺乏价值基础,防卫行为就显得过剩,而且也与目前通行的社会观念相悖。这样不仅容易导致滥用防卫权,而且对犯罪分子来说也是过于苛刻了。那么,犯罪分子采用暴力手段严重危及被害人的行动自由安全时是否就可以实行特殊防卫了呢?我们认为,尽管人的行动自由安全属于真正的人身安全的范畴,但是,从价值上衡量,它与人的生命、健康及性的自由不可同日而语,至少在今天的社会观念上还没有把它看得如此重要,因此,将采用暴力手段严重危及被害人的行动自由安全的犯罪纳入可以实行特殊防卫的犯罪的范围,其不足以与上述类同。参见赵秉志、刘志伟:《正当防卫理论若干争议问题研究》,载《法律科学·西北政法学院学报》2001年第3期。

立何种罪名为标准得出结论。此外，对于“行凶”的理解应当遵循上述关于特殊防卫条件的基本认识，持有那种足以严重危及他人的重大人身安全的凶器、器械伤人的行为，才可以认定为“行凶”。[1]

---

[1] “行凶”，有学者认为，是指故意实施的危及他人生命、健康的暴力犯罪行为。它作为犯罪手段，可以包括多种危及人身安全的暴力犯罪手段，如故意伤害、故意杀人、聚众斗殴等暴力犯罪行为；同时，这些犯罪手段也触犯了相应的不同暴力犯罪罪名。不过，我们认为，现行刑法在特殊防卫权的规定中使用“行凶”一词不妥。这是因为，严格说来，行凶并不是一个法律术语，更不是一个独立的罪名，将其与“杀人、抢劫、强奸、绑架”等其他罪名并列在一起，不符合逻辑要求。此其一。其二，根据前所述及的“行凶”一词的本义，“行凶”一般是指故意伤害或者故意杀人的行为。而现行《刑法》第二十条第三款将“行凶”与“杀人”并列，表明这里的“行凶”是不包括杀人行为在内的。那么，伤害行为、聚众斗殴等暴力犯罪行为是否包括在“行凶”之内呢？对此，法律没有明确的说明，这难免造成人们理解上的歧义。其三，从立法上规定特殊防卫权的宗旨出发，“行凶”必须是程度严重地危及人身安全的暴力犯罪，否则，不能进行特殊防卫。既然如此，“行凶”完全可以为后面的“其他严重危及人身安全的暴力犯罪”所包容。因此，现行刑法关于“行凶”的规定，未免多余，有重复规定之嫌。所以，我们建议，立法机关在今后修改刑法时，应当取消“行凶”一词的多余规定，除明确列举的四种具体的暴力犯罪罪名外，其他可以适用特殊防卫的暴力犯罪，最好也予以明确列举，实在无法列举又恐遗漏的，用“其他严重危及人身安全的暴力犯罪”予以概括以严密法纲。在当前刑法尚未修改时，为确保特殊防卫权的正确适用，保证执法的统一，最高司法机关应当对“行凶”一词作出明确的司法解释，将“行凶”限于使用凶器的暴力行凶，即使用凶器，对被害人进行暴力袭击，严重危及被害人的人身安全的行凶。在这种情况下，才能对之进行特殊防卫。参见赵秉志、田宏杰：《特殊防卫权问题研究》，载《法制与社会发展》1999 年第 12 期。

19
Case Study

王仁兴破坏交通设施案

紧急避险

研读指导

1. 本案审判法院如何认定被告人王仁兴解开钢缆绳行为及随后对航标船处于漂流状态放任不管的行为性质？请提炼法院的推理要点。
2. 结合案情讨论，如何理解《刑法》第二十一条紧急避险的规定？
3. 请注意比较区分紧急避险和正当防卫的不同点。

相关法条

《**中华人民共和国刑法**》第二十一条[紧急避险]、第七十二条[缓刑适用的条件]、第一百一十七条[破坏交通设施罪]

近似案例

叶顶清诉张汉飞道路交通事故人身损害赔偿案[(2008)宁民一初字第2429号/(2009)浙甬民二终字第43号]

案情介绍

重庆市江北区人民检察院指控王仁兴破坏航标船，其行为构成了破坏交通设施罪。王仁兴对指控的事实无异议。其辩护人提出王仁兴主观恶性不深，未造成大的危害后果，情节较轻，认罪态度好，请求适用缓刑。

重庆市江北区人民法院经公开审理查明:2003 年 7 月 28 日 16 时许,王仁兴驾驶机动渔船行至长江红花碛水域的“红花碛 2 号”航标船附近时,见本村渔民王云等人从渔船上撒下网后的“网爬子”挂住了固定该航标船的钢缆绳,王主动驾船帮忙时其渔船螺旋桨被该航标船的钢缆绳缠住。王仁兴持刀欲砍断缆绳未果后,又登上该航标船将缆绳解开,致使“红花碛 2 号”航标船漂流至下游 2 公里的锦滩回水沱,造成直接经济损失 1555.50 元。

上述事实有报案材料,证人王云、王世禄、王仁书、田厚芳、王琴、詹林的证言,重庆市航道局发布的水讯通告,水位情况及“红花碛 2 号”航标船的说明材料,长江上游水文资源勘测局寸滩水文站的证明材料、现场航道图、被告人使用的砍刀及船只的照片等证据证实。

重庆市江北区人民法院根据上述事实和证据认为:王仁兴为自身利益,竟不顾公共航行安全,故意破坏交通设施航标船,致其漂离原定位置,其行为已构成破坏交通设施罪。公诉机关指控的罪名成立。其辩护人提出王仁兴主观恶性不深,未造成大的危害后果,情节较轻,认罪态度好,请求适用缓刑的辩护意见。审理认为,王仁兴的犯罪行为发生在水上运输交通要道,又是涨水季节,因此,被告人的犯罪情节并非较轻,其提出适用缓刑的意见不予采纳。鉴于其自愿认罪,对其从轻处罚的辩护意见可酌情采纳。

重庆市江北区人民法院依照《刑法》第一百一十七条之规定,作出判决:被告人王仁兴犯破坏交通设施罪,判处有期徒刑 3 年。

上诉人(原审被告人)王仁兴及其辩护人上诉提出王仁兴的行为属紧急避险,不负刑事责任。

重庆市第一中级人民法院审理查明,“红花碛 2 号”航标船位于本市江北区五宝镇段长江红花碛水域,系国家交通部门为保障过往船只的航行安全而设置的交通设施,该航标船标出了该处的水下深度和暗碛的概貌及船只航行的侧面界限。2003 年 7 月 28 日 16 时许,上诉人王仁兴与其妻胡美及王仁书驾驶机动渔船行至该航标船附近时,见本村渔民王云及其妻田厚芳等人下网捕鱼的“网爬子”(浮标)挂住了固定该航标船的钢缆绳,即主动驾船帮助。当王仁兴驾驶的渔船靠近航标船时其渔船的螺旋桨亦被该航标船的钢缆绳缠住。在渔船存在翻沉的危险情况下,上诉人王仁兴持砍刀砍钢缆绳未果,又登上该航标船将钢缆绳解开后驾船驶离现场,致使脱离钢缆绳的"红花碛2号"航标船顺江漂流至下游2公里的锦滩回水沱。17时许,重庆航道局木洞航标站接到群众报案后,巡查到漂流的航标船,并于当日18时许将航标船复位,造成直接经济损失人民币1555.50元。同年8月19日,公安机关将上诉人王仁兴捉获归案。上述事实有下列证据证明:

(1)公安机关受理刑事案件登记表证实,2003年7月28日,长江"红花碛2号"航标船被人解开系船的钢绳,致使航标船流失,危及船舶航行安全。

(2)重庆航道处出具的"红花碛2号"航标船简介证实,根据"航标配布图",木洞航道站所辖"红花碛2号"航标船标出了水下暗碛的概貌及船舶安全航行的侧面界限。如该航标船被破坏失常,足以使上行船舶发生倾覆、毁坏危险等海损事故。

(3)重庆航道处报案材料及计算依据证实,依据重庆市财政局、重庆市物价局发布的《关于规范航道及航道设施损失赔偿收费有关部门问题的通知》文件,"红花碛2号"航标船的直接经济损失为人民币1555.50元。

(4)被告人王仁兴用于砍航标船钢缆绳的砍刀、航标船原位及漂流止点的照片。

(5)证人王云的证词:"2003年7月28日16时许,我驾驶王世禄的渔船在长江木洞红花碛水域捕鱼。当我们下网时,渔网将我驾驶的渔船的螺旋桨缠住,渔船及渔网的'网爬子'往下漂流,我就将缠在螺旋桨的渔网解开,'网爬子'已漂流到'红花碛2号'标志船外。王仁兴见我们的'网爬子'要挂在该标志船上,就驾驶其渔船来帮忙,将我的'网爬子'的绳子绞断,王仁兴的渔船就挂在了'红花碛2号'标志船上。王仁兴的渔船眼看要翻,王仁兴就把标志船的钢缆绳解开,'红花碛2号'标志船往下游漂走了,王仁兴就驾船离开了。同时证实,在王仁兴的渔船上还有王的妻子及王仁书。"

(6)证人田厚芳的证词:"我和丈夫王云及合伙人王世禄驾驶渔船在长江红花碛水域捕鱼。我们下网后'网爬子'就挂在了'红花碛2号'标志船的钢缆绳上,我们的渔船的螺旋桨亦被渔网网住。王仁兴看见后就驾驶渔船来帮忙,王仁兴的渔船开到'红花碛2号'标志船时其船尾的螺旋桨被钢缆绳挂住了,当时看样子渔船要翻沉,王仁兴就将钢缆绳解开,航标船就流走了。事后王仁兴没有向有关部门报告。"

(7)证人王世禄的证词证实,王仁兴驾驶渔船来帮忙解"网爬子"时,渔船挂在了"红花碛2号"标志船的钢缆绳上,王将钢缆绳解开,标志船沿江流走了。

(8)证人王仁书的证词:"我在王仁兴的渔船上帮忙。案发当时,王仁兴看见王云下网的'网爬子'漂到'红花碛2号'航标船的钢缆绳附近,王仁兴就驾船去帮忙,结果渔船的螺旋桨挂在'红花碛2号'航标船的钢缆绳上。由于水急,渔船差点翻了,王仁兴就拿出砍刀砍缆绳未砍断,王就将缆绳解开了,航标船便漂走了,我们便驾驶渔船回到岸边就走了。"

(9)证人王琴、詹林的证词均证实,"2003年7月28日17时许,我们在木洞航标站值班时,听到有人通过无线电喊'红花碛2号'航标船漂走了。我们就驾驶船去红花碛,发现2号航标船不见了。我们就开船往下游找,在下游两公里左右锦滩的回水沱发现了航标船,我们将该船拉回来重新复位"。

(10)被告人王仁兴的供述:"我与妻子胡美及王仁书打鱼返回红花碛水域时,看见王云撒的网挂在其渔船的螺旋桨上,渔网的'网爬子'漂到'红花碛2号'航标船的钢缆绳上。我就驾驶渔船往'红花碛2号'航标船开去,不慎将自己的渔船的螺旋桨挂在了该航标船的缆绳上。因江水湍急,渔船差点翻了,我看情况紧急,就用砍刀去砍缆绳未砍断,然后登上航标船将缆绳解开,航标船就顺江漂走了。我驾驶渔船到岸边后就回家了。"

重庆市第一中级人民法院根据上述事实和证据认为,上诉人王仁兴在其渔船存在翻沉的现实危险下,不得已采取解开"红花碛2号"航标船钢缆绳,来保护其与他人人身及渔船财产的行为系紧急避险。但王仁兴在自身危险消除后,明知"红花碛2号"航标船漂离会造成船舶发生倾覆、毁坏危险,其负有采取积极救济措施消除危险状态的义务,王仁兴能够履行该义务而未履行,属不作为行为,其行为构成了破坏交通设施罪。上诉人王仁兴及其辩护人提出王仁兴的行为属紧急避险,不负刑事责任的上诉理由及辩护意见。经查,上诉人王仁兴解开航标船钢缆绳的先前行为属紧急避险,但王仁兴在危险解除后,明知航标船流失会造成船舶在通过该航标船流域时发生危险,其负有立即向航道管理部门报告以防止危害的义务,王仁兴未履行该义务,其不作为的行为构成了破坏交通设施罪,应负刑事责任。对上诉人王仁兴及其辩护人提出王仁兴不负刑事责任的意见不予采纳。原审判决认定事实清楚,审判程序合法,量刑适当。鉴于本案未发生严重后果,上诉人王仁兴认罪态度较好，对其适用缓刑不致再危害社会，可对其适用缓刑。

重庆市第一中级人民法院依照《刑事诉讼法》第一百八十九条第(一)项和《刑法》第一百一十七条、第七十二条、第七十三条之规定，作出判决：维持重庆市江北区人民法院(2004)江刑初字第48号刑事判决，即被告人王仁兴犯破坏交通设施罪，判处有期徒刑3年，宣告缓刑3年。

案例评析

重点示意图

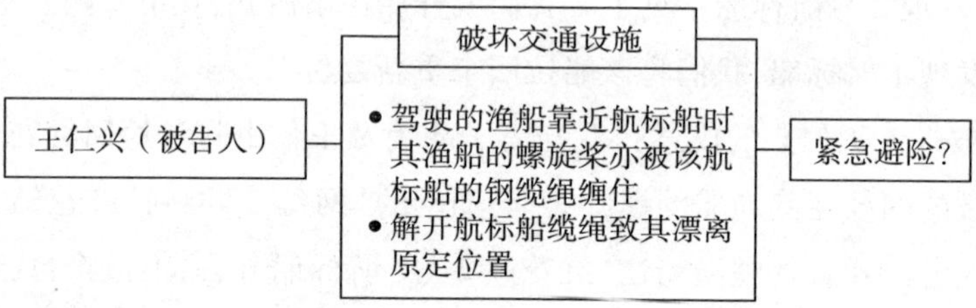

疑难点释析

本案中，明确被告人王仁兴的刑事责任需要分析两个基本的法律行为，一是被告人解开钢缆绳的作为行为，二是被告人任由航标船处于漂流状态不管的不作为行为。

第一，需要明确"被告人王仁兴解开航标船上的钢缆绳"属于什么性质的行为？在本案中，被告人面对渔船螺旋桨被航标船的钢缆绳缠住时，为避免渔船翻船，破坏无人控制的航标船，这个行为符合紧急避险的构成要件。具体来看：其一，当时情况下，渔船作为被告人的财产可能受到损害，船上三人的人身安全也受到威胁，符合紧急避险的起因和时间条件；其二，被告人的行为是基于渔船可能倾覆、为使渔船解除危险状态和保护船上人员安全的意图才破坏航标船，具备紧急避险的意识；其三，航标船处于无人控制的状态，其财产权益小于渔船上三人的人身权益，符合避险限度；其四，被告人渔船的螺旋桨被钢缆绳缠住，通过他人获救的可能性较低，仅凭船上3人难以在不解开缠住部分的情况下脱困，被告人的行为符合"不得已"的条件。

第二，被告人王仁兴解开钢缆绳后，任由航标船处于漂流状态不管的不作为行为是否构成犯罪？关于这个问题，笔者认为，被告人任由航标船处于漂流状态不管的行为，应该构成破坏交通设施罪。《刑法》第一百一十七条规定破坏交通设施罪为“破坏轨道、桥梁、隧道、公路、机场、航道、灯塔、标志或者进行其他破坏活动，足以使火车、汽车、电车、船只、航空器发生倾覆、毁坏危险，尚未造成严重后果的”。从法条上看，该罪没有限定手段或途径，也就是说该罪成立可以是作为犯，也可以是不作为犯，也不要求实际发生严重后果。本案中，“红花碛 2 号”航标船长期固定在长江水道的特定位置，标出了水下暗碛的概貌及船舶安全航行的侧面界限，属于交通设施，破坏该船属于破坏法条中规定的“航道”。失去航标船的标识，上行船舶可能发生倾覆、毁坏危险等海损事故。被告人作为渔民，长期驾驶机动渔船航行于长江水域，应当推定其对航标船的重要作用有充分了解，对失去航标船的标识，上行船舶可能发生倾覆、毁坏危险等海损事故也应当有所预期。因而，在渔船解除危险后，即使其不具有尽快寻回航标船的义务，但也应当及时告知航道局，避免其他船只在红花碛水域发生危险。但本案被告人却并未采取任何补救措施，在明知其他船只可能因此发生危险的情况下，放任这种结果的发生，构成不作为的破坏交通设施罪。

综上，尽管被告人先前解开钢缆绳的行为属于紧急避险，免于承担破坏航道局财产的刑事责任，但其放任航标船漂流不管的行为，需承担破坏交通设施罪的刑事责任。基于本案事发突然，未发生严重后果，且被告人主动认罪，主观恶性并不大，判处被告人 3 年有期徒刑，缓刑 3 年，符合罪刑相适应原则。

■ 知识点梳理

《刑法》第二十一条对紧急避险的定义为：“为了使国家、公共利益、本人或者他人的人身、财产和其他权利免受正在发生的危险，不得已采取的紧急避险行为，造成损害的，不负刑事责任。”由此可见，成立紧急避险，需要满足以下条件：

第一，有避险起因，即自己、他人或者公共的合法权益受到现实的危险。危险的类型包括：一是人的行为，而且必须是危害社会的违法行为。前面已经说过，对于合法行为，不能实行紧急避险。二是自然界的力量，如火灾、洪水、狂风、大浪、山崩、地震等。三是来自动物的侵袭,如牛马践踏、猛兽追扑等。在以上原因对国家、公共利益和其他合法权利造成危险的情况下,可以实行紧急避险。

第二,需要符合避险时间条件,即正在发生的,而不能是将来可能发生或已经发生久远的;例如,海上大风已过,已经不存在对航行的威胁,船长这时还命令把货物扔下海去,这就是避险不适时。船长对由此而造成的重大损害,应负刑事责任。

第三,需要在必要的限度内,即损害的合法权益不能大于所保护的合法权益;避险行为超过必要限度造成不应有的损害的,成立避险过当。避险过当不是独立的罪名,故不能定"避险过当罪",也不能定"避险过当致人重伤罪""避险过当致人死亡罪"等罪名;只能根据避险行为所符合的犯罪构成,确定罪名。对于避险过当的,应当酌情减轻或者免除处罚。

第四,需要行为人具备避险意识,包括避险认识和避险意志。避险认识即行为人要认识到存在某种明确的合法权益正在受到损害,并且认识到只有损害另一较小的合法权益才有可能保护较大的合法权益。避险意志则是行为人进行避险应当是出于保护该种权益的目的,不能是出于故意侵犯被损害权益的目的;不存在一定的危险,也就无所谓避险可言。一般来说,如果实际并不存在危险,由于对事实的认识错误,行为人善意地误认为存在这种危险,因而实行了所谓紧急避险,在刑法理论上称为假想避险。假想避险的责任,适用对事实认识错误的解决原则。

第五,需要满足"不得已"的要求,即若存在其他方法如正当防卫,则不能优先进行紧急避险。《刑法》第二十一条第三款规定:"第一款中关于避免本人危险的规定,不适用于职务上、业务上负有特定责任的人。"这是因为在发生紧急危险的情况下,这些负有特定责任的人应积极参加抢险救灾,履行其特定义务,而不允许他们以紧急避险为由临阵脱逃,玩忽职守。

紧急避险与正当防卫的比较。根据《刑法》第二十条和第二十一条的规定,正当防卫和紧急避险的目的均是为保护国家、公共利益、本人或者他人的人身、财产和其他权利,都必须是合法权益正在受到侵害时才能实施,而且超过法定的限度造成相应损害后果的,都应负刑事责任,但应减轻或免除处罚。

但两者也有显著的区别:(1)危险的来源不同。正当防卫的危险来源是人的不法侵害行为;而紧急避险的危险来源比较广泛,可以是不法侵害,也可以是自然灾害、动物的侵袭。在遭遇到人的不法侵害时,如果行为人是对不法侵害人进行反击，属于正当防卫的范畴；如果为了躲避不法侵害，而损害第三人（不法侵害之外的人）利益的，属于紧急避险的范畴。（2）紧急避险必须是出于迫不得已，而正当防卫无此要求。（3）对主体的要求不同。紧急避险的主体对于特殊身份有特殊要求（如警察、军人或消防队员等）。而正当防卫就没有这样的要求。任何人均有正当防卫的权利。（4）避险保护的是合法利益，损害的也是合法的利益（第三者的利益），在这种情况下，两害相权取其轻，避险所保护的利益必须要大于避险行为所损害的第三者的利益，如果等于或者小于所损害的利益，避险就没有意义，法律也就没有保护的必要。（5）实施对象不同。正当防卫只能对不法侵害人实施，而紧急避险必须是向第三者实施。

PART 04

犯罪形态

20 Case Study

白宇良、肖益军绑架案

犯罪预备

■ 研读指导

1. 本案审判法院如何确定被告人白宇良、肖益军行为的性质？请提炼法院的推理要点。
2. 本案中绑架罪的未完成形态如何认定？请梳理法院的论证和推理过程，归纳区分犯罪预备、犯罪未遂、犯罪中止的标准。
3. 比较研读近似案例，区分不同犯罪类型中“着手”的认定标准及其结论，注意其中的差异性并分析原因。

■ 相关法条

《**中华人民共和国刑法**》第二十二条［犯罪预备］、第二十三条［犯罪未遂］、第二十四条［犯罪中止］、第二百三十九条［绑架罪］

■ 近似案例

张正权抢劫案（刑事审判参考第467号）

白宇良、肖益军绑架案（刑事审判参考第570号）

郭春故意杀人案（刑事审判参考第964号）

■ 案情介绍

被告人白宇良，男，1963年6月13日出生，无业。因涉嫌犯绑架罪于2005年

1 月18 日被逮捕。

被告人肖益军,男,1966 年 1 月 25 日出生,工人。因涉嫌犯绑架罪于 2005 年 1 月 18 日被逮捕。

北京市朝阳区人民检察院以被告人白宇良、肖益军犯绑架罪,向北京市朝阳区人民法院提起公诉。

被告人白宇良、肖益军对起诉书指控的内容未提出异议。被告人白宇良的辩护人的辩护意见为:被告人白宇良的行为不构成绑架罪,构成敲诈勒索罪,系犯罪中止,坦白犯罪事实,主观恶性不深,未造成社会危害,建议减轻处罚或免除处罚;被告人肖益军的辩护人的辩护意见为:被告人肖益军的行为不构成绑架罪,构成敲诈勒索罪,系犯罪预备,属于从犯,能够坦白犯罪事实,犯罪主观恶性不深,建议减轻处罚。

北京朝阳区人民法院经公开审理查明:被告人白宇良于 2004 年 9 月图谋绑架陈某某勒索财物,并于当月自制爆炸装置 3 枚。同年 10 月间,白宇良与被告人肖益军进行绑架预谋,购买了伪造的牌号为京 OA20 × ×的机动车号牌 1 副、警服 1 套、弹簧刀 1 把、仿真枪 1 把,窃取了牌号为京 CB98 × ×的机动车号牌 1 副作为犯罪工具,伪造了姓名为“金永力”“王军”的身份证 2 张用于犯罪后潜逃。二被告人又用肖益军的照片伪造了姓名为“赵名来”的警官证 1 本。后根据白宇良制订的犯罪计划,二被告人于同年 12 月 1 日 8 时许,以租车为名从本市顺义区名都花园社区门前将白某某骗至大兴区亦庄附近,采用暴力手段获取机动车 1 辆(车牌号为京 GW60 × ×),价值人民币 206800 元,告诉白某某借用该车一天,用后返还,让白某某留下了联系方式。12 月 2 日早晨,二被告人用捡来的姓名为“李湘婷”的身份证办理了手机卡 1 张。同日 9 时许,二被告人将帕萨特牌轿车的车牌号由京 GW60 × ×更换为京 OA20 × ×,并驾驶该车携带上述作案工具至本市朝阳区中国紫檀博物馆附近,冒充北京市公安局领导与陈某某电话联系,谎称其子涉嫌刑事案件需向其调查,欲将陈某某骗上车后予以绑架勒索财物,后因误认为陈某某已产生怀疑而于当日 11 时许逃离现场,并通知白某某在指定地点将帕萨特轿车取回。二被告人于同年 12 月 10 日被查获归案。

北京市朝阳区人民法院认为,被告人白宇良、肖益军为绑架他人勒索财物而准备工具,制造条件,二被告人的行为均已构成绑架罪,依法均应予惩处。鉴于被告人白宇良、肖益军为实施绑架犯罪而准备犯罪工具,并设骗局意图接近被害人的犯罪行为,系犯罪预备;二被告人归案后均能如实供述犯罪事实,有认罪悔罪表现,故对二被告人依法减轻处罚。关于被告人白宇良的辩护人认为被告人白宇良系犯罪中止的辩护意见,经查,二被告人为了达到绑架人质勒索财物的目的,实施了一系列的行为,因为误以为骗局被识破,而未敢接近被害人,没有将犯罪行为进行下去,属于意志以外的原因,不属于犯罪中止,故对此项辩护意见不予采纳。依照《刑法》第二百三十九条第一款、第二十五条第一款、第二十二条、第五十五条第一款、第五十六条第一款、第五十二条、第五十三条之规定,判决如下:(1)被告人白宇良犯绑架罪,判处有期徒刑 8 年,剥夺政治权利 1 年,罚金人民币 1 万元。(2)被告人肖益军犯绑架罪,判处有期徒刑 7 年,剥夺政治权利 1 年,罚金人民币 1 万元。

一审宣判以后,被告人白宇良、肖益军不服,向北京市第二中级人民法院提出上诉。

北京市第二中级人民法院经审理认为,原判事实清楚,证据确实充分,量刑适当,审判程序合法,依法驳回上诉,维持原判。

■ 案例评析

□ 重点示意图

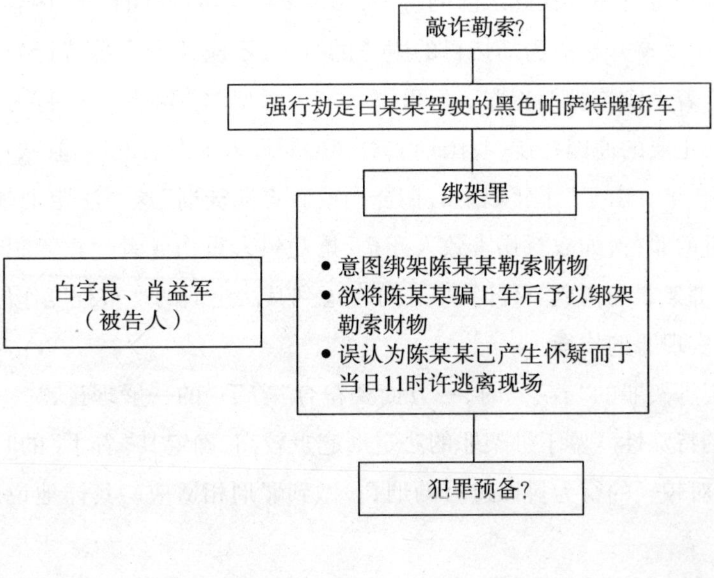

□ 疑难点释析

本案在审理过程中的争论点主要集中在“绑架罪的着手如何界定”和“是否具有停止犯罪的‘主动性’”。

第一,如何界定绑架罪的“着手”行为?

本案中,二被告人通过电话联系被害人,企图将被害人骗出并绑架,且事先准备了犯罪工具,后因认识错误而停止犯罪。审理中就二人行为属于犯罪预备还是犯罪未遂,存在较大的分歧。

笔者认为,正确认定二被告人是否已着手实施绑架行为,首先必须明确构成绑架罪的客观行为。根据《刑法》第二百三十八条的规定,绑架罪是指被告人以勒索财物为目的绑架他人,或者绑架他人作为人质的行为。根据该规定,只要实施了劫持人质行为,就属于犯罪已经着手;劫持的方式,一般表现为使用暴力、胁迫以及其他剥夺自由的手段。因此,为“以暴力、胁迫等手段剥夺被害人人身自由”创造条件、提供便利的行为,均属于绑架罪的犯罪预备行为,而不应认定为实行行为。如行为人采用欺骗手段将被害人骗至或者骗离某一地点再进行挟持的,这种骗离行为尚不属于劫持行为,因为这种行为尚未真正侵害到被害人的人身自由。只有对被害人进行扣押或者关押,限制或剥夺其人身自由,才属于劫持行为。从劫持的时间角度看,只有被告人实施了暴力、胁迫等剥夺被害人人身自由的行为,才能认定为开始实施劫持行为。在此之前的行为,无论复杂简单、时间长短、内容多少、危害大小,均属于劫持开始前为劫持目的服务的行为,不应认定为劫持行为本身,也就不能认定为着手实施绑架犯罪。但可以认定为绑架罪预备阶段的行为,按照犯罪预备处理。主要的原因在于,我国刑法对绑架罪设置了严厉的刑罚,法定最低刑为有期徒刑 10 年。由于“十年以上有期徒刑或者无期徒刑”这一法定刑幅度所对应的都是严重的罪行,如故意伤害致人死亡、抢劫致人重伤或者死亡等犯罪,因此在解释、认定绑架罪的构成要件时,应充分考虑到其法定刑的严重程度作出相应合理的解释,以实现罪刑均衡。

在确定绑架罪的“着手”时,一方面要符合“着手”的一般理论,另一方面要顾及绑架罪的特殊性。鉴于绑架罪的法定刑起点较高,确定其“着手”的时间就不宜过早,避免对较轻的行为科以过重的刑罚,做到罪刑相适应。具体地说,绑架罪的

"着手"应该解释为实施了直接侵犯人质人身权利的行为,即劫持人质的行为。因为只有这种劫持行为才直接侵犯法益,才能与"十年以上有期徒刑或者无期徒刑"相匹配。相应地,在劫持人质之前的行为,只具有抽象的危险性,尚未对人质造成现实的危害,不足以解释为绑架的实行行为,否则会造成罪刑的不均衡。

本案中,二被告人经过预谋,准备绑架被害人勒索财物。为达到这一犯罪目的,二人事先进行了周密的计划与部署,包括准备犯罪工具,设骗局接近被害人等,这些都属于准备犯罪工具的范畴,系犯罪预备行为,不存争议。有争议的问题在于,被告人设骗局与被害人电话联系意图让被害人"自动地"来到其车辆上的行为,是否属于绑架的着手。从社会生活领域或者从被告人的主观意思中,可能会认为,经过了数月的筹划,准备了所需要的全部工具,到了案发当天,时机成熟了,便可以"着手"实施了,便打了电话与被害人联系,以至于认为这一行为属于绑架罪的着手。但是,根据上述有关绑架罪着手的认定标准,被告人只有实施了扣押被害人剥夺其人身自由的行为才能属于绑架的实行行为,才可以认定为绑架的着手。因此,被告人诱骗被害人的行为,是为实施扣押行为提供便利,创造条件,使绑架行为得以实施,应当属于犯罪预备。故本案中,二被告人的行为尚处于预备阶段,而不属于已经着手实施犯罪。

第二,在本案中,二被告人在与被害人联系过程中,误以为被察觉,遂停止了犯罪,这种情况是否属于犯罪中止,成了本案的另一个争议问题。

在绑架犯罪的预备阶段,区分犯罪预备和犯罪中止,关键在于正确认定被告人停止犯罪是自愿的还是被迫的,没有着手实施绑架犯罪行为是否违背其主观意志。区分犯罪预备和犯罪中止,就需要考察被告人放弃继续实施预备行为及实施犯罪行为是否因为遇到了不利于着手的因素,该因素不利程度如何,是否足以阻止被告人着手实施犯罪。如果回答是肯定的,则可能成立犯罪预备;否则可能成立犯罪中止。

具体到本案,二被告人经过周密策划,犯罪意志坚定,试图将绑架犯罪进行到底,甚至准备好了犯罪后潜逃使用的犯罪工具。在进行犯罪预备活动即编造谎言联系被害人的过程中,误以为被被害人发现了真相,事情败露,遂停止了犯罪。被告人试图通过编造谎言的手段接近被害人,因为认识错误而认为存在继续进行犯罪的障碍,不但不能骗出被害人还有被当场抓获的现实危险。这种认识错误本身就是一个客观存在的障碍,且这种障碍是重大的,足以打破二被告人的犯罪计划,使犯罪无法继续。这正是“意志以外的原因”迫使被告人停止了犯罪，属于犯罪预备。而事实上，被害人恰恰被二被告人的行为欺骗了，信以为真，决定乘坐二被告人的车辆，并到门口等待车辆的到来，如果被告人没有发生认识上的错误，犯罪行为是可以继续进行下去的，但是这些并不影响被告人行为的定性。二被告人放弃犯罪，并非自己主动放弃实施犯罪，如果二被告人当时没有发生认识错误，势必会按部就班地实施自己的犯罪计划。缺乏主动性的停止犯罪，不能成立犯罪中止。[1]

■ 知识点梳理

1. 区分犯罪预备与犯罪未遂的标准——着手

正确区分犯罪预备和犯罪未遂，关键在于犯罪停止的阶段，即是停止在犯罪实行前阶段还是犯罪实行阶段。根据《刑法》的规定，是否着手实施犯罪，是区分犯罪实行前阶段和实行阶段的标准。尚未着手实施犯罪，只是为了犯罪而准备工具、制造条件，由于意志以外的原因而停止的，属于犯罪预备；已经着手实施犯罪，由于意志以外的原因而停止的，属于犯罪未遂。一般认为，已经着手实行犯罪，是指被告人已经开始实施刑法分则规定的具体犯罪构成要件中的犯罪行为，这种行为已经不再是为犯罪的实行创造便利条件的性质，已经使刑法所保护的具体法益初步受到危害或者面临实际的威胁。据此，准确认定犯罪行为的着手，必须结合具体个罪，根据刑法分则条文的规定，考察其犯罪构成要件的客观方面。凡是实施了分则规定的某一犯罪客观构成要件方面的行为的，属于已经着手；凡是尚未实施上述行为，只是为上述行为的实行和犯罪的完成创造便利条件的，属于未着手，符合条件的，可以认定为犯罪预备。

犯罪预备有两种情形：一是准备犯罪工具；二是为实施犯罪创造便利条件。其中，制造条件形式多样，往往容易与实行行为相混淆，尤其是接近犯罪对象的行为。这种行为是很多犯罪的共性行为，不属于某一具体犯罪的客观要件，对犯罪对象的

---

〔1〕（犯罪中止形态的特征……自动性）虽然犯罪在客观上尚可继续实施与完成，但行为人却误认为犯罪已不可能进行，这种情况下则不可能成立停止犯罪的自动性。参见高铭暄、马克昌：《刑法学》（第五版），北京大学出版社、高等教育出版社2013年版，第158页。

威胁并不迫切,不应属于实行行为,而属于预备行为。[1]

2. 区分犯罪预备与犯罪中止的标准——停止犯罪的"主动性"

根据我国刑法总则规定,犯罪中止的成立,必须满足以下几个条件:(1)时间条件,即只能存在于犯罪过程中,犯罪中止不仅存在于犯罪实行阶段,也存在于犯罪预备阶段。(2)原因条件,即基于主观自动的原因,具有主动性。在犯罪中止的情况下,之所以没有完成犯罪,是由于行为人自动放弃犯罪或者防止犯罪结果的发生,被告人自认为在当时的情况下可以继续实施、完成犯罪,基于本人的意志而停止了犯罪,属于犯罪中止。反过来说,虽然在客观上不存在犯罪的障碍,但是被告人误认为存在犯罪的障碍,认为犯罪不可能继续进行的,这种情况下停止犯罪的,不具有停止犯罪的主动性。(3)效果条件,即被告人必须是彻底地放弃了犯罪,且没有发生犯罪结果。

〔1〕司法实践和刑法理论把这类犯罪预备行为主要概括为以下几种:"……(5)前往犯罪场所守候或者诱骗被害人赶赴犯罪预定地点。"参见高铭暄、马克昌:《刑法学》,北京大学出版社、高等教育出版社2013年版,第151页。

21
Case Study

杨飞飞、徐某抢劫案

犯罪未遂

研读指导

1. 二审法院如何确定被告人行为构成抢劫罪未遂？请梳理并提炼法院的审判要件。
2. 转化型抢劫犯罪是否存在未遂？如何把握转化型抢劫犯罪既遂与未遂的区分标准？
3. 比较研读近似案例，区分不同犯罪类型的未遂认定标准及结论，注意其中的差异性并分析原因。

相关法条

《中华人民共和国刑法》第十七条［年龄对未成年人责任能力的影响］、第二百六十三条［抢劫罪］、第二百六十九条［转化型抢劫罪］

近似案例

王建平绑架案（刑事审判参考第 299 号）
谷贵成抢劫案（刑事审判参考第 441 号）
朱海斌等制造贩卖毒品案（刑事审判参考第 486 号）
詹群忠等诈骗案（刑事审判参考第 649 号）

■ 案情介绍

被告人杨飞飞,男,1987 年 9 月 10 日出生,无业。因涉嫌犯抢劫罪于 2008 年 2 月 20 日被逮捕。

被告人徐某,男,1990 年 7 月 8 日出生,无业。因涉嫌犯抢劫罪于 2007 年 12 月 21 日被逮捕。

上海市徐汇区人民检察院以被告人杨飞飞、徐某犯抢劫罪,向上海市徐汇区人民法院提起公诉,徐汇区人民法院根据上海市第一中级人民法院指定管辖的决定将本案移送上海市长宁区人民法院审理。

被告人杨飞飞、徐某对公诉机关指控的事实及罪名均无异议。杨飞飞的辩护人认为,杨飞飞犯罪情节轻微,危害不大,且系抢劫未遂,认罪态度好,并对被害人作了赔偿,请求法院对杨飞飞免予刑事处罚。被告人徐某及其指定辩护人认为,徐某犯罪时不满 18 周岁,系初犯,有立功、认罪、悔罪情节,并对被害人作了赔偿,请求法院对徐某减轻处罚。

上海市长宁区人民法院经审理查明:2007 年 11 月 17 日 21 时许,被告人杨飞飞、徐某骑摩托车进入上海南站 3 号轻轨 1 号进出口处自行车停车场内,窃走一电动自行车上的电瓶(价值人民币 150 元),上海南站社保队员吴桂林发现后进行拦截。杨飞飞、徐某为抗拒抓捕,分别用大力钳、拳头对吴桂林实施殴打,杨飞飞挣脱吴桂林的抓捕后逃逸,徐某在逃跑途中被抓获,遗留在现场的摩托车和电瓶被公安机关扣押。吴桂林的伤势经鉴定构成轻微伤。

上海市长宁区人民法院认为,被告人杨飞飞、徐某盗窃他人财物,为抗拒抓捕而当场使用暴力,其行为构成抢劫罪。徐某犯罪时不满 18 周岁,依法应予减轻处罚。杨飞飞、徐某均表示认罪,并在亲属帮助下赔偿被害人的经济损失,依法可以酌情从轻处罚。依照《刑法》第二百六十九条,第二百六十三条,第二十五条第一款,第十七条第一款、第三款,第五十三条,第六十四条之规定,判决如下:被告人杨飞飞犯抢劫罪,判处有期徒刑 3 年,并处罚金人民币 3000 元;被告人徐某犯抢劫罪,判处有期徒刑 1 年 3 个月,并处罚金人民币 1000 元。

一审宣判后,被告人杨飞飞、徐某及徐某的法定代理人均提出上诉。

上海市第一中级人民法院经二审审理认为，杨飞飞、徐某盗窃他人财物，为抗拒抓捕当场使用暴力，其行为已构成抢劫罪，且系未遂。原审法院对其犯罪的定性和认定的从轻处罚情节并无不当，但未认定本案的抢劫犯罪系未遂，应予纠正。据此，依照《刑事诉讼法》第一百八十九条第（二）项和《刑法》第二百六十九条，第二百六十三条，第二十三条，第二十五条第一款，第十七条第一款、第三款，第六十四条之规定，判决如下：维持原审法院对被告人杨飞飞、徐某定罪的判决，撤销对两名被告人量刑的判决，改判杨飞飞有期徒刑 2 年零 10 个月，并处罚金人民币 3000 元；改判徐某有期徒刑 1 年，并处罚金人民币 1000 元。

■ 案例评析

□ 重点示意图

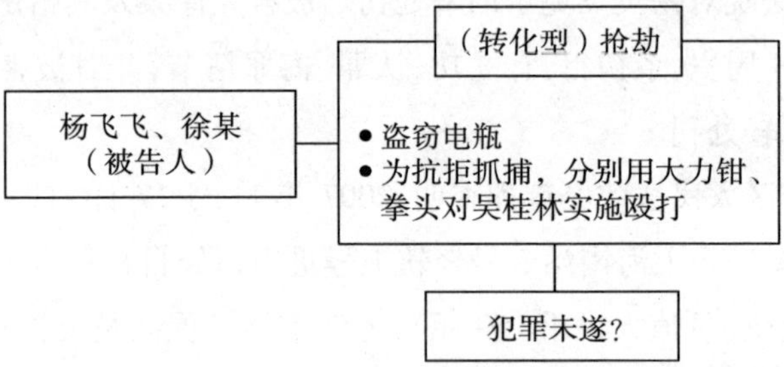

□ 疑难点释析

本案在事实和定性方面不存在争议，但对于是否构成转化型抢劫犯罪系未遂的问题，存在不同认识。此外，在理论界和司法实务界对于转化型抢劫犯罪过程中是否存在未遂以及应如何把握既遂与未遂的区分标准都存有较大的争议。以下结合本案情况对这两个问题进行分析。

第一，盗窃后抗拒抓捕的行为应认定为抢劫罪。

《刑法》第二百六十九条规定："犯盗窃、诈骗、抢夺罪，为窝藏赃物、抗拒抓捕或者毁灭罪证而当场使用暴力或者以暴力相威胁的，依照本法第二百六十三条的规定定罪处罚。"根据最高人民法院《关于审理抢劫、抢夺刑事案件适用法律若干问题的意见》(以下简称《两抢意见》)第五条的规定,行为人实施盗窃行为,未达到数额较大,为抗拒抓捕当场使用暴力,致人轻微伤以上后果的,以抢劫罪定罪处罚。由此可以看出,转化型抢劫罪中的"盗窃、诈骗和抢夺"不以构成犯罪为必要,即转化型抢劫罪的成立不以所实施的盗窃达到数额较大即构成犯罪的标准为必要条件:本案中,杨飞飞、徐某盗窃价值人民币150元的电瓶,未达到盗窃罪数额较大的标准,但在被社保队员发现并拦截时,此二人为抗拒抓捕,分别用大力钳、拳头殴打被害人并致被害人轻微伤,应当认定为抢劫罪。

第二,转化型抢劫罪的既遂、未遂标准应参照普通抢劫罪。

普通抢劫罪与转化型抢劫罪的主要区别就在于普通抢劫罪使用暴力、胁迫在先,劫财在后;而转化型抢劫罪占有财物在先,使用暴力、胁迫在后:两者只是占有财物行为先后顺序有差异,在犯罪构成上并无实质区别。

根据《两抢意见》的规定,抢劫罪侵犯的是复杂客体,既侵犯财产权利又侵犯人身权利,具备劫取财物或者造成他人轻伤以上后果两者之一的,均属抢劫既遂。[1] 同样,对于转化型抢劫罪,认定既遂的标准是劫取财物或者造成他人轻伤以上后果,二者必居其一;而既未劫取财物,又未造成他人轻伤以上后果的,属于未遂。需要注意的是,在转化型抢劫罪中如何理解"劫取财物"。在转化型抢劫罪中,对盗窃等行为中的非法占有财物,并不能认定为转化行为中已劫取财物,即先行为的既遂不必然导致后行为的既遂。本案中,杨飞飞、徐某先盗窃了价值人民币150元的电瓶,为抗拒抓捕而实施暴力造成被害人轻微伤,应以抢劫罪定罪处罚。二被告人虽然已经将电瓶拿走,非法占有了该财物,但是在此后的抗拒抓捕过程中,二人逃离现场时将电瓶遗留在了现场,并未实际劫获财物。另外,行为人的暴力行为仅造成被害人轻微伤,没有达到造成他人轻伤以上的后果。因此,本案中二被告人既未劫取财物,也未造成他人轻伤以上后果,二审法院认定二被告人的行为为抢劫罪未遂,并依法进行改判是正确的。

---

〔1〕"行为人着手实行转化型抢劫罪,如果最后非法占有了他人财物,或者因当场使用暴力导致他人轻伤害以上人身损害,构成要件即告齐备,此为转化型抢劫罪的既遂。"参见杨志国:《转化型抢劫的未遂形态及判断标准》,载《人民检察》2010年4月。

■ 知识点梳理

对转化型抢劫罪是否存在未遂,理论界存在肯定和否定两种截然不同的观点。肯定说认为,转化型抢劫罪既然已经转化成抢劫罪,犯罪形态就应当按照普通抢劫罪的犯罪形态来认定,因此和普通抢劫罪一样存在未遂形态。否定说认为,在转化型抢劫罪中,只存在此罪向彼罪转与不转的问题,只要行为转化成抢劫罪,就一律为抢劫既遂。笔者认为,转化型抢劫罪存在未遂,理由如下:

第一,从转化型抢劫罪的构成条件看:一是行为人先实施了盗窃、抢夺、诈骗行为;二是行为人当场使用暴力或以暴力相威胁;三是实施暴力或以暴力威胁的目的是窝藏赃物、抗拒抓捕或者毁灭证据。由于行为人已实行了盗窃等行为,且具备当场实施暴力或以暴力相威胁的客观条件,属于"已经着手实行犯罪"的情形,故不可能存在犯罪预备形态;另外,转化型抢劫罪从基本犯罪行为(盗窃等)到实施新行为(暴力、胁迫),再到暴力胁迫的完成需要一定的时间和空间,就为犯罪中止或未遂的存在提供了现实可能性。

第二,罪刑相适应原则要求对转化型抢劫罪区分既未遂形态。区分转化型抢劫罪的既遂和未遂,是为了区分犯罪行为社会危害性的大小,从而确定相应的刑事责任。与普通抢劫犯罪相比,转化型抢劫犯罪的行为人在犯罪性质转化前只具有盗窃、诈骗、抢夺的故意,主观恶性程度相对较小。如果对转化型抢劫犯罪不论结果均认定为既遂,就可能导致量刑偏重。如本案中二被告人造成被害人轻微伤,且未取得财物,如果没有转化抢劫的行为,只成立普通抢劫罪的未遂;但若因系转化型抢劫而不论结果地认定为抢劫既遂,其处刑就比普通抢劫还重,明显罪刑不相适应。

第三,《刑法》第二百六十九条并未否定未遂形态的存在。第二百六十九条规定的行为人"当场使用暴力或者以暴力相威胁"仅仅是转化型抢劫罪成立的标志,并不能以此来否认既遂、未遂形态的划分。构成抢劫罪与犯罪停止形态的认定是两个不同的概念,根据该条的规定,在确定盗窃等行为转化为抢劫罪之后,仍然需要考虑转化后的抢劫行为能否认定为未遂的问题。认为转化型抢劫罪不存在未遂形态的观点其实是将转化行为本身看作抢劫罪既遂的成立条件，而没有认识到转化行为只是导致整个行为性质的改变，即由盗窃罪等转化为抢劫罪，但不能阻却抢劫罪既遂、未遂形态的划分。

22
Case Study

李官容抢劫、故意杀人案

未遂 | 中止

■ 研读指导

1. 审判法院如何确定被告人的行为构成故意杀人未遂？请提炼法院的推理要点。
2. 对既有自动性又有被迫性的放弃重复侵害行为，能否认定犯罪中止？
3. 比较研读近似案例，梳理归纳不同犯罪类型中犯罪未遂和犯罪中止的表现形式，注意其中的差异并分析原因。

■ 相关法条

《中华人民共和国刑法》第二十三条[犯罪未遂]、第二十四条[犯罪中止]、第二百三十二条[故意杀人]、第二百六十三条[抢劫罪]

最高人民法院《关于抢劫过程中故意杀人案件如何定罪问题的批复》

■ 近似案例

王元帅、邵文喜抢劫故意杀人案（刑事审判参考第242号）

王建平绑架案（刑事审判参考第299号）

朱海斌等制造贩卖毒品案（刑事审判参考第486号）

■ 案情介绍

被告人李官容，男，1977年5月18日出生，农民。因涉嫌抢劫罪于2008年7

月4日被逮捕。

福建省上杭县人民检察院以被告人李官容犯抢劫、故意杀人罪(未遂)向上杭县人民法院提起公诉。

2008年6月上旬,被告人李官容因急需用钱而预谋抢劫其认识的被害人潘荣秀(女,时年20岁)后杀人灭口。2008年6月19日20时许,李官容在县城租用闽FE0860小轿车,携带作案工具绳子、锄头等,以一同到龙岩玩为由将潘荣秀骗上车。李官容驾车在杭永公路、上杭县城区至旧县乡角龙村公路行驶,伺机寻找抢劫地点。20日凌晨,在上杭县庐丰畲族乡安乡大桥附近,李官容停车,用绳子将潘荣秀绑在座位上,抢走潘荣秀提包内的现金130余元及白色奥克斯859型手机一部(价值990元)、农业银行金穗卡一张,并逼迫潘荣秀说出金穗卡密码。20日4时许,李官容用绳子猛勒潘荣秀的脖子致其昏迷,并用绳子将潘荣秀的手脚捆绑后扔到汽车后备箱。李官容在回上杭县城途中发觉潘荣秀未死遂打开后备箱,先后用石头砸潘荣秀的头部,用随身携带的小剪刀刺潘荣秀的喉部和手臂致潘荣秀再次昏迷。20日6时多,李官容恐潘荣秀未死,在上杭县临城镇城西村诚意食杂礼品经营部购买一把水果刀,并将车开到杭永公路绿蒙牛场旁的汽车训练场准备杀害潘荣秀。苏醒后的潘荣秀挣脱绳索,乘李官容上厕所之机,打开汽车后备箱逃至公路上向过路行人曾庆攀呼救,曾庆攀用手机报警。李官容见状即追赶潘荣秀,并用水果刀捅刺潘荣秀的腹部,因潘荣秀抵挡且衣服较厚致刀柄折断而未能得逞。李官容遂以"你的命真大,这样做都弄不死你,我送你去医院"为由劝潘荣秀上车。潘荣秀上车后李官容又殴打潘荣秀。当车行驶到上杭县紫金公园门口时,李官容开车往老公路方向行驶,潘荣秀在一加油站旁从车上跳下向路人呼救。李官容大声说孩子没了不要紧,我们还年轻,我带你去医院以搪塞路人,并再次将潘荣秀劝上车。李官容威胁潘荣秀不能报警否则继续杀她,潘荣秀答应后,李官容遂送潘荣秀去医院。途中,潘荣秀要回了被抢的手机、银行卡等物,并打电话叫朋友赶到医院。20日8时许,李官容将潘荣秀送入上杭县医院治疗,并借钱支付了4000元医疗费。经鉴定,潘荣秀的伤情程度为轻伤。

福建省龙岩市上杭县人民检察院以被告人李官容犯抢劫、故意杀人罪(未遂)向福建省龙岩市上杭县人民法院提起公诉。

被告人李官容辩称:其送被害人潘荣秀到医院的原因不是无法下手,而是其清楚杀人要偿命,才送潘荣秀去医院的。归案后如实供述了犯罪事实,请求从轻或减轻处罚。其辩护人提出:(1)由于被告人仍然掌控着被害人,被告人本可将车开往没人的地方继续实施杀人犯罪,但其自动放弃犯罪,并将被害人送入医院治疗,应认定为犯罪中止。(2)被告人为了抢劫而对被害人实施的人身伤害后果应由抢劫罪吸收,被告人的故意杀人行为属于犯罪中止,且没有造成损害后果,建议对故意杀人罪免除处罚。(3)被告人所抢财物已归还被害人,且系初犯、偶犯,自愿认罪,缴纳了罚金,建议对被告人的抢劫罪行从轻处罚。

福建省龙岩市上杭县人民法院经审理认为,被告人李官容以非法占有为目的,以暴力手段强行劫取他人财物,且实施抢劫后为了灭口,故意非法剥夺他人生命,其行为已构成抢劫罪和故意杀人罪。对李官容依法应数罪并罚。李官容在实施故意杀人犯罪的过程中由于意志以外的原因而未得逞,是犯罪未遂,可以比照既遂犯从轻或者减轻处罚。对于被告人的辩解及其辩护人的辩护意见,经查:(1)李官容在主观上并没有自动放弃杀人的故意,而是在客观上已是白天,路上行人多,潘荣秀有反抗能力,李官容担心路人已报警罪行败露的情况下,才被迫停止犯罪,属于犯罪未遂。(2)李官容因急需钱用预谋对潘荣秀实施抢劫并杀人灭口。李官容在劫取潘荣秀的财物后,因怕罪行败露而实施了一系列的杀人灭口行为,虽因其意志以外的原因而未得逞,但已致潘荣秀轻伤,其犯罪情节极为恶劣,社会危害性极大,因此,不宜减轻或免除处罚。鉴于李官容故意杀人未遂,能送潘荣秀到医院治疗,并缴纳了4000元医疗费,决定对李官容从轻处罚。(3)李官容系初犯,缴纳了罚金,认罪态度较好,且将被抢赃物归还被害人,对其所犯抢劫罪亦可酌情从轻处罚。据此,福建省龙岩市上杭县人民法院依照《刑法》第二百六十三条、第二百三十二条、第二十三条、第六十九条、第六十一条、第六十二条、第四十五条、第四十七条、第五十五条、第五十六条、第五十二条、第六十四条和最高人民法院《关于抢劫过程中故意杀人案件如何定罪问题的批复》的规定,于2008年12月12日作出如下判决:(1)被告人李官容犯抢劫罪,判处有期徒刑6年,并处罚金人民币2000元;犯故意杀人罪(未遂),判处有期徒刑10年,剥夺政治权利2年,决定执行有期徒刑14年,剥夺政治权利2年,并处罚金人民币2000元。(2)随案移交的作案工具予以没收,备案存查;随案移交的物证拍照随案存查。

宣判后,在法定期间内,被告人李官容没有上诉,检察机关也没有抗诉。

■ 案例评析

□ 重点示意图

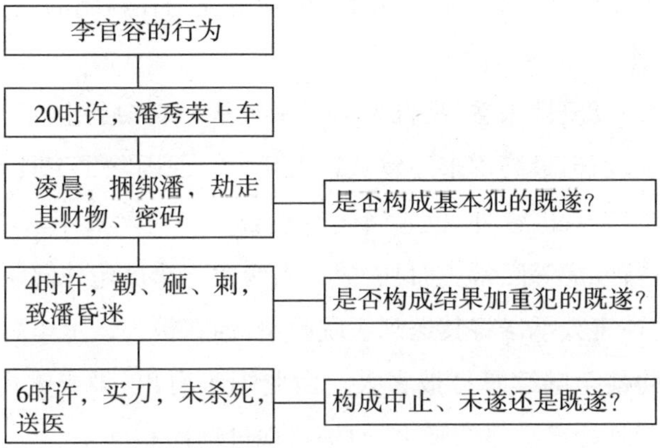

□ 疑难点释析

本案在审理过程中，对被告人故意杀人犯罪行为的停止形态的认定存在两种意见。

第一种意见认为是犯罪未遂，主要基于以下理由：被告人主观上没有自动放弃杀人的故意，而是在“白天、路上行人多、被害人有反抗能力”等情形下，担心路人已报警、罪行已败露，而被迫停止犯罪。因此，被告人由于意志以外的原因而未达到杀人灭口的目的，应认定为犯罪未遂。

第二种意见认为是犯罪中止，理由是：被告人在实施故意杀人犯罪的过程中虽然处于“白天、过往行人较多，被害人有反抗能力”等客观环境下，但被告人仍然将被害人完全掌控，可以继续实施和完成杀人的行为，但被告人却将受伤的被害人送往医院治疗，将犯罪所得归还被害人，到医院后又积极抢救被害人，支付了4000元医疗费。因此，被告人是在实施故意杀人的犯罪过程中自动放弃犯罪的，应认定为犯罪中止。

引起争议的原因主要在于本案案情相当复杂，表现在被告人侵害行为的重复性、主观故意的反复性和放弃原因的复杂性三方面。从侵害行为的重复性来看,被告人非法控制被害人时间长达十余个小时,其中抢劫完成后开始着手实施杀人灭口行为直至最终放弃杀人行为并将被害人送入医院,时间就长达8小时。其间,被告人多次实施了以直接追求被害人死亡为目的的侵害行为,并先后两次致被害人昏迷,被告人也曾误以为被害人已经死亡,但被害人均在封闭的汽车后备箱中苏醒并幸运地存活下来。

从主观故意的反复性来看,被告人为了杀人灭口,先后用了绳索勒颈、石块砸头、剪刀刺喉等手段,但最终均未导致被害人死亡。原因除了工具不当、条件所限、被害人身体强健等客观因素外,也应当还有被告人面对熟人不够心狠手辣或者胆小、经验不足、有所顾虑等因素。而且,被害人两次下车逃跑并向路人求救,被告人都予以追回并向被害人承诺将其送到医院救治,但在被害人上车后,被告人不是迅速送医,而是威胁甚至继续殴打被害人。由此不难看出,被告人内心是在作斗争的,杀人犯意并不是始终都那么坚决,而是出现过动摇和反复。

从放弃原因的复杂性来看,被告人最终放弃杀人的原因,既有被迫性,也有自动性。被迫性体现在:当时已是早晨,路上人多,被害人已经呼救并请求路人报警,且过路男子拿出了手机,看了车牌,被告人担心路人已经报警,若不放弃,罪行将会败露;被害人还具有一定的反抗能力,并随时可能下车呼救,客观上不容易继续杀死她,特别是在条件更有利时几次动手均无法杀死她的情况下,被告人更加没有信心。综上,被告人在一定程度上是被迫放弃犯罪的。自动性体现在:被害人上车后,车上仍然只是一对一,被告人如果一意孤行,就可以设法阻止被害人下车呼救,不计后果地强行开车,冲出闹市区,到偏僻地点后与被害人搏斗,并极有可能最终杀死被害人。但被告人知难而退,以求自保,在一定程度上也是自动放弃犯罪。至于是自动性多一点,还是被迫性多一点,可谓是仁者见仁、智者见智。

正是由于案件本身的疑难,特别是被告人主观故意的反复性和放弃原因的复杂性,才导致两种观点针锋相对。犯罪未遂观点侧重于被迫性方面,得出被告人被迫放弃犯罪的结论;而犯罪中止观点侧重于自动性方面,得出被告人自动放弃犯罪的结论。笔者认为,本案原审法院侧重被告人放弃犯罪的被迫性及其侵害行为的严重社会危害性,认定其故意杀人行为构成犯罪未遂,是适当的,具体理由分析如下:

第一,放弃重复侵害行为并不必然属于犯罪中止。

一般而言,自动放弃重复侵害行为可以认定为犯罪中止,因为行为人在客观上具备可以继续实施犯罪的条件,主观上对继续实施犯罪的可能性亦有清醒的认识,放弃本来可以继续实施的犯罪行为,表现出放弃犯罪的自觉性。

本案中,被告人最终放弃杀人的原因,既有被迫性,也有自动性。被迫性体现在:案发时为白天,路上行人多,被害人具有一定的反抗能力且已经呼救并请求路人报警,被告人在客观上难以继续实施杀人行为。自动性体现在,被告人若执意继续实施杀人行为,仍存在一定的可能性,但他为求自保,知难而退,一定程度上也是自动放弃犯罪。显然在本案中,被告人之所以将被害人送医救治,不仅是出于客观上的不得已,主观上也存在误解,被迫性大于自动性。应认定为犯罪未遂。

第二,本案以犯罪未遂处理能够取得较好的社会效果。

本案的公检法三机关考虑到被告人已实施侵害行为的严重社会危害性,以及放弃犯罪的不完全自动性,均认定被告人的故意杀人行为构成犯罪未遂,原审法院据此对被告人李官容以故意杀人罪(未遂)判处有期徒刑10年。被告人及其辩护人虽然辩称是犯罪中止,但被告人在宣判后却没有上诉,说明其也是服判的。被害人对判决结果也是满意的。可以说,本案认定犯罪未遂,符合罪刑相当原则的要求,取得了较好的社会效果,实现了法律效果和社会效果的有机统一。

■ 知识点梳理

《刑法》第二十三条第一款规定:"已经着手实行犯罪,由于犯罪分子意志以外的原因而未得逞的,是犯罪未遂。"第二十四条第一款规定:"在犯罪过程中,自动放弃犯罪或者自动有效防止犯罪结果发生的,是犯罪中止。"犯罪未遂与犯罪中止均是犯罪的未完成形态,日本刑法理论将前者称为障碍未遂,将后者称为中止未遂。我国刑法理论界通说以行为人是否自动停止犯罪行为的实施为前提,并基于以下标准对两者作出区分:"能达目的而不欲"为犯罪中止,"欲达目的而不能"为犯罪未遂。

司法实践通常从犯罪停止原因及行为人心理状态两个方面区分犯罪未遂与犯

罪中止。具体而言,犯罪未遂,是指行为人基于意志以外的原因没有得逞。[1] 一方面,这种意志以外的原因违背行为人的犯罪本意,行为人当时在主观上并非主动停止犯罪行为,而是在该原因的影响下被动地停止犯罪行为;另一方面,这种意志以外的原因足以阻止行为人的犯罪意志,作为一种客观障碍导致行为人无法继续实施犯罪行为,进而避免行为人所追求的犯罪结果出现。相比之下,犯罪中止是指行为人认识到客观上可能继续实施犯罪或者可能既遂,但基于自己的意志决定自愿放弃原来的犯罪意图,不再希望犯罪结果的发生。

如何认定中止犯的自动性?成立犯罪中止,要求行为人"自动"放弃犯罪或者"自动"有效地防止犯罪结果发生。这是犯罪中止与犯罪预备、犯罪未遂在主观上的区分标志。关于中止自动性的理解,国外刑法理论上存在不同观点:[2] (1)主观说认为,行为人放弃犯罪的动机是基于对外部障碍的认识时,就是未遂,此外的场合便是自动中止。其判断基准是弗兰克(Frank)公式:能达目的而不欲时,为犯罪中止;欲达目的而不能时,为犯罪未遂。这一学说所面临的问题是:如何判断"能"与"不能"?(2)限定主观说认为,只有基于悔悟、同情等对自己的行为持否定评价的规范意识、感情或者动机放弃犯罪的,才是自动中止,此外的都是未遂。这一学说的缺陷是:将中止的自动性与伦理性相混淆,缩小了犯罪中止的成立范围。(3)客观说主张,应根据社会的一般观念评价未能既遂的原因(引起行为人放弃犯罪或防止结果发生的现象),如果当时情况对一般人不会产生强制性影响,即一般人处于该情况下不会放弃犯罪,而行为人放弃的,便是犯罪中止;如果当时的情况能对一般人产生强制性影响,即一般人在当时的情况下也会放弃犯罪时,行为人放弃的,便是犯罪未遂。这一学说受到的批判是:其判断标准与"自动性"这一主观要素不相符合。(4)折中说主张,通过客观地判断行为人是否认识以及如何认识外界现象,来看外界现象是否对行为人的意识产生强制性影响,进而区分未遂与中止。但这种学说缺乏明确的判断标准。[3] (5)主观的价值生活说主张,自动性的判断基准是行为人的主观的价值生活,中止犯减免刑罚的依据在于通过克服其主

---

[1] 苏宏峰:《犯罪未遂基本问题研究》,中国政法大学出版社 2012 年版。

[2] 参见张明楷:《外国刑法纲要》(第 2 版),清华大学出版社 2007 年版,第 286 页以下。

[3] 参见张明楷:《未遂犯论》,法律出版社 1997 年版,第 356 页以下。

观价值进行了理性的自我调整。继续实现企图对行为人无价值时,放弃继续实施的,不具有自动性;在考虑了所有契机的前提下,继续实现企图对于行为人有价值时,放弃继续实施的,具有自动性。但该学说的根据与判断标准不明确。(6)犯罪人理性说主张,将犯罪人理性作为任意性的判断基准。犯罪人理性不同于常人的理性,犯罪人非常冷酷,会周密地考虑其具体行为的计划及其得失。犯罪人理性地放弃时,不具有自动性;反之,不理性、不合情理的放弃,则具有自动性。但该学说概念本身缺乏严密性,容易导致认定的随意性。

与国外学者的理论纷争不同,我国学者的观点大致相同,学界一般认为,中止犯既然自动放弃犯罪,表明其主观恶性大为减少;没有造成损害,说明客观上对社会没有造成危害,从而应当免除处罚。并且这样做可以鼓励实施犯罪行为人悬崖勒马,因而有助于防止犯罪结果发生。[1] 笔者认为,判断中止犯主动性的基本指导思想在于解释中止犯的处遇优于预备犯、未遂犯、既遂犯之缘由,以及中止犯从轻减轻处罚的根本原因。规定中止犯的主要原因在于法律鼓励已实施犯罪之人主动放弃犯罪行为,或者积极采取有效措施防止既遂结果的出现。也就是说,只有被法律认为是值得褒奖或肯定的行为,才有可能被认定为中止行为,而不符合社会群体之基本理性,或者不具备普遍法感情属性的行为,通常不会被法律所鼓励,也不能称为中止行为。这也是中止制度存在的刑事政策意义,在判断中止犯的主动性问题上应该予以充分考虑。

〔1〕 马克昌主编:《犯罪通论》,武汉大学出版社1999年版,第488页。

23
Case Study

朱高伟强奸、故意杀人案

中止犯罪 | 损害认定

■ 研读指导

1. 二审改判被告人朱高伟强奸罪的理由是什么？提炼法院的推理要点。
2. 请注意，本案是如何明确中止犯罪中“损害”内容的作用，以及确定中止犯刑事责任的承担？
3. 比较研读近似案例，归纳梳理犯罪中止的不同表现形式，注意其中的差异并分析原因。

■ 相关法条

《中华人民共和国刑法》第二十四条[犯罪中止]、第二百三十二条[故意杀人罪]、第二百三十六条第一款[强奸罪]

■ 近似案例

黄土保等故意伤害案(刑事审判参考第199号)
夏洪生抢劫、破坏电力设备案(刑事审判参考第643号)

■ 案情介绍

被告人朱高伟，男，1985年1月15日出生，无业。因涉嫌犯强奸罪、故意杀人罪于2009年3月17日被逮捕。

安徽省合肥市人民检察院以被告人朱高伟犯强奸罪、故意杀人罪,向合肥市中级人民法院提起公诉。

合肥市中级人民法院经不公开审理查明:被告人朱高伟与被害人陈某(女,20岁)系租房邻居。2005年8月2日23时许,朱高伟路过陈某住处,见陈某独自在房内睡觉,遂产生强奸念头,并准备了老虎钳及袜子各一只。次日凌晨1时许,朱高伟用老虎钳将陈某住处防盗窗螺丝拧下,从窗户进入室内,把袜子塞入陈某嘴内,又从室内拿了一根绳子将陈捆绑,并将陈拖至隔壁自己住处内实施了奸淫。后朱高伟又将陈某捆绑,因害怕陈某报警,便用手掐、毛巾勒其颈部,意图灭口,因发现陈某面部恐怖,心生恐惧,不忍心下手遂解开被害人手脚上的绳子,逃离现场。

合肥市中级人民法院认为,被告人朱高伟夜间闯入他人住处,以堵嘴、捆绑等暴力手段强行与被害人发生性关系,已构成强奸罪。朱高伟实施强奸后,恐罪行暴露,用手掐、勒被害人颈部,又构成故意杀人罪。朱高伟在故意杀人犯罪中,已着手实施,自动放弃犯罪,属犯罪中止,结合朱高伟的犯罪情节及危害程度,应当减轻处罚。朱高伟一人犯数罪,依法应当数罪并罚。依照《刑法》第二百三十六条第一款、第二百三十二条、第二十四条、第六十九条之规定,判决如下:被告人朱高伟犯强奸罪,判处有期徒刑6年;犯故意杀人罪,判处有期徒刑3年,决定执行有期徒刑8年。

一审宣判后,被告人朱高伟提出上诉,理由是其在强奸过程中虽实施了故意杀人行为,但由于其系自动中止犯罪,故意杀人行为并没有给被害人造成损害,故依法应当对其故意杀人罪免除处罚。

安徽省高级人民法院经二审审理认为,朱高伟在着手实施故意杀人犯罪过程中,自动放弃犯罪构成犯罪中止,其故意杀人行为没有给被害人造成实际损害,故对其故意杀人犯罪应当免除处罚。原判认定事实清楚,定罪准确,审判程序合法;但对于朱高伟犯故意杀人罪判处有期徒刑3年属适用法律错误。据此,依法改判上诉人朱高伟犯强奸罪,判处有期徒刑6年;犯故意杀人罪,免予刑事处罚,决定执行有期徒刑6年。

■ 案例评析

□ 重点示意图

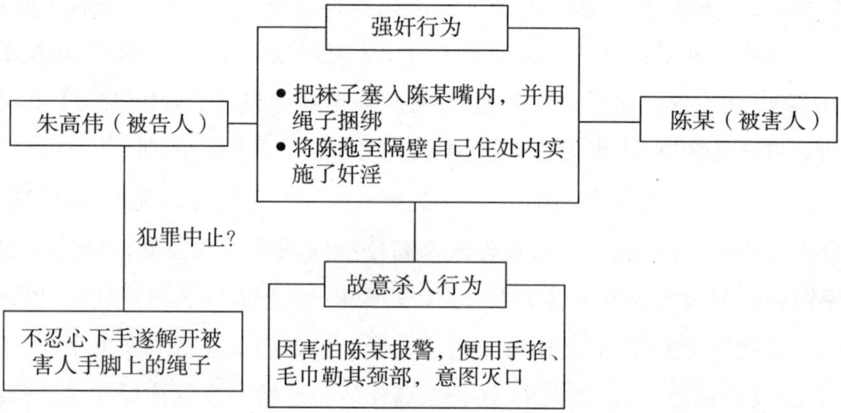

□ 疑难点释析

本案在审理过程中的争论点主要集中在被告人朱高伟的行为是否给被害人造成了刑法意义上的损害?

是否造成损害直接影响到中止犯的刑事责任,因此,明确“损害”的内容对正确处理中止犯具有重要意义。本案中,对于被告人朱高伟自动中止的故意杀人行为,属于犯罪中止没有争议,但其对被害人是否造成了刑法意义上的损害,则存在两种不同意见:一种意见认为,《刑法》第二十四条规定的损害是指任何危害后果,不仅包括物质损害,也包括精神损害。被告人虽然最终放弃了杀人行为,但对被害人造成颈部勒痕等人身伤害和极大的精神恐慌,属于中止犯,依法应以故意杀人行为减轻处罚;另一种意见认为,被告人对被害人的伤害尚未达到刑法意义上的损害,情节显著轻微危害不大,应依照法律规定对其免除处罚。

笔者认为第二种意见是正确的。《刑法》第二十四条规定的“对于中止犯,没有造成损害的,应当免除处罚;造成损害的,应当减轻处罚”,属于总则的原则性规定,包含“中止”与“损害”两个要素。本案中,被告人在用手掐、毛巾勒被害人颈部后,不忍心下手遂解开被害人手脚上的绳子,逃离现场,属于能犯而不欲,是明显的犯罪中止。被告人追求的犯罪结果是陈某死亡，但最终没有实现，应当认为没有达成刑法意义上中止犯罪中的“损害”，至于被害人颈部勒痕等轻微伤，并非被告人的杀人故意所追求的损害结果，且较轻微又不能纳入其他的刑法规定，根据罪责刑相适应原则，依《刑法》第二十四条第二款免除处罚较为适宜，被害人可以诉诸民法来弥补自己所受的损害。

■ 知识点梳理

关于中止的有效性，中止成立必须没有发生行为人原本所追求的、行为性质所决定的犯罪结果。行为人虽然自动放弃犯罪，或者自动采取措施防止结果发生，但如果发生了行为人原本所追求的、行为性质所决定的犯罪结果，就不成立犯罪中止。例如，某乙托某甲配置万能钥匙用于入户盗窃，某甲将配好的钥匙交给某乙后又后悔，第二天到某乙家欲取回该钥匙，某乙谎称钥匙已丢失。某甲就回家了，没有向有关部门报告。几天以后，某乙使用某甲提供的万能钥匙入户盗窃。此案例中，某甲虽然为防止结果发生采取了措施，但由于犯罪结果仍然发生，故不成立犯罪中止，而成立犯罪既遂。

需要注意的是，行为人为防止结果的发生做出了积极努力，但其行为本身偶然不能使结果发生或者由于他人行为防止了结果发生时，是否成立中止犯？这在刑法理论上存在争议。大致而言，以下几种情况均成立犯罪中止：(1)行为人的中止行为独立防止了结果发生时，成立犯罪中止。(2)行为人的中止行为与其他人的协力行为，共同防止了结果发生时，只要能够认定行为人做出了真挚的努力，也成立犯罪中止。(3)中止行为足以防止侵害结果发生，但事实上是由与中止行为无关的其他人的行为防止侵害结果发生的，也应认定为犯罪中止。(4)行为人在犯罪过程中自动放弃犯罪，或者自动采取有效措施防止结果发生，而且结果没有发生，即使行为本身偶然不能导致结果发生，或者客观上完全由于他人行为防止了结果发生的，也成立犯罪中止。例如，A 意欲杀 B，但 A 实际上投放的毒药没有达到通常致死量；在发现 B 呕吐不止、十分痛苦的情况下，A 自动将 B 送往医院抢救。这个案例中，B 即使不予急救也不会死亡，但 A 仍构成中止，而非未遂。因为 A 是在认为能够既遂的情况下自动采取有效措施的，只要结果没有发生就应认为符合犯罪中止，否则会导致刑罚的不均衡。从法条上看，《刑法》第二十四条要求“有效地防止犯罪结果发生”，这表面上要求中止行为与结果没有发生之间存在因果关系，事实上是要求犯罪结果没有发生，要求行为人采取有效的措施、做出真挚的努力。

关于中止犯的刑事责任，《刑法》第二十四条第二款规定：“对于中止犯，没有造成损害的，应当免除处罚；造成损害的，应当减轻处罚。”“没有造成损害”是指没有造成任何危害结果；“造成损害”是指造成一定危害结果，但没有造成行为人原本所追求的、行为性质所决定的犯罪结果。

关于对中止犯减免刑罚的根据，在国外刑法理论上存在激烈争论。[1] 张明楷教授认为，对中止犯减免刑罚的根据来自三个方面：(1)从客观上看，行为人放弃犯罪或采取了有效防止犯罪结果发生的行为，使得犯罪结果没有发生（相当于违法性减少说）。(2)从主观上看，行为人自动否定、放弃了原来的犯罪意图，这是没有发生犯罪结果的主观原因，表明行为人的非难可能性人为减小（相当于责任减少说）。(3)从刑罚效果上看，对中止犯减免刑罚有助于鼓励犯罪人中止犯罪行为，避免造成实际损害。[2] 有学者认为，这种观点吸收了其他学说的优点，具有全面综合的特点，但对三方面因素没有区分主次、缺乏深刻性，既未找出对中止犯减免刑罚的实质性的根据，也不能准确地说明对中止犯的成立条件的要求。他提出“中止犯的‘犯意’主动、及时、彻底的消除是对其减免刑罚、从宽处理的根本原因，或者说是核心根据，而客观的社会危害性因素以及刑事政策的因素都是其派生出来的”。[3]

---

〔1〕 刑事政策说认为，对中止犯减免刑罚，是为了给走上犯罪道路的人架设一道返回的金桥。违法性减少说认为，由于中止行为使其犯罪行为的客观危害减小，故应减免刑罚。责任减少说认为，由于放弃犯意使对其行为的非难可能性减小，故应减免刑罚。但这三种观点都不可能完整地说明中止犯减免刑罚的根据。刑事政策说只是针对知道有中止犯减免刑罚规定的人才起作用，但事实上对不知道该规定的中止犯也应减免刑罚。违法性减少说不利于解决共同犯罪中的中止问题。根据责任减少说，只要行为人自动放弃犯罪或者自动防止结果发生的，即使发生了犯罪结果，也应认定为中止犯，但法律规定并非如此。因此，国外刑法理论一般将上述观点结合起来说明中止犯减免刑罚的根据。参见张明楷：《未遂犯论》，法律出版社 1997 年版，第 16 页以下。

〔2〕 张明楷：《刑法学》，法律出版社 2007 年版，第 303 页。

〔3〕 魏东、李运才：《中止犯的处罚根据检讨》，载《江西公安专科学校学报》2005 年第 3 期。

24 Case Study

韩江维等抢劫、强奸案

共犯 | 中止

■ 研读指导

1. 审判法院如何确定被告人韩江维和孙磊的行为性质？请提炼法院的推理要点。
2. 参与抢劫预谋，指认被害人住址并多次蹲守，但此后主动退出，未参与实施抢劫的，是否属于犯罪中止？
3. 本案涉及共同犯罪中实行犯、教唆犯、帮助犯三种共同犯罪形态，运用刑法理论进行分析认定。
4. 比较研读近似案例，区分共同犯罪中认定中止、未遂的原则和方法，注意其中的差异并分析原因。

■ 相关法条

《中华人民共和国刑法》第二十四条[犯罪中止]、第二百三十二条[故意杀人罪]、第二百三十六条[强奸罪]、第二百六十三条[抢劫罪]

2001 年最高人民法院《关于抢劫过程中故意杀人案件如何定罪问题的批复》

■ 近似案例

张烨等强奸、强制猥亵妇女案(刑事审判参考第 125 号)

唐胜海、杨勇强奸案(刑事审判参考第 281 号)

■ 案情介绍

被告人韩江维,男,1984年6月19日出生,无业。2006年3月6日因犯职务侵占罪被判处有期徒刑8个月,同年7月24日刑满释放,2009年1月22日因本案被逮捕。

被告人张立,男,1983年5月18日出生,无业:2009年1月22日因涉嫌犯故意杀人、抢劫罪被逮捕。

被告人孙磊,男,1986年7月16日出生,无业。2005年10月18日因犯盗窃罪被判处有期徒刑1年,2006年5月20日刑满释放,2009年1月22日因涉嫌犯故意杀人、抢劫罪被逮捕。

河北省邯郸市人民检察院以被告人韩江维犯故意杀人罪、抢劫罪、强奸罪,被告人张立、孙磊犯故意杀人罪、抢劫罪,向邯郸市中级人民法院提起公诉。

被告人韩江维、张立对起诉书指控的犯罪事实无异议。韩江维的辩护人提出,韩江维如实供述所犯罪行,有悔罪表现,建议法庭对韩江维从轻处罚。张立的辩护人提出,张立有悔罪表现,并协助公安机关抓获同案犯,有立功表现,建议法庭对张立从轻处罚。

被告人孙磊辩称,其没有参与预谋抢劫杀人,起诉书指控其实施的犯罪事实错误。其辩护人提出,孙磊具有犯罪中止情节,不构成故意杀人罪。

邯郸市中级人民法院经不公开开庭审理查明:2008年11月,被告人韩江维与张立、孙磊共谋抢劫杀害被害人张某(女,殁年23岁)。孙磊将张某位于河北省武安市的租住处指认给韩江维、张立后,三人多次携带尖刀、胶带等工具到张某的租住处准备抢劫。因张某未在家,抢劫未果。同年12月25日晚,韩江维、张立携带尖刀、胶带再次到张某的租住处附近伺机作案:当日23时40分许,张某驾车回到院内停车时,张立持刀将张某逼回车内,并用胶带捆住张某双手,韩江维从张某身上搜出其家门钥匙。张立进入张某家劫得现金人民币(以下币种均为人民币)4000余元及银行卡、身份证、照相机等物。韩江维、张立逼张某说出银行卡密码后,驾驶张某的汽车将张某挟持至武安市矿建路的中国银行,张立用张某的银行卡通过自动取款机取出现金3900元。后韩江维、张立将张某挟持至武安市矿山镇矿山村一废弃的矿井旁，韩江维在车上将张某强奸。随后韩江维、张立用胶带缠住张某的头部，将张某抛入矿井内，致其颈髓损伤导致呼吸衰竭死亡。韩江维、张立共劫得张某的现金7900余元及一辆汽车、一部诺基亚手机、一部小灵通、一部照相机等物（合计价值100465元）。

2008年10月，被告人韩江维与张立、孙磊共谋抢劫，并准备了尖刀、胶带等作案工具。孙磊将租住在邯郸市农林路的贾某家指认给韩江维和张立，因该住户家中有人而抢劫未果。后孙磊又将居住在武安市阳光小区的刘某家指认给韩江维和张立，因三人未能弄开楼道口的防盗门而抢劫未果。

邯郸市中级人民法院认为，被告人韩江维、张立、孙磊为劫取财物而预谋实施故意杀人，后韩江维、张立按照预谋抢劫他人财物，并在抢劫后杀人，其行为均构成抢劫罪。韩江维在抢劫过程中还强奸被害人，其行为又构成强奸罪。孙磊参与了为抢劫而杀害被害人的预谋，后又多次带领另两名被告人到被害人住处蹲守，构成抢劫罪的共犯。公诉机关指控故意杀人罪罪名不当。韩江维、孙磊系累犯，应从重处罚。韩江维虽能如实供述犯罪事实，但其犯罪情节恶劣，手段极其残忍，不足以从轻处罚。张立带领公安人员抓获韩江维，构成重大立功，孙磊在后两起抢劫犯罪中，因意志以外的原因而未能得逞，属于犯罪未遂。但在第一起抢劫犯罪中，孙磊参与了为劫取财物而杀害被害人张某的预谋全过程，并带领韩江维、张立去指认了张某的住处，还多次伙同韩江维、张立至张某住处蹲守，因张某未回家而未得逞。后当韩江维、张立再次实施抢劫时，孙磊因故未去，但孙磊明知其他被告人要实施共同预谋的犯罪行为而不予制止，未能有效防止共同犯罪结果的发生，其行为属于犯罪既遂。孙磊在共同犯罪中起次要作用，系从犯，应当从轻、减轻处罚。依照《刑法》第二百六十三条、第二百三十六条、第六十八条、第五十六条、第五十七条第一款、第二十七条之规定，判决如下：(1)被告人韩江维犯抢劫罪，判处死刑，剥夺政治权利终身，并处没收个人全部财产；犯强奸罪，判处有期徒刑5年，剥夺政治权利1年；决定执行死刑，剥夺政治权利终身，并处没收个人全部财产。(2)被告人张立犯抢劫罪，判处死刑，缓期2年执行，剥夺政治权利终身，并处没收个人全部财产。(3)被告人孙磊犯抢劫罪，判处有期徒刑15年，剥夺政治权利5年，并处罚金2万元。

一审宣判后，被告人韩江维以其在犯罪中起次要作用，系从犯，一审量刑重为由提出上诉;被告人孙磊以其行为不构成抢劫共犯为由提出上诉。

河北省高级人民法院经二审审理认为,上诉人韩江维、孙磊、原审被告人张立为劫取财物而预谋故意杀人,韩江维、张立按照预谋抢劫他人财物,抢劫中杀害被害人,其行为均构成抢劫罪,且犯罪手段残忍,犯罪情节、犯罪后果均特别严重。韩江维在抢劫过程中强奸被害人,其行为还构成强奸罪。孙磊参与了为抢劫而杀害被害人张某的预谋,后多次带领韩、张二人至张某住所伺机作案,构成抢劫罪共犯。韩江维、孙磊系累犯,依法应从重处罚。韩江维在抢劫张某过程中,积极参与预谋、实施和分赃,抢劫过程中还强奸张某,在共同犯罪中起主要作用,其上诉理由不能成立:孙磊参与抢劫、杀害张某的预谋过程,并带领韩、张二人指认了张某的住所,还曾伙同韩、张多次携带作案工具至张某住处蹲守,伺机实施犯罪,构成抢劫罪共犯,应对共同犯罪承担刑事责任,其上诉理由不能成立。原判决认定事实清楚,证据确实、充分,定罪准确,量刑适当,审判程序合法。依照《刑事诉讼法》第一百八十九条第(一)项、第一百九十九条之规定,裁定驳回韩江维、孙磊上诉,维持原判,并将韩江维的死刑裁定依法报请最高人民法院核准。

最高人民法院经复核认为,被告人韩江维以非法占有为目的,伙同他人采取暴力手段劫取被害人财物,其行为构成抢劫罪。韩江维在抢劫过程中违背妇女意志,强行与被害人发生性关系,其行为又构成强奸罪。韩江维伙同他人多次抢劫,抢劫数额巨大,在抢劫过程中强奸被害人并致被害人死亡,犯罪情节特别恶劣,社会危害大,罪行极其严重。在共同抢劫犯罪中,韩江维起主要作用,系主犯,应当按照其所参与的全部犯罪处罚。韩江维曾因犯罪被判刑,在刑罚执行完毕后5年内又犯罪,系累犯,说明其主观恶性深,人身危险性大,依法应从重处罚。对韩江维所犯数罪,应依法并罚。第一审判决、第二审裁定认定的事实清楚,证据确实、充分,定罪准确,量刑适当,审判程序合法:依照《刑事诉讼法》第一百九十九条和最高人民法院《关于复核死刑案件若干问题的规定》第二条第一款之规定,裁定如下:核准河北省高级人民法院维持第一审对被告人韩江维以抢劫罪判处死刑,剥夺政治权利终身,并处没收个人全部财产;以强奸罪判处有期徒刑5年,剥夺政治权利1年;决定执行死刑,剥夺政治权利终身,并处没收个人全部财产的刑事附带民事裁定。

■ 案例评析

□ 重点示意图

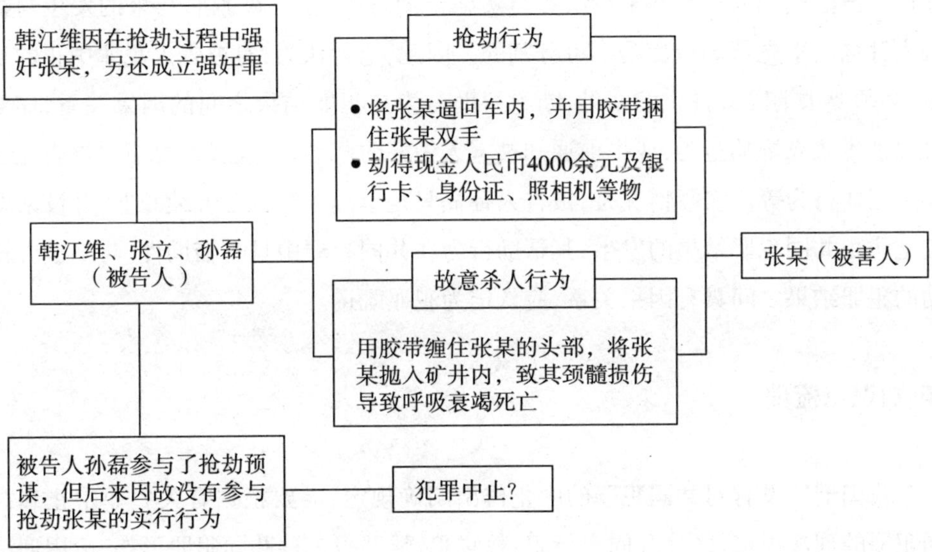

□ 疑难点释析

本案的犯罪事实清楚明确，审理中的争议焦点在于被告人孙磊的行为是否属于犯罪中止?

本案中，被告人韩江维、张立和孙磊一起实施了三起抢劫：2008 年 10 月的两起抢劫因客观原因均未得逞，属于犯罪未遂；在抢劫被害人张某的犯罪过程中，被告人孙磊参与了犯罪预谋并购买作案工具，提议将张某作为抢劫对象并带领其他两位被告人前往被害人住处指认、蹲守，甚至预谋杀害被害人，后因被害人未归而未得逞。当韩、张二被告准备再次抢劫时，被告人孙磊在知情的情况下，并未参与该起抢劫活动。针对这一情况，其放弃继续实施抢劫的行为是否构成犯罪中止，值得进一步探讨。

被告人孙磊在抢劫被害人的共同犯罪中不属于实行犯，也不属于教唆犯，而是帮助犯。综观全案,被告人孙磊提供的帮助包括物理帮助和心理帮助,韩、张二被告是在被告人孙磊的提议下确定了犯罪对象,并在其协助下获知被害人具体住址,可以说,被告人孙磊的行为为韩、张二被告提供了物理性的帮助。此外,被告人孙磊参与犯罪预谋并提议杀人灭口,从心理上对其他二被告起到了强化共犯犯意的作用。虽然被告人孙磊并未再次参与实施抢劫行为,但是该犯罪结果的发生与被告人孙磊的事先帮助行为是不可分割的。因此,笔者认为,对被告人犯罪中止的认定,必须要求消除其提供的帮助,断绝帮助行为与犯罪结果之间的因果关系,如劝说二被告放弃抢劫行为,或提前通知被害人做好防范准备,或者报警使二被告无法实施犯罪行为等。实际情况是,被告人孙磊只是单纯放弃自己继续犯罪,并没采取措施防止共同犯罪结果的发生,其帮助行为在共同犯罪中具有辅助性,与二被告抢劫的犯罪结果之间具有因果关系,应认定为犯罪既遂。

■ 知识点梳理

我国刑法没有对共同犯罪的中止作出明确规定,需要根据有关犯罪中止和共同犯罪的刑法规定,区分共同实行犯、教唆犯、帮助犯三种共同犯罪形态,运用刑法理论进行分析认定。

对于共同实行犯,各共犯人之间按照分工,相互利用,相互配合,共同完成犯罪,其责任原理是“部分实行全部责任”,因此,只有所有的共同犯罪人都中止犯罪,且没有发生犯罪结果时,才构成整个共同犯罪的中止。[1] 对于部分人主动放弃犯罪的,需要根据具体情形认定犯罪停止形态,主要有以下三种情形:第一,如果共同犯罪中的部分人主动放弃犯罪,并有效阻止其他人继续犯罪或者阻止犯罪结果发生的,主动放弃者属于犯罪中止。其他共犯人,如果经劝说后自动停止犯罪的也属于犯罪中止;如果因客观原因而未能完成犯罪的,属于犯罪未遂。第二,如果共同犯罪中的部分人主动退出,但没有采取任何措施阻止其他共犯继续犯罪的,主

---

〔1〕 陈兴良教授对“部分实行全部责任”持不同意见,他认为,“在个别情况下,犯罪行为具有不可替代的性质,如强奸、脱逃等,只有每个人完成了本人的行为才能视为既遂。如果没有完成本人的行为,即使其他共同犯罪人既遂,也不能认为他是既遂”。参见陈兴良:《共同犯罪论》,中国人民大学出版社 2006 年版,第 372 页。

动退出者仍应当认定为犯罪既遂。如因其提前退出因而在共同犯罪中所起的作用较小,可依法对退出者从轻处罚。第三,如果部分人在实行过程中主动停止犯罪,且积极采取措施阻止其他人继续犯罪,但最终未能有效阻止犯罪结果发生的,对主动退出者是否认定犯罪中止,存在争议。有观点认为,在此种情形下考虑主动退出者为阻止犯罪付出了积极努力,主观恶性和人身危险性明显下降,可以考虑按照犯罪中止或者未遂来处罚。这种观点具有一定合理性,但由于客观危害结果已经发生,司法实践中尚难以认同。目前实践中比较普遍的做法是对主动退出者仍认定为犯罪既遂,但量刑时应当考虑其主动退出并阻止其他共犯人继续完成犯罪的情节,如主动退出者符合从犯特征的,依法认定为从犯,应当从轻处罚。

教唆犯在被教唆者产生犯意之后实施犯罪之前撤回自己的教唆,并劝说被教唆者放弃犯罪,但最终未能阻止被教唆者继续实行犯罪的,教唆犯的停止形态应认定为既遂。如果教唆者撤销教唆后,被教唆者接受教唆犯的劝说,最终放弃或者有效防止犯罪结果发生的,则教唆犯和实行犯均构成犯罪中止。如果教唆者撤回教唆后,原有的教唆无法对被教唆者提供心理上的支持,被教唆者的犯罪行为是在新的动机作用下实施的,此种情况下教唆犯仍构成犯罪中止。

帮助犯指故意帮助他人实行犯罪。这种帮助可以分为物理(有形)帮助和心理(无形)帮助。帮助犯在提供帮助后,如果主动停止帮助,及时阻止实行犯实施犯罪或者有效防止犯罪结果发生的,可以构成犯罪中止。如果帮助犯在实行犯着手前主动退出犯罪,且已消除其帮助行为与犯罪结果之间的因果关系的,则属于预备阶段的中止。如果帮助犯仅是自行退出,而没有消除已提供的帮助与犯罪结果之间的因果关系的,则属于犯罪既遂。如果帮助犯为消除已提供的帮助付出了诚挚的努力,但仍未能阻止实行犯实施犯罪或者有效防止犯罪结果发生的,虽构成犯罪既遂,但在量刑时对帮助犯为积极阻止犯罪付出的努力应作适当考虑,可以从轻处罚。

PART 05

共同犯罪

25
Case Study

刘正波、刘海平强奸案

犯意联络 | 协同行为

■ 研读指导

1. 二审法院对刘海平从轻处罚的理由是什么？请提炼法院的推理要点。
2. 欠缺犯意联络和协同行为的同时犯罪，能否认定为共同犯罪？
3. 在被害人谎称报案的情况下，如何认定犯罪的未完成形态？

■ 相关法条

《中华人民共和国刑法》第二十三条[犯罪未遂]、第二十六条[主犯]、第七十二条[缓刑适用条件]、第二百三十六条[强奸罪]

■ 近似案例

陈家鸣等盗窃、销赃案(刑事审判参考第140号)
乌斯曼江、吐尔逊故意伤害案(刑事审判参考第347号)
吕卫军、曾鹏龙运输毒品案(刑事审判参考第374号)
于爱银、戴永阳故意杀人案(刑事审判参考第388号)

■ 案情介绍

被告人刘正波，男，1976年7月1日出生，农民。因涉嫌犯强奸罪于2009年5月27日被逮捕。

被告人刘海平，男，1979 年 4 月 7 日出生，无业。因涉嫌犯强奸罪于 2009 年 12 月 21 日被逮捕。

湖南省邵阳市大祥区人民检察院以被告人刘正波、刘海平犯强奸罪，向湖南省邵阳市大祥区人民法院提起公诉。

湖南省邵阳市大祥区人民法院经不公开审理查明：2008 年 9 月 20 日 20 时许，被告人刘正波、刘海平及黄登科、“小伢子”等与被害人刘某甲（女）、刘某乙（女）在邵阳市北塔区江北广场“老字号家常馆”吃完饭后，黄登科提议将刘某甲、刘某乙分别带走发生性关系，刘正波、刘海平等均表示同意。随后，刘正波、黄登科将刘某甲带至大祥区敏州路左岸宾馆 278 号房间。刘正波威胁并殴打刘某甲，黄登科用手掐住刘某甲的脖子，并和刘正波一起强行脱去刘某甲的衣服。黄登科用手指戳破刘某甲的处女膜后，与刘正波轮流对刘某甲实施了强奸。刘海平、“小伢子”将刘某乙带至大祥区雨溪镇松坡公园一山坡上后，欲强行与刘某乙发生性关系，刘某乙反抗并在用手机接听一个电话后称已经报警，刘海平与“小伢子”被迫放弃强奸刘某乙的计划。

邵阳市大祥区人民法院认为，被告人刘海平、刘正波伙同他人违背妇女意志，采取暴力手段强行与被害人发生性关系，其行为构成强奸罪。刘正波参与策划并积极实施殴打、强行与被害人发生性关系，在共同强奸犯罪中起主要作用，系主犯；刘海平参与策划并着手实施犯罪，在共同犯罪中起次要作用，系从犯，应减轻处罚。刘海平在实施强奸犯罪的过程中，因意志以外的原因未能得逞，系犯罪未遂。依照《刑法》第二百三十六条第一款、第三款第（四）项，第二十六条第一款、第四款，第二十七条，第二十三条之规定，判决如下：被告人刘正波犯强奸罪，判处有期徒刑 12 年；被告人刘海平犯强奸罪，判处有期徒刑 4 年。

一审宣判后，二被告人均提出上诉。被告人刘正波上诉称：其在共同犯罪中系从犯，原判量刑偏重，请求从轻处罚。被告人刘海平上诉称：其与刘正波实施犯罪的时间、地点及对象不同，不能认定二人系共同犯罪；其行为系犯罪中止，原判认定为犯罪未遂错误；原判没有采信被害人对其减轻处罚的请求及谅解书不当，请求判处缓刑或免予刑事处罚。

湖南省邵阳市中级人民法院经审理查明：被害人刘某甲（女）与刘某乙（女）均系某技校学生。2008 年 9 月 20 日，黄登科（在逃）与粟贵兵（另案处理）住宿在湖南省邵阳市大祥区敏州路“左岸贵宾楼”278 号房间。当日 16 时许，黄登科给刘某乙打电话谎称刘某乙的朋友粟云华病了，要其到“左岸贵宾楼”看望。刘某乙与刘某甲赶到该宾馆 278 号房间，见粟云华不在，便在房间内与黄登科、粟贵兵、刘进明(在逃)一起玩。18 时许，粟贵兵打电话让上诉人刘海平请他吃饭，刘海平即与上诉人刘正波一起驾驶摩托车赶到“左岸贵宾楼”。20 时许，刘正波、刘海平等 7 人一起到北塔区江北广场“老字号家常馆”2 楼包厢吃饭。刘正波、刘海平等人让刘某乙、刘某甲喝啤酒，刘某乙与刘某甲不愿意喝，并离开了包厢。粟贵兵称刘某乙与刘某甲是在社会上玩的女人，黄登科即提出将刘某乙、刘某甲分别带出去发生性关系，刘正波、刘海平等人均表示同意。饭后，刘正波、黄登科驾驶摩托车带着刘某甲，刘海平、刘进明驾驶摩托车带着刘某乙离开“老字号家常馆”。刘正波、黄登科将刘某甲带至“左岸贵宾楼”278 号房间后，将刘某甲按倒在床上欲与刘某甲发生性关系。刘某甲反抗，刘正波、黄登科就对刘某甲进行威胁和殴打，并先后对刘某甲实施了强奸。刘海平、刘进明将刘某乙带至大祥区雨溪镇松坡公园门口。刘海平拖着刘某乙走进公园内一台阶处，强行抱住刘某乙，刘某乙一边反抗一边讲她要回去。这时，刘正波打电话给刘海平询问刘海平在何处，刘海平说在松坡公园，并问刘正波在何处，刘正波说在房间里。刘海平接完电话后，有人打着手电筒从公园内往刘海平、刘某乙处行走，刘海平见此处不便与刘某乙发生性关系，就拉着刘某乙往松坡公园外走。随后，刘海平、刘进明又驾驶摩托车将刘某乙带至公园内一小山旁，刘海平抱住刘某乙欲与刘某乙发生性关系。刘某乙一边推刘海平一边大声让刘海平走开。刘海平即用手捂住刘某乙的口部，刘某乙朝刘海平手上咬了一口。在刘海平准备用手抓刘某乙时。刘海平接到刘正波打过来的电话，刘海平问刘正波那边情况如何，刘正波称黄登科对刘某甲实施了殴打，并已经与刘某甲发生了性关系。刘某乙此时也接到电话，并对刘海平、刘进明谎称其已经让学校班主任老师报警，要刘海平、刘进明送她回去。刘海平不敢继续与刘某乙发生性关系，并和刘进明驾驶摩托车将刘某乙送至邵阳市汽车南站附近的凯天宾馆。另查明，一审审理过程中，上诉人刘海平的亲属对刘某乙进行了一定的经济补偿，得到刘某乙的谅解，刘某乙出具报告请求对刘海平判处缓刑。

邵阳市中级人民法院认为，上诉人刘正波、刘海平分别伙同他人，违背妇女意志，强行与妇女发生性关系，其行为均构成强奸罪。其中，刘正波的行为系二人以上轮奸，刘海平的行为系犯罪未遂。在强奸刘某甲的共同犯罪中，刘正波起主要作用，系主犯。在强奸刘某乙的犯罪中，刘海平起主要作用，系主犯。刘正波与刘海平虽均有与被害人发生性关系的意图，但犯意不明确，且系各自伙同他人分别实施犯罪，犯罪时间、空间及对象均不同，二人无共同强奸刘某乙、刘某甲的犯罪故意和犯罪行为，其行为在主、客观上不符合共同犯罪的构成要件，不构成共同犯罪。刘海平犯罪情节较轻，认罪态度较好，确有悔罪表现，且得到被害人谅解，综合本案实际情况，对刘海平予以从轻处罚，对其适用缓刑确实不致再危害社会，可以对刘海平宣告缓刑。根据《刑法》第二百三十六条第一款、第三款第（四）项，第二十三条，第二十六条第一款、第四款，第七十二条第一款，《刑事诉讼法》第一百八十九条第（一）项、第（二）项之规定，判决如下：（1）驳回上诉人刘正波的上诉及上诉人刘海平的部分上诉。维持湖南省邵阳市大祥区人民法院（2010）大刑初字第1号刑事判决第一项对上诉人刘正波的刑事判决。（2）撤销湖南省邵阳市大祥区人民法院（2010）大刑初字第1号刑事判决第二项对上诉人刘海平的刑事判决。（3）上诉人刘海平犯强奸罪，判处有期徒刑3年，缓刑3年。

■ 案例评析

□ 重点示意图

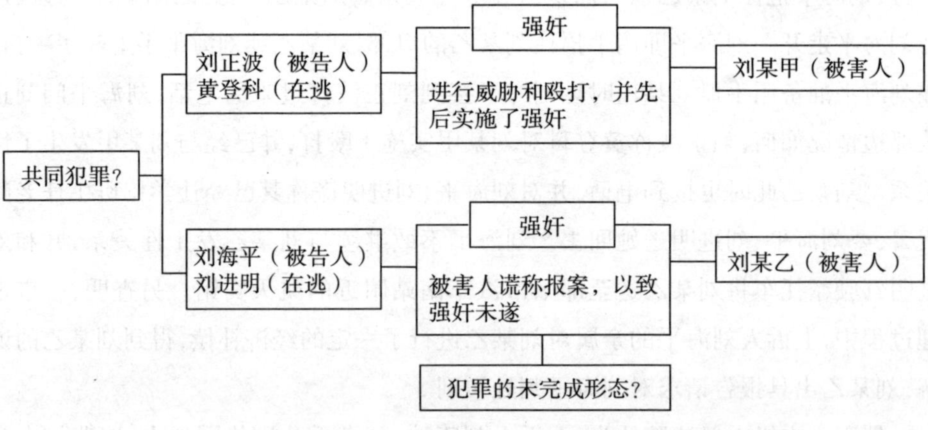

□ 疑难点释析

本案在审理过程中的争论点主要集中在被告人刘海平与刘正波的协同行为，是否构成共同犯罪？以及被告人刘海平的行为是否属于犯罪未遂？

对于第一个问题，结合案情可以发现，当粟贵兵称刘某乙与刘某甲是在社会上玩的女人时，黄登科即提出将刘某乙、刘某甲分别带出去发生性关系，刘正波、刘海平等人均表示同意并分别伙同他人将二被害人带出去意图发生性关系。此种情形下不能认定刘海平与刘正波具有共同的强奸犯罪故意，理由如下：首先，刘海平与刘正波事先并无明确的强奸犯罪故意。认识和意志因素是行为的指引，而行为是认识和意志二因素的客观反映和外在表现。本案中，刘海平与刘正波事先不具备共同强奸犯罪的认识和意志因素，并无确定的强奸犯罪故意。在粟贵兵称刘某乙与刘某甲是在社会上玩的女人时，刘正波与刘海平等人即认为在社会上玩的女人就可以随便与之发生性关系，正是基于这种想法，刘正波与刘海平对黄登科提出将被害人分别带出去发生性关系的建议表示同意。虽然刘海平与刘正波均有与二被害人发生性关系的意图，并就此达成合意，但并无证据证实二被告人存在强奸二被害人的故意，亦不能推定二被告人存在强奸二被害人的故意。其次，刘海平与刘正波没有就共同实施强奸犯罪进行犯意联络。刘正波与刘海平系在分别伙同他人将二被害人带出去后，在意图与被害人发生性关系时因遭被害人反抗而产生的强奸犯罪故意，可见，二被告人的强奸犯罪故意是分别形成的，也是在不同的时间形成的。同时，刘海平与刘正波系分别伙同他人将被害人带走，在不同的时间、空间针对不同的侵害对象采取不同的手段、行为方式，并无协同实施强奸犯罪的意思沟通和具体行为。如二被告人意图共同实施强奸犯罪，则选择相同的时间、地点更加便于犯罪行为的实施。其间，二被告人虽有电话联络，但仅是相互询问对方的进展情况，并非进行意思沟通，故不能认定双方存在共同实施强奸犯罪的合意。

本案中，黄登科提议将二被害人分别带出去发生性关系，后刘正波与黄登科将刘某甲带至“左岸贵宾楼”，并采取暴力和威胁手段对刘某甲实施轮奸、刘海平与刘进明则将刘某乙带至松坡公园并着手对刘某乙实施强奸行为。此种情况下不能认定刘正波与刘海平具有共同强奸的行为，理由如下：首先，从犯罪事实的构成要素上看，刘正波与刘海平实施强奸犯罪的时间、地点及侵害对象不同，各自独立形成一个完整的强奸犯罪事实。其次，从共同犯罪必须具备的协同行为上看，刘正波与刘海平各自实施的强奸犯罪之间不存在相互联系和配合。刘正波与刘海平系分别伙同他人实施强奸行为，侵害的对象不同，各自的强奸行为彼此独立、分开进行，不存在互相利用、补充、分工和配合等关系。最后，刘正波与刘海平各自的强奸犯罪行为与对方的强奸危害后果之间不存在因果联系。刘正波伙同黄登科将刘某甲带至“左岸贵宾楼”并对其实施轮奸的行为与刘某甲被轮奸这一危害后果之间存在刑法上的因果联系，而刘海平的行为与该危害结果之间并不存在刑法上的因果关系。同理，刘正波的行为与刘海平实施的强奸行为所造成的危害结果之间也不存在刑法上的因果联系。

综上，被告人刘海平与刘正波在主观上没有共同的强奸故意，客观上也没有共同的强奸行为，故不构成共同犯罪。作为同时犯罪，二被告人只对自己所实施的犯罪行为承担责任。

对于第二个问题，被告人刘海平的行为是否属于犯罪未遂？笔者认为，被告人刘海平已经着手实行强奸犯罪，但由于意志以外的原因未能得逞，应认定为犯罪未遂，主要基于以下理由：(1)被告人刘海平伙同他人将被害人刘某乙带至松坡公园后强行抱住被害人并欲与其发生性关系，遭到被害人反抗后仍欲继续实施该行为，可以认定被告人刘海平已经着手实施强奸犯罪。(2)被告人刘海平停止犯罪均为意志以外的原因而终止。如第一次恰逢有人打手电筒经过，第二次被告人误以为被害人已经报警，这些情况导致被告人刘海平不敢继续实施强奸行为，违背了其犯罪本意。(3)上述原因作为客观障碍足以阻止刘海平的犯罪意志。结合本案情况，笔者认为，以行为人的认识状态为标准进行判断，两次客观障碍足以阻止被告人的犯罪意志，该情况不但得到被告人供述的证实，而且也得到其行为的证实，其在被害人声称报案后随即停止犯罪行为，并将被害人送到安全地点。

综上，被告人的行为不属犯罪中止，应认定为犯罪未遂。

■ 知识点梳理

根据《刑法》第二十五条第一款的规定，共同犯罪是指二人以上共同故意犯罪。一般认为，共同犯罪必须具备主观上的共同犯罪故意和客观上的共同犯罪行为两个必要条件。共同的犯罪故意主要是指各行为人之间必须存在关于共同实施特定犯罪行为的犯意联络。共同的犯罪行为主要是指各行为人在犯意联络的基础上共同实施相应的犯罪行为。

主观方面存在共同犯罪故意需要关注以下两个方面的内容:(1)共同犯罪故意的认识因素和意志因素;(2)共同犯罪人之间的犯意联络。其中"认识因素"是指各行为人对自己与他人共同实施的犯罪行为的社会危害性的认识。"意志因素"指各行为人在认识到共同犯罪社会危害性的基础上决意共同实施犯罪行为,希望或者放任共同犯罪危害结果发生的心理态度。"犯意联络"指各行为人关于相互协同实施特定犯罪行为的意思沟通,包括明示或者默示的方式,实质上指各行为人共同实施特定犯罪行为的"合意"。也就是说,共同犯罪行为人不但要对共同犯罪具有故意,而且各行为人之间还要有相互协同实施特定犯罪行为的意思沟通,否则不构成共同犯罪,只能是同时犯。同时犯是作为单独犯只对自己所实施的犯罪行为承担责任。

客观方面的共同行为要求各行为人具有协同行为。各行为人基于犯意联络,通过相互协作和配合实施特定的犯罪行为,共同实现预期的犯罪目的,才成立共同犯罪。各行为人的协同犯罪行为彼此联系、互相配合,作为一个有机统一的整体,与犯罪结果之间均存在刑法上的因果关系。

共同犯罪中"共同"的标准有三项指标:(1)客观行为是否相同;(2)主观故意是否相同;(3)触犯的罪名是否相同。针对这三项指标,存在三种学说,完全犯罪共同说、行为共同说和部分犯罪共同说。完全犯罪共同说认为,共同犯罪必须是数人共同实行特定的犯罪,或者说二人以上只能就完全相同的犯罪成立共同犯罪,即三项指标都必须满足。例如,甲以杀人的故意、乙以伤害的故意,共同对丙实施暴力行为导致了丙死亡。犯罪共同说一般认为,甲与乙成立故意杀人罪的共同正犯,但对乙只能判处故意伤害致死的刑罚(因为不能超越行为人的责任科处刑罚)。

行为共同说(事实共同说)认为,共同犯罪是指各人的客观行为部分相同,对实施相同的客观行为具有意思联络便可。在此基础上是故意心态还是过失心态都在所不问,触犯罪名是否相同也不影响共同犯罪的成立。也就是说,同时犯属于共同犯罪。由于我国刑法条文明确规定"共同过失犯罪不构成共同犯罪",所以行为共同说不适用。

部分犯罪共同说认为，只要二人以上就部分犯罪具有共同的行为与共同的故意（具有重合性质），便成立共同犯罪；在成立共同犯罪的前提下，又存在分别定罪的可能性。[1] 具有重合性质的情况包括以下几种：(1)当两个条文之间存在法条竞合的关系时，其条文所规定的犯罪一般存在重合性质。如规定盗窃、抢夺武器装备、军事物资罪的法条与规定盗窃、抢夺罪的法条，是特别法条与普通法条的关系。(2)当两种犯罪所侵犯的法益相同，但一种犯罪比另一种犯罪更为严重。从规范意义上说，严重犯罪包含了非严重犯罪的内容时，也存在重合性质（可能属于法条竞合，也可能是想象竞合犯），能够在重合范围内成立共同犯罪。比较典型的有：生产、销售假药罪与生产、销售劣药罪，生产、销售不符合卫生标准的食品罪与生产、销售有毒、有害食品罪，故意杀人罪与故意伤害罪，强奸罪与强制猥亵、侮辱妇女罪，绑架罪与非法拘禁罪，抢劫罪与抢夺罪，抢劫罪与盗窃罪，抢劫罪与敲诈勒索罪等。(3)两种犯罪所侵犯的法益不完全相同，但其中一种罪所侵犯的法益包含了另一犯罪所侵犯的法益，因而存在重合性质时（可能属于法条竞合，也可能属于想象竞合犯），也能够在重合范围内成立共同犯罪。例如，为境外窃取、刺探、收买、非法提供国家秘密、情报罪与非法获取国家秘密罪的同类法益不同，甲不知道乙是为境外的机构、组织、人员非法提供国家秘密，而为乙窃取了国家秘密，甲与乙在非法获取国家秘密罪的范围内成立共同犯罪，但对乙的行为应另认定为为境外窃取、刺探、收买、非法提供国家秘密罪。(4)在法定转化犯的情况下，如果数人共同实施了转化前的犯罪行为，而部分人实施了转化行为，但他人不知情的，应就转化前的犯罪成立共同犯罪。

---

〔1〕 张明楷：《刑法学》（第二版），法律出版社2003年版，第273～275页。

26
Case Study

焦祥根、焦祥林故意杀人案

片面共犯 | 诱惑杀人

■ 研读指导

1. 本案一审法院如何确定被告人焦祥根、焦祥林的行为构成共同犯罪？请提炼法院的推理要点。
2. 以欺骗手段诱使他人产生犯意，并创造犯罪条件的，是否构成共同犯罪？
3. 被告人焦祥林是否属于间接正犯或者片面共犯？对其应如何定罪量刑？
4. 比较研读近似案例，梳理特殊情况下认定共同犯罪成立的原则和方法，注意其中的差异并分析原因。

■ 相关法条

《中华人民共和国刑法》第二十五条［共同犯罪的概念］、第四十八条［死刑的适用对象及核准程序］、第五十七条［对死刑、无期徒刑罪犯剥夺政治权利的适用］、第二百三十二条［故意杀人罪］

《中华人民共和国刑事诉讼法》（1996年修正版）第一百八十九条、第一百九十九条、第二百零一条

2007年最高人民法院《关于复核死刑案件若干问题的规定》第二条

■ 近似案例

郭玉林等抢劫案（刑事审判参考第189号）

张某某抢劫、李某某盗窃案（刑事审判参考第244号）

陈卫国、余建华故意杀人案(刑事审判参考第408号)
马俊、陈小灵盗窃、隐瞒犯罪所得案(刑事审判参考第483号)
卜玉华、郭臣故意杀人、抢劫案(刑事审判参考第566号)

■ 案情介绍

被告人焦祥根,男,1969年6月2日出生,农民。因涉嫌犯故意杀人罪于2008年5月19日被逮捕。

被告人焦祥林,男,1974年9月19日出生,农民。因涉嫌犯故意杀人罪于2008年5月19日被逮捕。

安徽省黄山市人民检察院以被告人焦祥根、焦祥林犯故意杀人罪,向黄山市中级人民法院提起公诉。

被告人焦祥根对公诉机关指控的犯罪事实无异议。其辩护人提出,焦祥根故意杀人的犯意系被告人焦祥林诱发,焦祥根是焦祥林杀害被害人唐邦明的工具。

被告人焦祥林辩称其没有精心策划杀害被害人,被害人系焦祥根所杀害,其行为不构成故意杀人罪。

黄山市中级人民法院经公开审理查明:被告人焦祥根、焦祥林系同胞兄弟,与家人共同经营管理并不属其家所有的安徽省黄山市黄山区耿城镇城澜村中棚组"小岭洞"山场。1999年前后,焦祥林与被害人唐邦明炒股时相识。焦祥林为谋取唐邦明的房产,于2007年11月14日虚构"中林国际集团有限公司",并许诺优厚条件任命唐邦明为该公司财务总监,以骗取唐邦明的信任。2008年3月22日,焦祥林谎称公司要给唐邦明分房及年薪人民币(以下币种均为人民币)10万元,让唐邦明书写收到购房款50万元的收条以便公司会计做账。唐邦明出具收条后,焦祥林私自在收条的空白处添加内容,伪造了房屋买卖协议书,企图找机会凭此协议侵占唐邦明的房产。焦祥林明知焦祥根极力反对村委会将"小岭洞"山场转与他人开发经营,便欲利用焦祥根的心理谋取唐邦明的房产。2008年春节之后,焦祥林多次哄骗焦祥根,称有人要买"小岭洞"山场,焦祥根表示"谁来买山场就干掉谁",焦祥林默认。2008年4月9日,焦祥林再次对焦祥根提及有人要来买山场,焦祥根让焦祥林将要买山场的人带来。次日7时许,焦祥林以"中林国际集团有限公司”要开发“小岭洞”山场为由，约唐邦明下班后到城澜村中棚组看山场。同日16时许，焦祥林告知焦祥根将有一“老板”前来看山场，焦祥根仍表示“谁来买山场就干掉谁”，并携带柴刀到“小岭洞”山场等候。同日17时许，焦祥林带唐邦明来到“小岭洞”山场，行至山场一小木棚处时，遇到在此等候的焦祥根，焦祥林故意与唐邦明谈论买山场之事以让焦祥根听到。焦祥根听见后立即上前辱骂并殴打唐邦明，将唐邦明打倒在地，后骑在唐邦明的背上，向后猛勒唐邦明的领带，致唐邦明机械性窒息死亡。其间，焦祥林假意劝阻焦祥根不要殴打唐邦明。焦祥根恐唐邦明未死，用石头又砸击唐邦明的背部数下，并用事先准备的钢丝绳套在唐邦明的颈部扎紧，用唐邦明的皮带捆扎唐邦明的双脚。之后，焦祥根让焦祥林回家取来锄头和铁锹，与焦祥林一起将唐邦明的尸体驮至附近“封门口”山场的一烧炭洞处，用柴刀将唐邦明衣裤割开脱下后烧毁，将尸体放入烧炭洞中掩埋。随后，焦祥根、焦祥林携带从唐邦明身上搜出的手机、钥匙、铂金戒指、水果刀等物品回到家中。

黄山市中级人民法院认为，焦祥根故意非法剥夺他人生命，其行为构成故意杀人罪。关于焦祥根的辩护人提出的辩护意见，经查，焦祥根明确提出剥夺他人生命，且积极实施杀人行为，明知故意杀人的法律后果而实施犯罪，故该辩护意见不能成立，不予采纳。被告人焦祥林为达到谋取他人房产的目的，利用被告人焦祥根非法剥夺他人生命，其行为构成故意杀人罪。被害人的死亡是焦祥林精心策划所致，亦是其积极追求的结果，其辩护人提出的辩护意见不能成立，不予采纳。依照《刑法》第二百三十二条、第二十五条第一款、第四十八条第一款、第五十七条第一款之规定，判决如下：被告人焦祥根犯故意杀人罪，判处死刑，剥夺政治权利终身；被告人焦祥林犯故意杀人罪，判处死刑，缓期2年执行，剥夺政治权利终身。

一审宣判后，被告人焦祥林以没有精心策划杀人等理由提出上诉。

安徽省高级人民法院经二审审理认为，被告人焦祥林为达到谋取他人房产的目的，哄骗被害人到偏僻的山场，利用被告人焦祥根具体实施非法剥夺被害人生命的行为，达到谋财害命的目的，焦祥林和焦祥根的行为均构成故意杀人罪。焦祥根的辩护人所提焦祥根是被人利用，罪行和量刑均应轻于焦祥林的辩护意见，经查，焦祥根在未弄清真相的情况下杀害无辜，犯罪手段特别残忍，应依法惩处，对该辩护意见不予采纳。被害人的死亡是焦祥林精心策划所致，是其积极追求的结果，其杀人时始终在场，并积极协助和参与埋尸，原判认定其行为构成故意杀人罪并无不当。原判认定的事实清楚,证据确实、充分,定罪准确,量刑适当。依据《刑事诉讼法》第一百八十九条第(一)项、第二百零一条、第一百九十九条之规定,裁定驳回上诉,维持原判,并依法报请最高人民法院核准。

最高人民法院经复核认为,被告人焦祥根故意非法剥夺被害人生命,其行为构成故意杀人罪。焦祥根唯恐自家山场被人买走,曾经扬言"谁来买山场就杀谁",并让焦祥林将被害人带到山场,直接将被害人杀死,在共同犯罪中起主要作用,系主犯,应按照其所参与的全部犯罪处罚。焦祥根用被害人的领带勒死被害人后,唯恐被害人未死,又用石头砸击被害人背部,作案后掩埋尸体,焚烧被害人衣服,藏匿被害人物品,犯罪情节恶劣,手段残忍,后果和罪行极其严重,应依法惩处。第一审判决、第二审裁定认定的事实清楚,证据确实、充分,定罪准确,量刑适当,审判程序合法。依照《刑事诉讼法》第一百九十九条和最高人民法院《关于复核死刑案件若干问题的规定》第二条第一款之规定,裁定核准安徽省高级人民法院维持第一审以故意杀人罪判处被告人焦祥根死刑,剥夺政治权利终身的刑事裁定。

■ 案例评析

□ 重点示意图

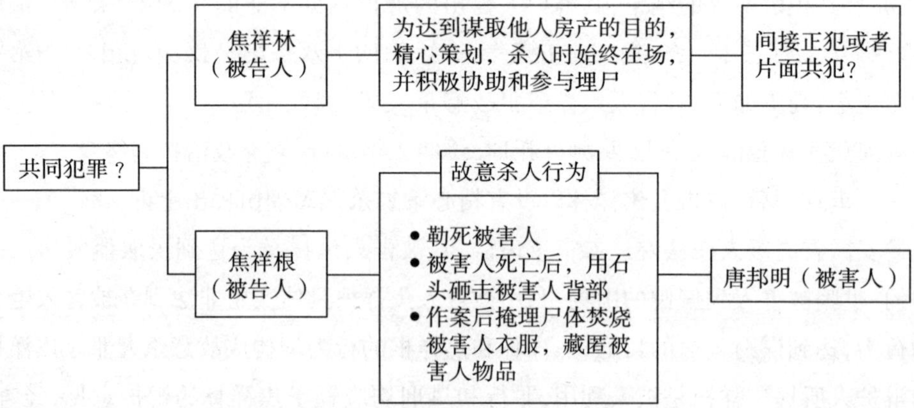

□ 疑难点释析

本案是一起由被告人焦祥林精心策划的故意杀人案件。被告人焦祥林为达到侵占被害人房产的目的,以欺骗手段诱使、刺激被告人焦祥根产生杀人犯意,并将被害人骗至现场让被告人焦祥根杀害,焦祥根扮演了焦祥林杀人工具的角色。本案在审理过程中的争论点主要集中在:

第一,二被告人的行为是否构成共同犯罪?

根据《刑法》第二十五条认定共同犯罪要求各行为人具有共同的犯罪故意和共同的犯罪行为。本案中,被告人焦祥根与焦祥林的行为符合共同犯罪的主客观条件,应认定为共同犯罪。

从主观方面来看,二被告人的杀人动机不同,焦祥根系为了避免被害人承租、占有其家经营的山场而杀人,焦祥林系为了占有被害人的房产而杀人,但二人都具有杀害被害人的犯罪故意,即焦祥根、焦祥林主观上都明知杀人犯罪行为的性质、危害结果,并且都希望危害结果的发生。认定二人是否具有共同犯罪故意,关键是看二人对杀人行为有无意思联络。据焦祥根供述,焦祥林多次对焦祥根说起山场的事情,称有个老板要租他们家的山场,并说山场值钱,不能卖。焦祥根听了这话后说"哪个要来买山场,我就打他,打得他不敢来"。还有一次焦祥林说有个老板要来买山场,如果他们家卖,生产队不会同意,如果不卖,那人就会找生产队,他们家一分钱都得不到,问他怎么办。焦祥根听了很生气,说"谁来买山场,干脆把他干掉算了",焦祥林没有说话。作案前一天,焦祥林对焦祥根说有个老板要买山场,焦祥根说"你把他带上山来看看"。案发当日 16 时许,焦祥林又对焦祥根说一会儿有个人要来看山场。焦祥林对于焦祥根供述的内容,亦曾多次供认,并称在焦祥根明确表示"谁来买山场就杀谁"后,其表示默认。其多次向焦祥根说有人要来买山场的事是骗焦祥根,目的是激怒焦祥根。从二被告人的供述看,二人对"有人买山场怎么办"一事多次进行交流,焦祥根向焦祥林明确表示"谁来就干掉谁",焦祥林未予反对,还强化焦祥根的态度,可以说二人对"谁来买山场就杀谁"的决定已形成共同的意思联络。特别是在焦祥林告诉焦祥根"有个老板要来买山场"后,焦祥根让焦祥林把此人带上山来看看,实际上已经将犯罪对象特定化。在这种情况下,二被告人显然形成了共同杀人的故意。

从客观方面来看,焦祥林虽然没有直接动手实施杀人行为,但其在诱使、刺激焦祥根形成故意杀人犯意后,将被害人唐邦明骗至山场,并故意与唐邦明谈论购买山场之事,使唐邦明成为焦祥根杀害的对象,客观上为焦祥根杀害唐邦明创造了必不可少的条件,是一种教唆且重要的帮助行为。在焦祥根实施杀人行为过程中,焦祥林假意劝阻,但没有真正阻止焦祥根杀害唐邦明,且事后与焦祥根一起掩埋唐邦明的尸体。

因此,可以认定二被告人相互配合,共同实施了故意杀人行为,构成共同犯罪。

第二,被告人焦祥林是否属于间接正犯或者片面共犯?

焦祥林借被告人焦祥根之手杀死被害人唐邦明,近似于刑法理论中的间接正犯,[1]但不是间接正犯。理由如下:本案被告人焦祥根虽因缺乏理性判断而被焦祥林利用,形式上成为焦祥林实现自己侵占被害人唐邦明房产的工具,但焦祥根具有完全刑事责任能力,其杀人意图系自行产生,意志自由未受到焦祥林的限制,杀人也是为了维护自家经营山场的利益,故并不完全属于焦祥林犯罪的工具。并且,焦祥林将被害人带上山场,为焦祥根杀人创造条件,在现场目睹焦祥根杀人却未真正阻止,并帮助焦祥根藏匿尸体,客观上实施了帮助行为。因此,焦祥林不属于间接正犯。

被告人焦祥林利用被告人焦祥根杀死被害人,但焦祥根却不明知自己被焦祥林利用,近似于刑法理论中的片面共犯,但也不属于片面共犯。我国刑法理论认为,共同犯罪的各行为人之间主观上必须有意思联络,而片面共犯中一方没有认识到有他人和自己共同犯罪,故片面共犯不属于共同犯罪。本案被告人焦祥根、焦祥林兄弟二人对"谁来买山场就杀谁"之事有过多次意思联络,虽然焦祥林没有明确表示赞同焦祥根的杀人意图,但也没有反对,这种默示实际上也是二人达成犯意联络的一种表现形式。特别是当焦祥根提出让焦祥林把要买山场的人带上山来后,焦祥林把被害人唐邦明骗上山,实际上是以具体行动配合焦祥根的杀人意图,焦祥根虽不明知自己系被利用,但很清楚焦祥林将买山场的人带上山来,就是让其实施

---

[1] 间接正犯的本质是将他人作为工具来实现自己的犯罪意图,而被利用者通常缺乏刑事责任能力或者犯罪故意,故利用者与被利用者之间不构成共同犯罪。如果被利用者具有刑事责任能力,或者具有犯罪故意,即使被利用者系受到欺骗而实施犯罪行为,但因其具有自由意志,不完全属于犯罪工具,利用者和被利用者之间可以形成共犯关系,不能认定利用者属于间接正犯。

杀人行为，故二被告人之间存在共同犯罪故意，焦祥林不属于片面共犯。

综上，本案由被告人焦祥林精心策划所致，其设下骗局利用自己的亲哥哥焦祥根杀害唐邦明，虽没有直接动手杀人，但积极为杀人创造条件，且杀人时始终在场，还参与埋尸，应认定为主犯。焦祥根形式上是焦祥林借刀杀人的工具，看似可悲，但他为了自己的利益，首先提议杀人，并在见到被害人后不问事情真相，立即动手杀人，足见其鲁莽性格和杀人决心，亦系主犯。尽管没有焦祥林的精心策划就不会发生本案，但没有焦祥根的鲁莽凶残亦不会发生本案，且焦祥林的欺骗行为并没有限制焦祥根的意志自由，焦祥林对焦祥根的杀人行为并不具有明显控制力，故仍应认定焦祥根的罪责大于焦祥林。据此，最高人民法院依法核准了焦祥根死刑。

■ 知识点梳理

片面共犯是指参与同一犯罪的人中，一方认识到自己是在和他人共同犯罪，而另一方没有认识到有他人和自己共同犯罪的情形。

片面共犯可能存在三种情况：(1)片面的共同实行，即实行方没有认识到另一方的实行行为。例如，乙欲强奸丙，甲在乙不知情的情况下，使用迷药将丙迷晕，乙得以顺利实施奸淫行为。(2)片面的教唆，即被教唆者没有意识到自己被教唆的情况。例如，甲将乙的妻子丙与他人通奸的照片和一支枪放在乙的桌子上，乙发现后立即产生杀人故意，将丙杀死。(3)片面的帮助，即实行方没有认识到另一方的帮助行为。例如，甲明知乙正在追杀丙，便暗中设置障碍物将丙绊倒，从而使乙顺利地杀害丙。理论上对如何处理片面共犯存在较大争议。有学者否认片面共犯的概念，认为片面共犯不成立共同犯罪。[1] 有学者肯定片面共犯概念，认为所有片面共犯都成立共同犯罪；[2] 有学者只承认片面教唆犯与片面帮助犯；[3] 有学者仅

---

〔1〕 [日]曾根威彦：《刑法总论》，成文堂2000年版，第278页；何秉松主编：《刑法教科书》，中国法制出版社2000年版，第440页。

〔2〕 [日]山口厚：《刑法总论》，有斐阁2001年版，第297页以下；李敏：《论片面合意的共同犯罪》，载《政法论坛》1986年第3期。

〔3〕 陈兴良：《共同犯罪论》，中国社会科学出版社1992年版，第117页。

承认片面帮助犯。[1]

通说认为,片面共犯关键在于如何认识共同犯罪的因果性。在发生了结果的共同犯罪中,正犯行为(或实行行为)直接引起结果;教唆行为与帮助行为通过正犯行为而引起结果。共同犯罪的因果关系包括物理的因果关系与心理的因果关系,前者是指物理地或客观上促进了犯罪的实行与结果的发生;后者是指引起犯意、强化犯意、激励犯行等从精神上、心理上促进犯罪的实行与结果的发生。如果只是强调共同犯罪的物理的因果性,那么,片面共犯就是因为共同引起法益侵害才成立共同犯罪。现实生活中,暗中教唆、帮助他人犯罪甚至片面共同实行的现象确实可能存在,如果承认片面帮助犯,就没有理由否认片面教唆犯、片面实行犯。如果强调共同犯罪的心理因果性,即强调相互沟通、彼此联络所产生的心理上的影响,那么,片面共犯并不符合共同犯罪的特征。笔者认为,应当充分考虑,肯定片面共犯是否会带来难以解决的问题,否认片面共犯能否合理地解决其刑事责任问题(如能否将其视为间接正犯)。

〔1〕［日］前田雅英:《刑法总论讲义》,东京大学出版会1998年版,第386页;李光灿、马克吕、罗平:《论共同犯罪》,中国政法大学出版社1987年版,第37页以下。

27
Case Study

练永伟等贩卖毒品案

犯罪集团 | 一般共同犯罪

■ 研读指导

1. 被告人练永伟等人贩卖毒品的行为应如何认定？请提炼并比较各级法院的推理要点。
2. 概括归纳犯罪集团和一般共同犯罪的区分点。
3. 比较研读近似案例中对犯罪集团的认定和处罚原则，注意其中的差异并分析原因。

■ 相关法条

《中华人民共和国刑法》第二十五条［共同犯罪概念］、第二十六条［主犯］、第二十七条［从犯］、第四十八条［死刑、死缓的适用对象及核准程序］、第五十七条［对死刑、无期徒刑罪犯剥夺政治权利的适用］、第六十五条［一般累犯］、第七十条［判决宣告后发现漏罪的并罚］、第七十一条［判决宣告后又犯新罪的并罚］、第三百四十七条［走私、贩卖、运输、制造毒品罪］、第三百五十六条［毒品犯罪的再犯］

《中华人民共和国刑事诉讼法》（1996 年修正版）第一百八十九条

1998 年最高人民法院《关于执行〈中华人民共和国刑事诉讼法〉若干问题的解释》（2013 年 1 月 1 日废止）第二百八十五条［死刑核准权］

■ 近似案例

张君等抢劫、杀人犯罪集团案（刑事审判参考第 113 号）

■ 案情介绍

无锡市人民检察院以被告人练永明、吴兵、练永伟、杨宗明犯贩卖、运输毒品罪,被告人苏楚文、鲜报犯贩卖毒品罪,被告人刘宏伟、涂强犯运输毒品罪,向无锡市中级人民法院提起公诉。

无锡市中级人民法院经公开审理查明:2004 年 3 月至 10 月,被告人练永明先后纠集被告人吴兵、练永伟、刘宏伟、苏楚文和杨宗明、鲜报、涂强及陈民福(在逃)等人,组成了集购买、运输、储藏、贩卖于一体的贩毒网络。练永明在重庆市负责联系购买毒品海洛因,并安排人员运送至上海市、无锡市进行出售;练永伟在重庆市受练永明的指使取回练永明购买的海洛因,并负责将海洛因交给练永明安排的人员逐批运送,同时购买并提供从重庆市至上海市的火车票;刘宏伟和杨宗明、涂强、陈民福相继在练永明的安排下负责运输海洛因;吴兵在练永明的安排下,在上海市、无锡市负责接收和出售海洛因,并将同笼的赃款通过异地存储或委托运送毒品人员返程时带回等方式交给练永明;苏楚文受吴兵的指使在无锡市负责接收和出售海洛因;鲜报在练永明、吴兵的安排下,在无锡市的租住处储藏、中转海洛因。具体事实如下:

2004 年 3 月,练永明与刘绍波(在逃)联系后,指使练永伟在重庆市沙坪坝区天心桥车站附近从刘绍波处取回购得的海洛因 1500 克。后练永伟根据练永明的安排,在该区妇幼保健站附近将海洛因连同火车票交给杨宗明,由杨宗明乘火车运送至上海市,转交给吴兵贩卖。

2004 年 4 月,练永明与刘绍波联系后,指使练永伟在重庆市沙坪坝区天心桥车站附近从刘绍波处取回购得的海洛因约 2000 克。后练永伟根据练永明的安排,于 4 月 8 日在该区妇幼保健站附近将海洛因连同火车票交给杨宗明,由杨宗明乘火车将海洛因运送至上海市,准备转交给吴兵贩卖。同月 10 日,杨宗明到达上海市后,在吴兵租住地上海市共和新路 1865 弄 2 号 602 室附近被公安机关抓获,当场缴获海洛因 1959.01 克。

2004 年 7 月,练永明与刘绍波联系后,指使练永伟在重庆市沙坪坝区烈士陵园旁的加油站附近从刘绍波处取回购得的海洛因 2000 克。后吴兵先后 3 次从练永伟的住处提取海洛因2000克运至无锡市,先储藏于鲜报在无锡市的租住处,后用于贩卖。

2004年9月中旬,练永明与刘绍波联系后,指使练永伟在重庆市沙坪坝区天心桥车站附近从刘绍波处取回购得的海洛因3000克。根据练永明的安排,练永伟于同月14日在都市花园某洗脚馆内将其中的2000克海洛因连同火车票交给刘宏伟,由刘宏伟从重庆市乘火车将海洛因于同月16日运输至无锡市,并根据吴兵的安排,在无锡市金城医院附近将海洛因交给吴兵派去的苏楚文。吴兵接收到海洛因后取走1200克贩卖,将剩余的800克储藏于鲜报在无锡市的租住处,后用于贩卖。

2004年9月下旬,练永明与刘绍波联系后,指使练永伟在重庆市沙坪坝区烈士陵园加油站附近从刘绍波处取回购得的海洛因9000克放于自己家中。同月28日,练永伟根据练永明的安排,在重庆市师范学院门口将其中的2000克海洛因连同火车票交给刘宏伟,由刘宏伟乘火车将海洛因于30日运输至无锡市,在无锡市金城医院附近交给吴兵派去的苏楚文。苏楚文将上述毒品全部储藏于鲜报在无锡市的租住处,后用于贩卖。

2004年9月30日,练永伟根据练永明的安排,在重庆市沙阳路供电局缴费站附近将2000克海洛因连同火车票交给陈民福,由陈民福乘火车于10月2日将海洛因运送至无锡市,在无锡市金城医院附近交给吴兵。吴兵、苏楚文当即取走部分海洛因贩卖,将剩余的700克海洛因储藏于鲜报在无锡市的租住处,用于日后贩卖。

2004年10月8日,练永伟根据练永明的安排,在重庆市第三中学门口将2000克海洛因连同火车票交给刘宏伟,由刘宏伟乘火车于同月10日将海洛因运送至无锡市,在无锡市金城医院附近交给吴兵派去的苏楚文。后吴兵取走100克贩卖,将剩余的1900克海洛因储藏于鲜报在无锡市的租住处,用于日后贩卖。

2004年10月22日,练永伟根据练永明的安排,在重庆市第八中学附近将2000克海洛因连同火车票交给陈民福,由陈民福乘火车于同月24日将海洛因运送至无锡市,在无锡市的金城医院附近交给吴兵。后吴兵、苏楚文分别取走1200克和100克贩卖,将剩余的700克海洛因储藏于鲜报在无锡市的租住处,用于日后贩卖。

2004年10月24日,练永伟根据练永明的安排,在重庆市第八中学附近将2817克海洛因连同火车票交给刘宏伟、涂强,由刘宏伟、涂强二人乘火车于同月26日将海洛因运送至无锡市,在无锡市的金城医院附近交给吴兵派去的苏楚文。苏楚文将其中的500克海洛因直接用于贩卖,将其余的2317克海洛因带至鲜报在无锡市的租住处储藏。鲜报将其中的2000克海洛因藏匿于其妹妹鲜小群的住处,准备用于日后贩卖。同月29日,公安机关从鲜报、鲜小群处查获海洛因2317克。

2004年10月27日,练永伟根据练永明的安排,在重庆市沙坪坝区武装部招待所附近将2008克海洛因连同火车票交给刘宏伟,由刘宏伟乘火车运送至上海市欲转交给吴兵贩卖。同月29日,刘宏伟在上海市火车站被公安机关抓获,当场缴获其随身携带的海洛因2008克。

此外,被告人练永明自2001年2月起即在无锡市、常州、上海市一带从事贩卖海洛因的犯罪活动。自2001年2月起至2003年1月,练永明单独或指使他人分别向刘兴军、王伟煌、林艺(均已判刑)、邓国富(在逃)贩卖海洛因共8次计902克;2004年7月练永明还伙同被告人练永伟向唐荣龙(已判刑)贩卖海洛因500克。被告人吴兵也曾于2002年7月22日在无锡市兴业招待所向王伟煌贩卖海洛因100克。

综上所述,被告人练永明纠集他人共同贩卖、运输海洛因10次共计20284.01克,此外还单独或伙同他人贩卖海洛因9次计1402克;被告人吴兵直接运输或者安排人员接收海洛因8次计16317克,并亲自贩卖或指使苏楚文、杨宗明贩卖,此外还单独贩卖海洛因1次100克;被告人练永伟在练永明指使下参与运输及贩卖海洛因11次计20784.01克;被告人刘宏伟参与运输海洛因5次计10825克;被告人苏楚文受吴兵的指使,4次在无锡市接收海洛因计8817克,并贩卖海洛因1436克。案发后,公安机关共缴获海洛因6381.01克,其余毒品均已流入社会。

无锡市中级人民法院经审理认为,被告人练永明不满足于零星贩卖海洛因而纠集被告人吴兵、练永伟、刘宏伟、苏楚文、鲜报、杨宗明、涂强等人,组成贩卖海洛因的犯罪集团,有组织地贩卖、运输大宗海洛因。被告人练永明、吴兵、练永伟、杨宗明的行为均已构成贩卖、运输毒品罪;被告人苏楚文、鲜报的行为均已构成贩卖毒品罪;被告人刘宏伟、涂强的行为均已构成运输毒品罪。且各被告人贩卖、运输海洛因的数量均达到且明显超过《刑法》第三百四十七条第二款第(一)项的法定标准。在犯罪集团中,被告人练永明系起组织、指挥作用的首要分子,应对集团所犯的全部罪行承担刑事责任;被告人吴兵、练永伟、刘宏伟、苏楚文、鲜报、杨宗明均系积极实施的主犯,均应对各自实施的全部犯罪承担刑事责任;被告人涂强起次要作用,系从犯。被告人练永明、刘宏伟、苏楚文、杨宗明曾因犯贩卖毒品罪均被判过刑，又进行毒品犯罪，依照《刑法》第三百五十六条之规定，均应当从重处罚；被告人吴兵、涂强在前罪有期徒刑以上刑罚执行完毕后的5年内又重新故意犯罪，依照《刑法》第六十五条第一款之规定均系累犯，均应当从重处罚。综合考察被告人练永明、吴兵、练永伟、刘宏伟、苏楚文、鲜报、杨宗明犯罪的主观恶性及造成的社会危害性，均属罪行极其严重，依法均应予以严惩。被告人涂强虽系累犯，但根据其在集团犯罪中所处的地位和所起的作用，对其判处死刑可不立即执行。被告人杨宗明在刑罚执行期间被发现还有其他罪行没有得到判决，应依照《刑法》第七十条之规定实行数罪并罚；被告人涂强在前罪主刑执行完毕后的附加剥夺政治权利执行期间又犯新罪，应依照《刑法》第七十一条之规定实行数罪并罚。

据此，依照《刑法》第三百四十七条第二款第(一)项、第(二)项、第二十五条第一款、第二十六条、第二十七条、第四十八条第一款、第六十五条第一款、第三百五十六条、第七十条、第七十一条、第五十七条第一款之规定，于2005年7月8日判决如下：(1)被告人练永明犯贩卖、运输毒品罪，判处死刑，剥夺政治权利终身，并处没收全部财产。(2)被告人吴兵犯贩卖、运输毒品罪，判处死刑，剥夺政治权利终身，并处没收全部财产。(3)被告人练永伟犯贩卖、运输毒品罪，判处死刑，剥夺政治权利终身，并处没收全部财产。(4)被告人刘宏伟犯运输毒品罪，判处死刑，剥夺政治权利终身，并处没收全部财产。(5)被告人苏楚文犯贩卖毒品罪，判处死刑，剥夺政治权利终身，并处没收全部财产。(6)被告人鲜报犯贩卖毒品罪，判处死刑，剥夺政治权利终身，并处没收全部财产。(7)被告人杨宗明犯贩卖、运输毒品罪，判处死刑，剥夺政治权利终身，并处没收全部财产；连同原判刑罚，决定执行死刑，剥夺政治权利终身，并处没收全部财产。(8)被告人涂强犯运输毒品罪，判处死刑，缓期2年执行，剥夺政治权利终身，并处没收财产人民币8万元；连同前罪尚未执行完毕的刑罚，决定执行死刑，缓期2年执行(死刑缓期2年执行的期间，从高级人民法院核准之日起计算)，剥夺政治权利终身，并处没收财产人民币8万元。

宣判后，被告人练永明、吴兵、涂强服判，未提出上诉，其余被告人均提出上诉。

江苏省高级人民法院经审理后认为，原审判决认定事实清楚，证据确实充分，定罪正确，审判程序合法。被告人练永明纠集吴兵、练永伟、刘宏伟、苏楚文、杨宗明、鲜报、涂强，贩卖运输大宗海洛因，系共同犯罪。原审判决认定本案被告人为犯罪集团不当。原审判决对杨宗明、鲜报、涂强量刑不当，应予改判。依照《刑事诉讼法》第一百八十九条第(一)款、第(二)项和《刑法》第三百四十七条第二款第(一)项、第(二)项、第二十五条第一款、第二十六条第一款、第三款、第二十七条、第四十八条第一款、第六十五条第一款、第三百五十六条、第七十条、第七十一条、第五十七条第一款之规定,于2006年2月17日判决如下:(1)维持对被告人练永明、吴兵、练永伟、刘宏伟、苏楚文的判决。(2)维持对被告人杨宗明、鲜报、涂强的定罪,撤销对杨宗明、鲜报、涂强的量刑。(3)被告人杨宗明犯贩卖、运输毒品罪,判处死刑,缓期2年执行,剥夺政治权利终身,并处没收全部财产;连同原判刑罚,决定执行死刑,缓期2年执行,剥夺政治权利终身,并处没收全部财产。(4)被告人鲜报犯贩卖毒品罪,判处无期徒刑,剥夺政治权利终身,并处没收全部财产。(5)被告人涂强犯运输毒品罪,判处无期徒刑,剥夺政治权利终身,并处没收财产人民币8万元;连同前罪尚未执行完毕的刑罚,决定执行无期徒刑,剥夺政治权利终身,并处没收财产人民币8万元。

最高人民法院复核认为,被告人练永明纠集被告人吴兵、练永伟、刘宏伟、苏楚文等人,贩卖、运输海洛因数量特别巨大,吴兵积极参与运输、贩卖海洛因,刘宏伟积极参与运输海洛因,苏楚文积极参与贩卖海洛因,练永伟在练永明指使、安排下积极参与运输、贩卖海洛因,练永明、吴兵、练永伟的行为均已构成贩卖、运输毒品罪,刘宏伟的行为构成运输毒品罪,苏楚文的行为构成贩卖毒品罪。练永明、吴兵、刘宏伟、苏楚文均系主犯,应当按照其所参与的全部犯罪处罚。一、二审判决认定的事实清楚,证据确实、充分,定罪准确。审判程序合法。练永明、刘宏伟、苏楚文曾因犯贩卖毒品罪被判刑,又进行毒品犯罪,系毒品犯罪的再犯;吴兵因犯罪被判处有期徒刑以上刑罚,刑罚执行完毕后5年内又重新故意犯罪,系累犯,均应依法从重处罚。该四被告人犯罪主观恶性深,罪行极其严重,一、二审判决对其量刑适当。练永伟在练永明的指使和安排下,取回和送出练永明购得的海洛因,参与运输、贩卖,其犯罪行为带有一定被动性。根据其在共同犯罪中实际所起的作用,以及主观恶性程度,对其判处死刑,可不立即执行。依照《刑事诉讼法》第一百九十九条和最高人民法院《关于执行〈中华人民共和国刑事诉讼法〉若干问题的解释》第二百八十五条第(一)项、第(三)项,《中华人民共和国刑法》第三百四十七条第二款第(一)项、第二十五条第一款、第二十六条第一款、第四款、第六十五条第一款、第三百五十六条、第四十八条第一款、第五十七条第一款的规定,判决如下:

(1)核准江苏省高级人民法院刑事判决维持一审以贩卖、运输毒品罪判处被告人练永明、吴兵死刑,剥夺政治权利终身,并处没收全部财产;以运输毒品罪判处被告人刘宏伟死刑,剥夺政治权利终身,并处没收全部财产;以贩卖毒品罪判处被告人苏楚文死刑,剥夺政治权利终身,并处没收全部财产的部分。(2)撤销江苏省高级人民法院和无锡市中级人民法院刑事判决中对被告人练永伟的量刑部分。(3)被告人练永伟犯贩卖、运输毒品罪,判处死刑,缓期2年执行,剥夺政治权利终身,并处没收全部财产。

■ 案例评析

□ 重点示意图

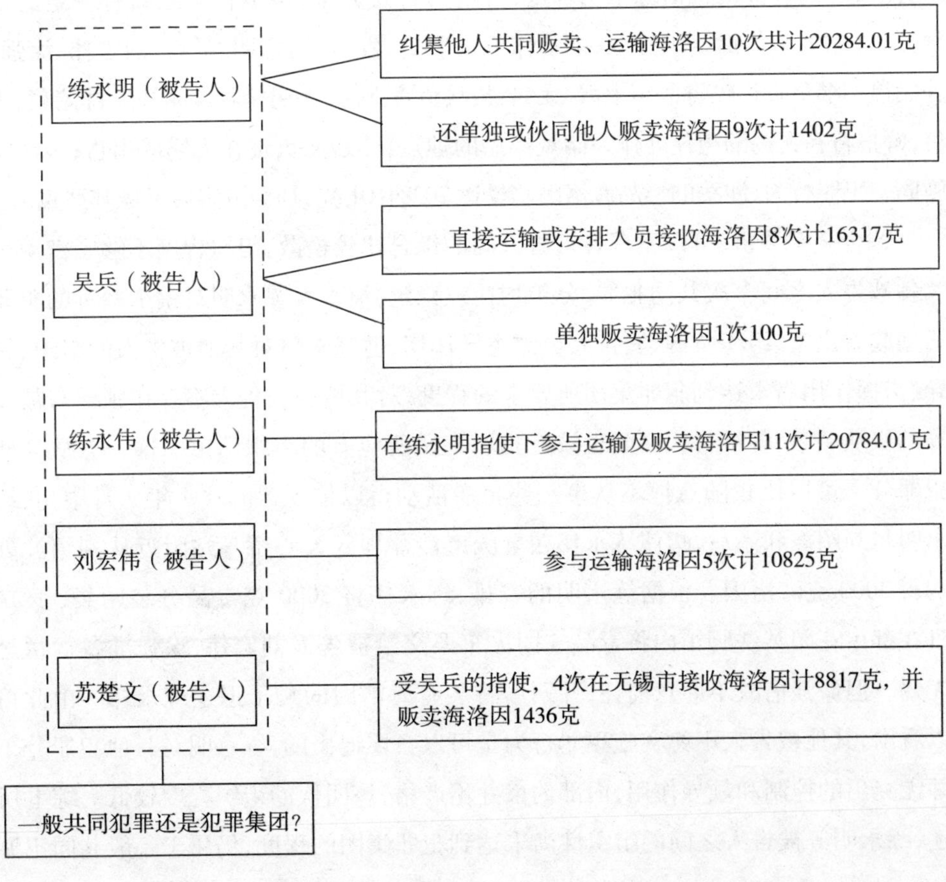

□ 疑难点释析

司法实践中,对被告人之间具有明确分工,且多次实施同一犯罪的共同犯罪能否认定为犯罪集团往往是案件审理的焦点所在,本案即属此类情形。一审法院认定练永明等被告人构成犯罪集团,而二审法院则认定其为一般共同犯罪,体现了对刑法规定的犯罪集团的不同理解。

本案练永明、吴兵、练永伟、苏楚文等被告人纠集从事贩毒活动,具备犯罪集团的外在特征,例如,犯罪成员人数达到3人以上,涉及本案的犯罪分子共有9人(其中陈民福在逃),并且有基本成员练永明、吴兵、练永伟、苏楚文等人;练永明的主要作用较为明显,毒品货源由其组织,最终的资金流向也归属于练永明,毒品在上海、无锡的销售价格也由练永明确定,可视为首要分子;各被告人之间有一定的明确分工,练永明负责组织货源,练永伟负责取货、发货,杨宗明、吴兵、刘宏伟、涂强、陈民福相继负责运输毒品至上海、无锡,吴兵负责上海、无锡接收毒品并安排储藏、出售,鲜报将在无锡的租住处作为储藏毒品的地点,苏楚文负责在无锡的出售;多次实施同一犯罪行为,涉案的毒品海洛因总量达20284.01克,社会危害后果极其严重。

综合全案分析,可以发现各被告人间的组合比较松散,组织程度不够紧密。虽然各被告人之间多次共同犯罪,分工均比较稳定,被告人练永明对整个贩毒的犯罪活动起着出资、组织货源、安排人员等主导作用,但练永明对其他被告人的组织、领导、指挥作用尚未达到犯罪集团所要求的程度,对其他各被告人不存在领导与被领导的服从关系,各被告人之间也缺乏犯罪集团所应有的组织约束。这一点从某些犯罪分子可以比较随意地不从事一些犯罪活动得以体现,如2004年9月中旬,练永明与刘绍波联系后,指使练永伟在重庆市沙坪坝区天心桥车站附近从刘绍波处购得3000克海洛因。根据练永明的安排,练永伟将3000克毒品分装两袋,于14日在都市花园某洗脚馆内将毒品连同火车票交给被告人刘宏伟、涂强准备运送至无锡。但涂强借故不愿意前往,并嗣后将装有海洛因的袋子退还练永伟。由此可以看出,其他被告人不愿实施犯罪行为是可以自愿退出的,练永明对其他犯罪分子并无突出的控制和领导作用,内部约束并不严格,该团伙的组织程度较低。综上所述,练永明等被告人之间的组织性尚未达到犯罪集团的程度,仍属于一般共同犯罪阶段,因此,本案不能认定为犯罪集团,认定为一般共同犯罪更为恰当。

■ 知识点梳理

我国刑法条文对于犯罪集团的内涵及其成立要件有一个发展、完善的过程,了解这一过程有助于我们正确认定犯罪集团。

1979 年《刑法》第二十三条规定,"组织、领导犯罪集团进行犯罪活动的或者在共同犯罪中起主要作用的,是主犯",该条文虽然出现了"犯罪集团"一词,但未明确其概念。1983 年 9 月 2 日全国人大常委会公布施行的《关于严惩严重危害社会治安的犯罪分子的决定》,规定"严惩流氓犯罪集团和拐卖人口犯罪集团首要分子"。1984 年 6 月 15 日,为了更有效地同犯罪集团作斗争,澄清在犯罪集团概念上的一些混淆,最高人民法院、最高人民检察院和公安部联合制定了《关于当前办理集团犯罪案件中具体应用法律的若干问题的解答》,提出了犯罪集团的五个基本特征:(1)人数较多(三人以上),重要成员固定或基本固定;(2)经常纠集一起进行一种或数种严重刑事犯罪活动;(3)有明显的首要分子,有的首要分子是在纠集过程中形成的,有的首要分子在纠集开始就是组织者和领导者;(4)有预谋地实施犯罪活动;(5)不论作案次数多少,对社会造成的危害或其具有的危害性都很严重。该《解答》还明确了对犯罪集团首要分子、其他主犯、从犯和胁从犯的处罚原则。

1997 年修订的《刑法》在总结以往有关规定的基础上,对犯罪集团进行了更为科学、合理的界定,《刑法》第二十六条第二款规定:"三人以上为共同实施犯罪而组成的较为固定的犯罪组织,是犯罪集团。"根据这一规定,犯罪集团的成立必须具备以下条件:(1)参加人数必须是三人以上;(2)具有较为明确的犯罪目的性,即犯罪集团是其成员以反复多次实施一种或几种犯罪为目的而组织起来的;(3)具有相当的稳固性,即犯罪集团的成员是为了在较长时期内多次进行犯罪活动而组织起来的,而不是临时或者偶尔纠合在一起的,有明显的首要分子,主要成员固定,一般在实施一次犯罪后,犯罪人之间的相互联系和组织形式仍然存在;(4)具有较强的组织性,即犯罪集团具有较严密的组织,表现在组织制度上,往往通过一定的成文或不成文的法律规定维系在一起,有较严格的组织纪律,明确的组织宗旨;在组织结构上,成员较为固定,并且内部之间有较明确、固定的组织分工和等级划分,存在领导与被领导的明显层级关系，可分为首要分子、骨干分子、一般成员分子等。当然不同的犯罪集团在组织严密程度上各有不同，有的组织性很强，甚至有成文“纪律”“帮规”来维系和约束集团成员的活动，有的组织性则相对弱一些。[1] 但总体来说犯罪集团内部都具有较强的组织性和一定的稳定性，这是犯罪集团成立的必要条件，也是区别一般共同犯罪的主要特征。

---

〔1〕 张明楷：《刑法学》，法律出版社2014年版。

28

Case Study

范裕榔等诈骗案

犯罪集团 | 主从犯

■ 研读指导

1. 本案的审判法院如何确定被告人等的刑事责任？请提炼法院的推理要点。
2. 结合本案讨论，如何认定公司化运作的犯罪集团中的主从犯？

■ 相关法条

《中华人民共和国刑法》第二十五条[共同犯罪概念]、第二十六条[主犯]、第二十七条[从犯]、第五十二条[罚金数额的裁量]、第五十三条[罚金的缴纳、减免]、第七十二条[缓刑适用条件]、第七十三条[缓刑考验期限]、第二百六十六条[诈骗罪]

《中华人民共和国刑事诉讼法》(1996年修正版)第一百八十九条

■ 近似案例

广州顺亨汽车配件贸易有限公司等走私普通货物案(刑事审判参考第873号)

■ 案情介绍

广东省东莞市人民检察院以范裕榔等43人犯诈骗罪，向法院提起公诉。

范裕榔辩称，其只是公司名义上的负责人，各组均有具体负责人。陈俊达等被告人辩称，各被告人仅应对其所参与的犯罪承担刑事责任。

法院经公开审理查明:2009 年 6 月,范裕榔与“海哥”(另案处理)到广东省东莞市长安镇霄边社区金安大厦接手管理珠海奇盛贸易有限公司长安分公司(以下简称奇盛公司),从事电信诈骗活动。同年 9 月起,范裕榔与“台北哥”(另案处理)共同管理奇盛公司,继续实施电信诈骗活动。奇盛公司以电话推销茶叶为名,先后纠集四十余名台湾地区居民和四十余名内地女子,并将上述人员分成 A、B、C 三组,在金安大厦七楼从事电信诈骗活动,由公司统一安排食宿。范裕榔等人从台湾地区不法分子处购得大量台湾地区居民信息资料,由简铭助整理打印后分发给各组人员。黄剑梅等被告人冒充台湾地区某医院护士,按照简铭助提供的信息资料拨打电话,告知被害人有人冒用其身份在医院办理保险等业务。取得被害人的初步信任后即提出可帮助报警。随后假扮巡警、警员的郭志航、钟易伦等被告人在电话中称有人冒用被害人的身份开立了涉嫌洗钱及诈骗的账户,需交警察队长处理。假扮警察队长的谢汶融等被告人则声称被害人的合法账户即将被冻结,要求被害人积极配合检察官的调查,否则可能被收押。待被害人相信上述虚构的事实后,王俊权等被告人即以检察官的身份要求被害人将账户中的资金提出,交由司法机关保管,待查明真相后返还。被害人接受该建议后,王俊权等人便要求被害人将提出的现金交给冒充司法工作人员的当地不法分子或者汇入指定账户。为避免被害人怀疑,范裕榔等人在收到被害人交来的钱款后,制作相应的虚假司法文书,通过当地不法分子送交被害人,并在奇盛公司设置电话查询系统,供被害人电话查询存款情况。范裕榔等 43 名被告人使用上述诈骗方式,先后骗取陈张阿凉等 19 名台湾地区被害人款项共计折合人民币 768.0225 万元。

法院认为,范裕榔等 43 名被告人以非法占有为目的,虚构事实,骗取他人财物,数额特别巨大,其行为均构成诈骗罪,且构成共同犯罪。在共同犯罪中,范裕榔组织、领导犯罪集团实施诈骗行为,是诈骗集团的首要分子,依法按照集团所犯的全部罪行处罚;陈俊达、简铭助等 11 人在共同犯罪中起主要作用,是主犯,依法按照其所参与的全部犯罪处罚。钟易伦等 31 名被告人在诈骗犯罪中起次要、辅助作用,是从犯,依法应当从轻、减轻处罚。其中,黄剑梅等 6 人犯罪情节较轻,适用缓刑确实不致再危害社会,依法对其可以宣告缓刑。据此,依照《刑法》第二百六十六条、第二十五条第一款、第二十六条、第二十七条、第五十二条、第五十三条、第七十二条、第七十三条第二款、第三款以及最高人民法院《关于审理单位犯罪案件具体应用法律有关问题的解释》第二条之规定,判决如下:(1)被告人范裕榔犯诈骗罪,判处无期徒刑,剥夺政治权利终身,并处没收个人全部财产。(2)被告人陈俊达犯诈骗罪,判处有期徒刑13年,并处罚金60万元。(3)被告人简铭助犯诈骗罪,判处有期徒刑10年6个月,并处罚金人民币50万元(其余40名被告人判刑情况略)。

一审宣判后,被告人范裕榔等人提出上诉。

范裕榔上诉提出,其并非奇盛公司老板,三个组的诈骗数额不应合计,应由各组各负其责。

广东省高级人民法院经二审审理认为,上诉人范裕榔系奇盛公司实际负责人,在实施诈骗过程中存在三组成员相互配合并诈骗成功的情况,各组成员之间共享诈骗利益。奇盛公司在实施诈骗时实行统一管理,成员间穿插配合,分享利益,所有成员均应对奇盛公司的整体犯罪行为承担刑事责任。范裕榔所提上诉理由不成立。原审判决认定的事实清楚,证据确实、充分,定罪准确,量刑适当,审判程序合法。据此,依照《刑事诉讼法》第一百八十九条第(一)项之规定,广东省高级人民法院裁定驳回上诉,维持原判。

■ 案例评析

□ 重点示意图

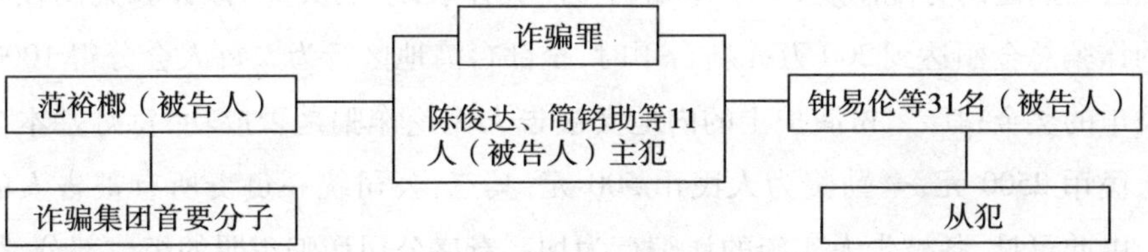

□ 疑难点释析

本案系犯罪集团实施的跨区域电信诈骗案件,被告人在东莞市通过拨打长途电话对台湾地区被害人实施诈骗,诈骗环节复杂,且被害人与行为人仅通过电话建立联系,二者之间又有在台不法分子、"地下钱庄"等多个环节,因此将每个被害人的具体被骗事实与诈骗集团成员实施的具体诈骗行为一一对应,是比较困难的。同时,诈骗集团中各成员实施犯罪的情况也不尽相同,如何确定各被告人的诈骗犯罪数额及在共同犯罪中的地位、作用,是本案的难点。

本案中,被告人范裕榔等人通过组建稳固的犯罪集团实施诈骗,采取公司化运作模式,各被告人以流水线形式参与诈骗作业,诈骗所得按公司制定的分配比例分给扮演不同角色的成员。范裕榔系奇盛公司负责人,陈俊达、简铭助分别负责财务、文件收发等工作,三被告人的犯罪行为在诈骗集团中具有总体性、组织性,故该三人应当对全案犯罪数额负责。其余 40 名扮演不同角色具体实施诈骗行为的被告人,仅需对其诈骗成功的数额负责,还是应当对全案诈骗数额承担刑事责任?这是本案的一个争议点。

笔者认为,公司化运作的犯罪集团实施的诈骗行为具有整体性,本案其余 40 名被告人亦应对全案诈骗数额承担刑事责任,理由如下:(1)奇盛公司既是组织严密、结构完整、较为固定的犯罪集团,又是完全按照公司管理模式运作的实体。范裕榔等人以公司名义租用场地,统一编配诈骗台词,安装用于诈骗的电信设备,统一向成员分发台湾地区居民信息资料。公司实行分组只是为了便于管理,各组皆受公司领导,分组并不影响对公司犯罪行为整体性的认定。(2)扮演不同角色的各被告人在主观上受共同诈骗故意支配,客观上相互配合实施了共同诈骗行为。在实施诈骗过程中,奇盛公司各组成员间并无严格的界限,存在穿插配合实施诈骗的情况,体现了公司行动的整体性和目标的一致性。(3)最为关键的是,诈骗成员根据公司制定的分配制度,共享诈骗利益。具体表现在:其一,该诈骗集团在一周内的诈骗总金额达到 200 万元新台币时,全部台湾地区行为人每人会分得 1000 元人民币的奖金;其二,扮演护士的内地女被告人无论诈骗是否成功,每月基本工资为人民币 2500 元,全勤奖为人民币 500 元;其三,公司统一负责所有被告人的食宿。由此可见,各被告人实施的诈骗行为均系奇盛公司诈骗犯罪的组成部分,行为性质相同,目标一致,故无论“工作业绩”如何,均应对奇盛公司的全部犯罪数额承担刑事责任。一审、二审法院认定本案全体被告人均应对全案诈骗数额承担刑事责任是正确的。

第二个争议点在于如何认定公司化运作的犯罪集团中的主从犯。由于本案中所有被告人均应当对全案高达人民币 768 万余元的诈骗犯罪数额承担责任,只有准确认定各被告人在共同犯罪中的地位、作用,合理运用相关量刑情节,才能实现对每一被告人量刑适当。

范裕榔是奇盛公司的实际管理者,陈俊达、简铭助是公司的行政管理人员,三被告人对维持公司运转起着重要作用,认定其三人为主犯,自不待言。其余40名分角色实施诈骗的被告人参与实施诈骗行为,均属实行犯,但在共同犯罪中所起的作用有主次之分。奇盛公司实施犯罪的基本模式是分角色与被害人接触,各角色环环相扣,直至被害人受骗上当。因此,在认定这些行为人在共同犯罪中的地位、作用时,其所扮演的角色是一个重要的考量因素。越接近诈骗链条末端的角色对诈骗技巧要求越高,对被害人施加的影响越大,其单次诈骗成功率也越高。同时,能够扮演高端的角色也一定程度上说明行为人的诈骗技巧、内部影响力都是比较突出的。此外,还要考虑各被告人的入职时间、在公司中的地位及获利情况进行综合判断。本案中,陈裕仁等9名被告人入职较早,在诈骗中扮演警察队长、检察官等高端角色,施骗技巧复杂,以被害人会被收押、银行账户会被司法机关冻结等事由,要求被害人配合调查工作,进而转移资金,系骗取被害人财产的关键角色,在诈骗中起主导作用,且获利较多,应当认定为主犯。王锡元等19名被告人扮演警员角色,吕文英等12名被告人扮演医院工作人员角色,该31名被告人仅参与诈骗的试探和引导活动,参与程度较低,骗取被害人信任的成功率也较低,且获利较少,在共同犯罪中起次要作用,故均应认定为从犯。其中,黄剑梅等6名被告人扮演医院工作人员,作案时间短,实施诈骗行为次数少、分赃少,犯罪情节较轻,适用缓刑确实不致再危害社会,故依法可对黄剑梅等6人宣告缓刑。

■ 知识点梳理

《刑法》第二十六条第一款、第二款、第三款规定:"组织、领导犯罪集团进行犯罪活动的或者在共同犯罪中起主要作用的,是主犯。三人以上为共同实施犯罪而组成的较为固定的犯罪组织,是犯罪集团。对组织、领导犯罪集团的首要分子,按照集团所犯的全部罪行处罚。"第九十七条规定:"本法所称首要分子,是指在犯罪集团或者聚众犯罪中起组织、策划、指挥作用的犯罪分子。"

犯罪集团中的首要分子,除了对自己直接实施的具体犯罪行为及其结果承担刑事责任外，还要对集团所犯的全部罪行承担刑事责任，即还要对其他成员按该集团犯罪计划所犯的全部罪行承担刑事责任，因为这些罪行是由首要分子组织、策划、指挥实施的。值得注意的是，对犯罪集团的首要分子，是按“集团”所犯的全部罪行处罚，不是按“全体成员”所犯的全部罪行处罚。也就是说，集团成员超出集团犯罪计划，独自实施的犯罪行为，不属于集团所犯的罪行，首要分子对此不承担刑事责任。

29 Case Study

徐国桢等私分国有资产罪案

共犯 | 单位犯罪

■ 研读指导

1. 本案的审判法院确定被告人陈晓辉构成私分国有资产罪的共犯的理由是什么？请提炼法院的推理要点。
2. 自然人能否与单位构成仅能由单位构成犯罪的共犯，对自然人如何量刑？
3. 研读近似案例，注意具体案件中不同身份主体能否构成共同犯罪的判定，归纳分析共犯中适格主体与非适格主体的区别对待。

■ 相关法条

《中华人民共和国刑法》第二十五条［共同犯罪概念］、第二十七条［从犯］、第三百九十六条［私分国有资产罪；私分罚没财物罪］

■ 近似案例

李尧强奸案（刑事审判参考第280号）

周龙苗共同受贿案（刑事审判参考第884号）

■ 案情介绍

被告人徐国桢，男，1952年6月10日生，原系上海市无线电管理局副局长兼上海市无线电监测站站长。2011年4月7日因涉嫌犯私分国有资产罪被逮捕。

被告人陈晓晖,男,原系上海唯远信息开发有限公司法定代表人、上海咸元通信技术有限公司负责人。2011 年 4 月 2 日因涉嫌犯私分国有资产罪被逮捕。

上海市徐汇区人民检察院以被告人徐国桢、陈晓晖犯私分国有资产罪等罪,向上海市徐汇区人民法院提起公诉。

上海市徐汇区人民法院经公开审理查明:2002 年 7 月至 2011 年 5 月,被告人徐国桢担任上海市信息化办公室无线电管理处(以下简称无管处)处长,上海市无线电管理委员会办公室(以下简称无委办)副主任兼上海市无线电监测站(以下简称监测站)站长,后兼任中共上海市无线电管理局(以下简称无管局)党组成员,主要工作职责为负责监测站党政工作,分管精神文明建设,协管无管局日常行政、财务、干部调配等相关工作。2002 年年底至 2003 年年初,被告人徐国桢为解决监测站职工集体福利问题,决定启用无资质、无场地、无设备、正处于歇业状态的上海唯远信息开发有限公司(以下简称唯远公司)承接定检工作。后其与该公司负责人、被告人陈晓晖商定,唯远公司所得收入除列支必要成本外,剩余钱款均应当以现金形式账外返还监测站用于职工福利发放。2003 年 4 月、5 月间,徐国桢隐瞒唯远公司的真实情况,利用职权以无委办的名义批准授予唯远公司无线电设备检测资质,同时授意倪伟杰并通过相关人员讨论决定,委托唯远公司承接定检工作,后又将监测站办公场地、政府采购的技术设备、有关技术服务及启动资金提供给唯远公司使用。

2003 年 5 月起,唯远公司受委托以监测站名义开展定检工作,直接向非国家拨款的单位或者个人收取检测费;监测站也以国家财政拨款和转移支付项目专款向唯远公司支付检测费用。监测站向陈晓晖提出明确要求,2010 年唯远公司的全年业务开支为人民币(以下币种同)12 万元。2004 年起,上海市定检工作每年财政预算达数百万元。徐国桢代表监测站与陈晓晖变更约定,唯远公司须将监测站拨款及公司自行收取的检测费,按50%的比例以现金形式返还监测站。2007 年10 月,陈晓晖另设上海咸元通信技术有限公司(以下简称咸元公司)取代唯远公司承接定检工作,有关约定保持不变。

2003 年至 2009 年年底,唯远公司、咸元公司自行直接收取检测费以及以检测劳务费等名义通过监测站获取财政拨款合计三十余万元。陈晓晖按照事先约定,通过其专门成立的上海银闪通信技术有限公司(以下简称银闪公司)、常帮唯博电脑软件编制服务社(以下简称常帮唯博服务社)以及其他单位将上述款项予以套现或者转账,监测站则违反国家规定,由徐国桢决定,监测站副站长丁一咏等人具体执行,将上述返还款隐匿于监测站账外,分别多次将其中1328.3万元以职工津贴、工资补差、奖金、过节费等名义陆续发放给无管局及监测站全体员工。

徐国桢归案后供述了私分国有资产的涉案事实。陈晓晖归案后供述了其帮助监测站私分国有资产的犯罪事实。

上海市徐汇区人民法院认为,国有事业单位监测站与被告人陈晓晖相勾结,违反国家规定,套取、截留国有资产,并以单位名义将其中1300余万元集体私分给本单位职工,数额巨大,被告人徐国桢作为该单位实施上述犯罪直接负责的主管人员,其行为构成私分国有资产罪,且系共同犯罪,应予处罚。陈晓晖为监测站私分国有资产提供帮助,其行为构成私分国有资产罪,且系共同犯罪;在共同犯罪中陈晓晖起辅助作用,系从犯,依法予以减轻处罚。徐国桢、陈晓晖到案后,均能如实供述主要罪行,依法可以从轻处罚。据此,依照《刑法》第三百九十六条第一款、第二十五条第一款、第二十七条之规定,上海市徐汇区人民法院判决如下:(1)被告人徐国桢犯私分国有资产罪,判处有期徒刑3年6个月,并处罚金人民币3万元。(2)被告人陈晓晖犯私分国有资产罪,判处有期徒刑6个月,并处罚金人民币1万元。(3)被告人的违法所得予以追缴。

一审宣判后,被告人徐国桢以量刑过重为由,向上海市第一中级人民法院提起上诉。

上海市第一中级人民法院经公开审理认为,上诉人徐国桢作为国有事业单位监测站直接负责的主管人员,违反国家规定,套取、截留国有资产,并以单位名义将其中1300余万元集体私分给本单位职工,其行为构成私分国有资产罪,且数额巨大;原审被告人陈晓晖为监测站私分国有资产提供帮助,其行为亦构成私分国有资产罪,依法均应予以处罚。一审判决认定徐国桢犯私分国有资产罪、陈晓晖犯私分国有资产罪的事实清楚,证据确实、充分,定性准确,量刑适当,且诉讼程序合法。上海市第一中级人民法院裁定驳回上诉,维持原判。

■ 案例评析

□ 重点示意图

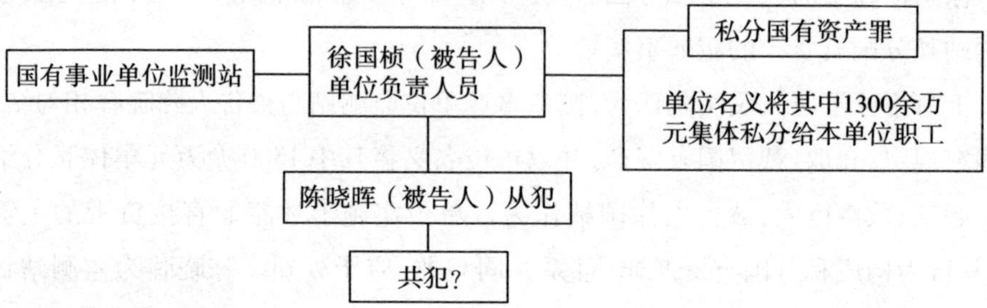

□ 疑难点释析

本案中，对被告人徐国桢以私分国有资产罪追究刑事责任没有疑义，但对被告人陈晓晖刑事责任的认定，存在分歧：

一种意见认为，被告人陈晓晖不构成私分国有资产罪的共犯。刑法对单位犯罪作了特别规定，不适格的非单位主体不能与其构成共犯。本案中，仅监测站构成私分国有资产罪，被告人徐国桢作为国有事业单位监测站直接负责的主管人员，应当承担相关刑事责任，但被告人陈晓晖不是监测站的人员，系非适格主体，因此不构成共犯。

另一种意见认为，被告人陈晓晖构成私分国有资产罪的共犯，可以私分国有资产罪追究其刑事责任，因为特定的主体要素作为违法要素并不是成立共犯不可欠缺的构成要件要素。非特定的主体不能单独成为特定主体的正犯，但若是和特定的主体一起，就可共同引起符合构成要件的事实。

本案中，由于私分国有资产罪仅能由国家机关、国有公司、企业、事业单位、人民团体等单位主体构成，监测站属于适格的单位主体，应当认定监测站为实行犯，且系主犯，并据此判处被告人徐国桢的刑罚；自然人陈晓晖虽非适格的自然人主体，但其为监测站顺利私分国有资产提供了重要帮助，起到了次要作用，故与监测站构成私分国有资产罪的共同犯罪，但属于从犯，应当从轻或者减轻处罚。据此，对被告人陈晓晖应当以单位直接负责的主管人员徐国桢的处罚标准为基点，同种情况下，原则上其所承担的刑事责任不能重于徐国桢的刑事责任。

■ 知识点梳理

共同犯罪的身份犯。《日本刑法典》第六十五条对身份犯的共犯做出规定,[1]我国刑法虽然没有明确规定身份犯,但《刑法》第二十七条、第二十八条、第二十九条在文字表述中暗含身份犯含义。具体而言,我国《刑法》第二十七条第一款的规定表明从犯只能存在于共同犯罪之中。第二十八条的规定说明胁从犯也只存在于共犯之中。第二十九条第一款规定,“教唆他人犯罪的,应当按照他在共同犯罪中所起的作用处罚”。只要被教唆的人犯被教唆的罪,教唆犯与被教唆犯就构成共同犯罪,这里的“犯罪”与“共同犯罪”包括以特殊身份为主体要件的故意犯罪。由此可见,无论犯罪人的身份相同与否,只要有共同的犯罪故意和共同的犯罪行为,就可以构成共同犯罪。

从定罪角度分析,非适格主体可以成为必须由适格主体实施犯罪的共犯。刑法所规定的特定犯罪必须满足特定的主体要素,仅是针对单独犯的。对于教唆犯、帮助犯则不需要具备特定的主体要素。根据共同犯罪成立理论中的行为共同说(事实共同说),共同犯罪应当是指数人共同实施了构成要件的行为,而不是共同实施特定的犯罪。也就是说,共同犯罪不要求行为人共同实施特定的犯罪,只要行为具有共同性就可以。至于共犯人的责任问题,则需要个别认定。因而,对于非适格主体参与实施私分国有资产行为,只要非适格主体与适格单位共同实施了私分国有资产的行为,就可以成立共同犯罪。

从量刑角度分析,对于共犯中非适格主体的量刑,一般按照普通主体适用刑罚或者以从犯身份适用刑罚。具体而言,在仅由适格主体实施的犯罪案件中,如果刑法规定对适格主体适用从重的刑罚,对不适格主体的共犯人,只能适用通常之刑罚。例如,《刑法》第二百三十八条第四款规定:“国家机关工作人员利用职权犯前三款罪的,依照前三款的规定从重处罚。”当非国家机关工作人员与国家机关工作

---

[1] 《日本刑法典》第六十五条规定:“对于因犯罪人身份而构成的犯罪行为进行加功的人,虽不具有这种身份的,也是共犯。因身份而特别加重或者减轻刑罚时,对于没有这种身份的人,判处通常的刑罚。”

人员共同非法拘禁他人的,则不可以对非国家机关工作人员适用从重处罚的规定。如果刑法未规定对适格主体适用从轻或者从重的刑罚,对不适格主体一般按照从犯地位适用刑罚。

PART 06

刑罚类型

30 Case Study

林明龙强奸案

死刑立即执行 | 被害方谅解

■ 研读指导

1. 本案最终核准被告人死刑的理由是什么？请提炼法院的推理要点。
2. 在死刑案件中，被告人亲属积极赔偿，取得被害方谅解，能否作为应当从轻处罚的情节？
3. 研读近似案例，比较分析具体案件中影响死刑适用的因素，注意其中的差异并归纳原因。

■ 相关法条

《中华人民共和国刑法》第三十六条[赔偿经济损失与民事优先原则]、第五十七条[对死刑、无期徒刑罪犯剥夺政治权利的适应]、第六十五条[一般累犯]、第六十四条[犯罪物品的处理]、第二百三十六条[强奸罪]

《中华人民共和国民法通则》第一百零六条、第一百一十九条

2000年最高人民法院《关于刑事附带民事诉讼范围问题的规定》(2015年1月19日废止)第一条

■ 近似案例

刘群、李国才抢劫、诈骗案(刑事审判参考第289号)

张俊杰故意杀人案(刑事审判参考第511号)

覃玉顺强奸、故意杀人案(刑事审判参考第657号)

■ 案情介绍

被告人林明龙,男,1975年6月26日出生,无业。1993年1月17日因犯盗窃罪被判处有期徒刑6年;2001年3月20日因犯盗窃罪被判处有期徒刑2年2个月,2002年10月18日刑满释放;2006年1月6日因盗窃被劳动教养1年3个月;2008年8月12日因犯盗窃罪被判处有期徒刑1年,并处罚金人民币2000元,2009年3月21日刑满释放;2009年4月3日因涉嫌犯强奸罪被逮捕。

浙江省温州市人民检察院以被告人林明龙犯强奸罪,向温州市中级人民法院提起公诉。

温州市中级人民法院经公开审理查明:2002年10月25日零时许,被告人林明龙尾随被害人刘某(女,殁年16岁)至温州市鹿城区黄龙住宅区登峰组团11幢二楼至三楼楼梯转弯的平台时,欲与刘某发生性关系,遭拒绝,即采用手臂勒颈等手段,致刘某昏迷。在刘某昏迷期间,林明龙对刘某实施了奸淫,且窃取刘某手机一部(价值人民币765元,以下币种均为人民币)和现金300元后逃离现场。案发后,经鉴定,刘某因钝性外力作用致机械性窒息死亡。

温州市中级人民法院认为,被告人林明龙违背妇女意志,使用暴力手段强行与妇女发生性关系,并致被害人死亡,其行为已构成强奸罪。林明龙的犯罪情节特别恶劣,罪行极其严重,社会危害极大,且在刑满释放后5年内又犯新罪,系累犯,应予严惩。辩护人关于林明龙的亲属已经筹集资金对被害人家属积极赔偿,且林明龙认罪态度好,请求对林明龙从轻处罚的理由不足,不予采纳。林明龙的犯罪行为对被害人家属已造成了一定的经济损失,附带民事诉讼原告人要求赔偿的合理部分予以支持。依照《刑法》第二百三十六条第三款第(五)项、第六十五条第一款、第六十四条、第五十七条第一款、第三十六条第一款和《民法通则》第一百零六条第二款、第一百一十九条及最高人民法院《关于审理人身损害赔偿案件适用法律若干问题的解释》第十七条第三款、第二十七条、第二十九条,最高人民法院《关于刑事附带民事诉讼范围问题的规定》第一条之规定,判决如下:(1)被告人林明龙犯强奸罪,判处死刑,剥夺政治权利终身;(2)责令被告人林明龙退赔非法所得手机一部、人民币300元;(3)判令被告人林明龙赔偿附带民事诉讼原告人经济损失共计人民币 203057.5 元。

一审宣判后,被告人林明龙提出上诉。林明龙及其辩护人提出,其系主动供认强奸事实,应认定自首;其系醉酒后的无意识作案,强奸属临时起意,归案后认罪态度好,家属积极赔偿,被害人家属已谅解,请求法院从轻改判为死缓。

浙江省高级人民法院经审理认为,被告人林明龙的行为构成强奸罪。林明龙的犯罪情节恶劣,后果严重,社会危害极大,且系多次犯罪的累犯,依法应予严惩。林明龙上诉及其二审辩护人要求从轻改判的理由不足,不予采纳。原判定罪和适用法律正确,量刑适当,审判程序合法。依照《刑事诉讼法》第一百八十九条第(一)项和《刑法》第二百三十六条第三款第(五)项、第六十五条第一款、第五十七条第一款之规定,裁定驳回上诉,维持原判,并依法报请最高人民法院复核。

最高人民法院经复核认为,被告人林明龙采用暴力手段强行与被害人发生性关系,致被害人死亡的行为构成强奸罪,其犯罪情节特别恶劣,后果严重,所犯罪行极其严重,且系累犯,应依法从重处罚。第一审判决、第二审裁定认定的事实清楚,证据确实、充分,定罪准确,量刑适当,审判程序合法。依照《刑事诉讼法》第一百九十九条和最高人民法院《关于复核死刑案件若干问题的规定》第二条第一款之规定,依法核准浙江省高级人民法院维持第一审以强奸罪判处被告人林明龙死刑,剥夺政治权利终身的刑事裁定。

本案二审时,被告人和被害人双方家属私下达成了赔偿谅解协议,由被告人亲属赔偿被害人亲属 45 万元(已支付 10 万元,余下 35 万元待改判后支付),被害人家属对被告人的行为表示谅解,并书面申请浙江省高级人民法院对被告人从轻处罚。

■ 案例评析

□ 重点示意图

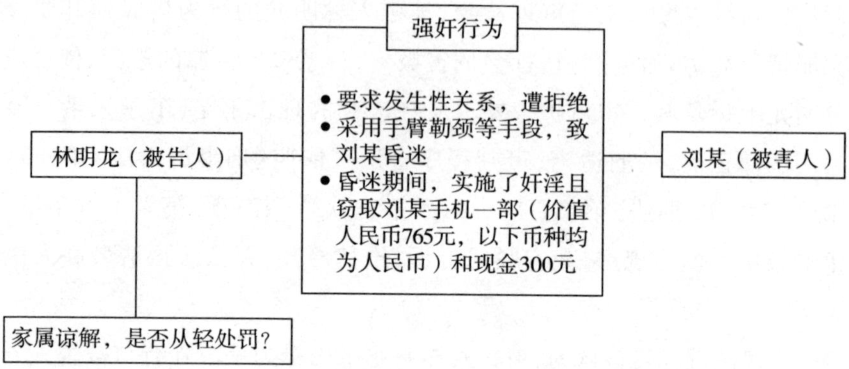

□ 疑难点释析

强奸致人死亡是严重危害社会治安的犯罪，与因婚恋、家庭、邻里矛盾等民间纠纷引发的故意杀人、伤害犯罪存在明显区别，这类犯罪针对的对象往往不特定，严重损害人民群众的安全感，属于宽严相济刑事政策中从严惩处的重点对象。本案中，被告人林明龙深夜尾随未成年被害人到住处，在居民楼的楼梯上将被害人强奸致死，其犯罪性质特别严重，情节特别恶劣，犯罪后果特别严重，在当地造成了恶劣的社会影响，属于罪行极其严重的犯罪分子，应当依法严惩。对于这类犯罪，不宜像对待民间纠纷引发的案件那样积极主动地进行调解，对于私下达成协议的，要充分考虑被告人是否真诚认罪、悔罪，尤其要注意审查协议的过程和内容是否合法，被害方的谅解意愿是否真实，即便认定具有积极赔偿和被害方谅解的情节，考虑从轻时也应当从严把握。

本案被告人家属私下找到被害人家属进行协商，达成书面谅解协议。根据协议，被告人家属赔偿被害人家属 45 万元，要求被害人家属对被告人的行为表示谅解，并请求对其从轻处罚。该协议赔偿数额超出法院判决赔偿数额（判决赔偿 20 余万元）一倍多，而且大部分赔偿款（35 万元）以不判处林明龙死刑立即执行为前提,这种出于获取巨额赔偿款目的而表示的谅解,很难说得上是真诚的谅解。而且,本案被告人多次犯罪,不堪改造,主观恶性极深,人身危险性极大。对如此恶劣的犯罪分子,如果仅因被告人家庭有钱赔偿就可以从轻处罚,实质上意味着有钱可以买命,不但会严重破坏法律的平等和公正,而且会损害人民法院的司法权威。因此,本案核准被告人林明龙死刑,没有因被告人家属积极赔偿、被害方谅解而对被告人从轻处罚是正确的。

■ 知识点梳理

死刑是剥夺犯罪人生命的刑罚方法,我国刑法贯彻了保留死刑、坚持少杀、防止错杀的政策,适用死刑时也必须以这一政策为指导。死刑适用时必须要把握两个基本原则:(1)必须严格遵守罪刑法定原则,只有对分则条文明文规定了死刑的犯罪,才可能判处死刑。(2)死刑总是与极其严重犯罪的最严重情节相联系,但是,即使是极其严重的犯罪,即使是极其严重犯罪的最严重情节,也并非必须绝对判处死刑。《刑法》第四十八条明文规定,“死刑只适用于罪行极其严重的犯罪分子”。这意味着,适用死刑必须综合评价所有情节,判断犯罪人的罪行是否极其严重。

民事赔偿与量刑。最高人民法院《关于贯彻宽严相济刑事政策的若干意见》(以下简称《意见》)第二十三条规定,“被告人案发后对被害人积极进行赔偿,并认罪、悔罪的,依法可以作为酌定量刑情节予以考虑。因婚姻家庭等民间纠纷激化引发的犯罪,被害人及其家属对被告人表示谅解的,应当作为酌定量刑情节予以考虑”。这一规定是当前人民法院处理这一关系的基本政策法律依据。被告人认罪、悔罪,并通过积极的物质赔偿,弥补犯罪对被害人家属的伤害,对被告人主观恶性的评价有一定影响。实践中,多数被告人不具备赔偿能力,加之关押在看守所,难以筹集赔偿款,由亲属代为赔偿的情况较为普遍,亲属代为赔偿,可视同于被告人赔偿。被害人的家属作为犯罪后果的直接承受者,对犯罪行为有着切肤之痛,其对被告人表示谅解,一定程度上反映了犯罪社会影响的减弱。通常情况下,这种谅解是以被告人积极赔偿,认罪、悔罪为前提的,所以,在一定程度上反映了被告人人身危险程度的变化。

被告人积极赔偿，认罪、悔罪，或是被害方谅解，属于犯罪后的情节，在一定程度上影响了被告人主观恶性和人身危险性的评价，因此，在量刑时应当予以充分考虑。[1] 但是，量刑是一个综合衡量的过程，各种量刑情节，包括从重、从轻的情节，法定、酌定的情节都需要权衡。其中，犯罪性质和犯罪行为给社会造成的危害程度是决定被告人刑罚的最基本因素，片面夸大积极赔偿或谅解等罪后情节的作用，忽视犯罪性质和犯罪行为本身的社会危害都是不正确的。实践中，决定被告人最终刑罚时，除考虑犯罪的性质、情节、后果及被告人的主观恶性、人身危险性等因素外，还要结合宽严相济刑事政策的要求进行综合评判。

因民间纠纷激化引发的犯罪，由于发生在特定的当事人之间，其社会危害性与严重危害社会治安的犯罪应当有所区别，处理过程中如果被告方对被告人表示谅解，原则上应从轻处罚，而且人民法院还应当加大对此类案件的民事调解工作力度，化解当事人双方的矛盾，促成被害方的谅解。只要赔偿得好，被害方又谅解的，就可以大胆地从轻，一般都不考虑判处死刑立即执行，这是贯彻宽严相济刑事政策的要求，不属于"以钱买命"。但是，对于那些严重危害社会治安、严重影响人民群众安全感的案件，犯罪情节特别恶劣、犯罪后果特别严重的案件以及犯罪分子的主观恶性极深、人身危险性极大的案件，即使被告人积极赔偿、获得被害方凉解，但论罪应当判处死刑的，还是应依法判处死刑；也就是说，要着重考虑犯罪行为的社会危害性以及由此造成的严重社会影响，对量刑社会效果的评价不能仅局限于赔偿和被害方的谅解。

---

〔1〕 朱孝清：《论量刑建议》，载《中国法学》2010 年第 3 期。

31 Case Study

宋江平、平建卫抢劫、盗窃案

死缓限制减刑

■ 研读指导

1. 最高人民法院复核后改判被告人平建卫死刑缓期执行并限制减刑的理由是什么？请提炼法院的推理要点。
2. 对判处死刑缓期执行的被告人决定限制减刑，应当遵循哪些原则？
3. 比较研读近似案例，归纳整理死刑缓期执行具体适用原则，注意其中的差异并分析原因。

■ 相关法条

《中华人民共和国刑法》第二十六条［主犯］、第四十八条［死刑、死缓的适用对象及核准程序］、第五十七条［对死刑、无期徒刑罪犯剥夺政治权利的适用］、第六十九条［判决宣告前一人犯数罪的并罚］、第二百六十三条［抢劫罪］、第二百六十四条［盗窃罪］

《中华人民共和国刑事诉讼法》（1996 年修正版）第一百九十九条

2007 年最高人民法院《关于复核死刑案件若干问题的规定》第七条

2011 年最高人民法院《关于死刑缓期执行限制减刑案件审理程序若干问题的规定》第六条

■ 近似案例

陈黎明故意伤害案（刑事审判参考第 775 号）

■ 案情介绍

被告人宋江平，男，1986年9月22日出生，无业。2001年4月17日因犯抢劫罪被判处有期徒刑7年，并处罚2000元，2006年2月28日刑满释放。2008年9月18日因涉嫌抢劫罪、盗窃罪被逮捕。

被告人平建卫，男，1990年2月19日出生，农民。2008年9月18日因涉嫌犯抢劫罪、盗窃罪被逮捕。

河北省承德市人民检察院以被告人宋江平、平建卫犯抢劫罪、盗窃罪，向承德市中级人民法院提起公诉。

被告人宋江平、平建卫对公诉机关指控的犯罪事实均无异议。宋江平的辩护人提出，宋江平不是抢劫犯意的提出者，也未持刀直接致死被害人。平建卫的辩护人提出，平建卫认罪态度好，此次犯罪系受他人引诱，主观恶性不深，应认定为从犯，建议对平建卫从宽处罚。

承德市中级人民法院经开庭审理查明：2008年8月，被告人宋江平在河北省承德市结识了被告人平建卫、李雪朋（同案被告人，已判处无期徒刑）后，提出带二人到河北省平泉县平泉镇抢劫客官洗浴中心，平、李二人表示同意。三人到平泉镇后，宋江平又纠集张长海（同案被告人，已判处无期徒刑）参与作案。2008年8月24日晚，宋江平、平建卫等四人到客官洗浴中心附近准备抢劫，因无作案机会而未得逞。8月27日零时许，宋江平等四人再次到客官洗浴中心准备抢劫，因突遇他人又未得逞。随后，张长海提出抢劫附近的天一网吧。当日2时许，在宋江平的组织、指挥下，张长海以还钱为由，骗在该网吧值夜班的路建军（被害人，男，殁年20岁）打开房门，平建卫、李雪朋持刀捅刺路建军胸腹部等处数十刀，致其心肺破裂及开放性血气胸合并失血性休克死亡。而后，宋江平等四人劫走路建军的黄金戒指、紫光牌手机、手包以及网吧内的KEDE牌手表等物品（价值共计3946元）及现金400余元。

2008年8月19日凌晨，被告人宋江平纠集平建卫、李雪朋到河北省承德县上板城镇，跳窗进入孙立伟经营的手机店，盗走手机4部、小灵通1部、手机卡15张、手机电池27块、振华牌928型手机附件1套、复读机1台、手机充电器12个、内存卡3张等物品,共计价值2313元。

2008年8月25日中午,被告人宋江平、平建卫伙同张长海、李雪朋到河北省平泉县平泉镇西城社区顺达胡同林振阁闲置的房屋内,盗走屋内的暖气片4组及暖气管24.5米,销赃后得赃款1150元。

承德市中级人民法院认为,被告人宋江平、平建卫的行为分别构成抢劫罪、盗窃罪。二被告人伙同他人持刀抢劫,致一人死亡,犯罪情节和后果特别严重。在抢劫共同犯罪中,宋江平提议抢劫,平建卫等人积极参与,均系主犯,应当按照所参与或组织、指挥的全部犯罪处罚。对二被告人所犯抢劫罪、盗窃罪,应当依法并罚。据此,依照《刑法》第二百六十三条第(五)项、第二百六十四条、第二十六条第一款、第四款、第四十八条第一款、第五十七条第一款、第六十九条之规定,判决如下:(1)被告人宋江平犯抢劫罪,判处死刑,剥夺政治权利终身,并处没收个人全部财产;犯盗窃罪,判处有期徒刑2年,并处罚金人民币3000元;决定执行死刑,剥夺政治权利终身,并处没收个人全部财产。(2)被告人平建卫犯抢劫罪,判处死刑,剥夺政治权利终身,并处没收个人全部财产;犯盗窃罪,判处有期徒刑1年6个月,并处罚金人民币2500元;决定执行死刑,剥夺政治权利终身,并处没收个人全部财产。

一审宣判后,被告人宋江平、平建卫均提出上诉。宋江平的上诉理由及其辩护人的辩护意见是,宋江平不是犯意的提出者,没有实施具体的杀人行为,原判对其量刑过重。平建卫的上诉理由及其辩护人的辩护意见是,平建卫系被胁迫参与犯罪,属从犯,原判对其量刑过重。

河北省高级人民法院经二审审理认为,上诉人宋江平、平建卫的行为分别构成抢劫罪、盗窃罪。在抢劫共同犯罪中,宋江平提出犯意,纠集平建卫等人作案,积极策划、组织、指挥,应当按照其所组织、指挥的全部犯罪处罚。平建卫积极参与抢劫,持刀捅刺被害人二十余刀,直接致被害人死亡,亦系主犯,应当按照其所参与的全部犯罪处罚。二上诉人在共同犯罪中作用相当。对二上诉人的上诉理由及辩护人所提辩护意见不予采纳。原判认定的事实清楚,证据确实、充分,定罪准确,量刑适当,审判程序合法。依照《刑事诉讼法》第一百八十九条第(一)项、第一百九十九条之规定,裁定驳回上诉,维持原判,并依法报请最高人民法院核准。

最高人民法院经复核认为,被告人宋江平、平建卫以非法占有为目的,伙同他人采取暴力手段劫取财物，其行为均构成抢劫罪。宋江平、平建卫以非法占有为目的，伙同他人采取秘密手段窃取公民财物，数额较大，其行为又均构成盗窃罪。对二被告人所犯数罪，应依法并罚。宋江平、平建卫在共同犯罪中均起主要作用，均系主犯，应当按照其所组织、指挥和参与的全部犯罪处罚。在共同抢劫犯罪中，宋江平系组织、策划和指挥者，指使平建卫等人将被害人路建军杀死，罪行极其严重，应依法惩处。平建卫在共同抢劫犯罪中的作用相对小于宋江平，且认罪态度较好，对其判处死刑，可不立即执行；但鉴于平建卫系致死路建军的直接责任者之一，犯罪手段残忍，具有一定人身危险性，应当对其限制减刑。第一审判决、第二审裁定认定的事实清楚，证据确实、充分，定罪准确，审判程序合法，对宋江平的量刑适当。依照《刑法》第二百六十三条第（五）项、第二百六十四条、第二十六条第一款、第四款、第四十八条第一款、第五十条第二款、第五十七条第一款、第六十九条，《刑事诉讼法》第一百九十九条，最高人民法院《关于复核死刑案件若干问题的规定》第七条和最高人民法院《关于死刑缓期执行限制减刑案件审理程序若干问题的规定》第六条第二款的规定，判决如下：（1）核准河北省高级人民法院（2009）冀刑四终字第154号刑事裁定中维持第一审对被告人宋江平以抢劫罪判处死刑，剥夺政治权利终身，并处没收个人全部财产；以盗窃罪判处有期徒刑2年，并处罚金人民币3000元，决定执行死刑，剥夺政治权利终身，并处没收个人全部财产的部分。（2）撤销河北省高级人民法院（2009）冀刑四终字第154号刑事裁定和承德市中级人民法院（2009）承市刑初字第21号刑事附带民事判决中对被告人平建卫以抢劫罪判处死刑，剥夺政治权利终身，并处没收个人全部财产；以盗窃罪判处有期徒刑1年6个月，并处罚金人民币2500元，决定执行死刑，剥夺政治权利终身，并处没收个人全部财产的部分。（3）被告人平建卫犯抢劫罪，判处死刑，缓期2年执行，剥夺政治权利终身，并处没收个人全部财产；犯盗窃罪，判处有期徒刑1年6个月，并处罚金人民币2500元；决定执行死刑，缓期2年执行，剥夺政治权利终身，并处没收个人全部财产。（4）对被告人平建卫限制减刑。

■ 案例评析

□ 重点示意图

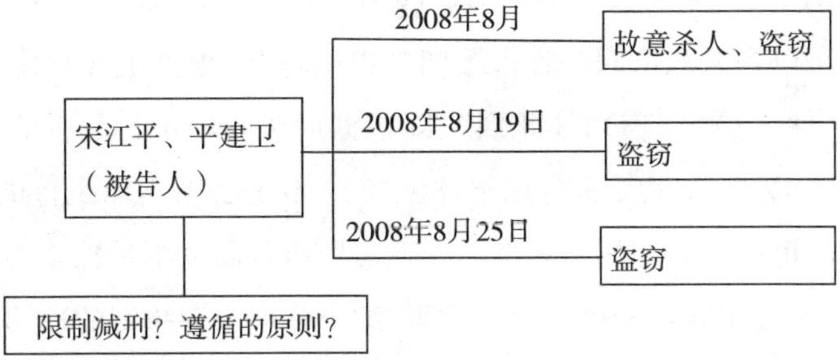

□ 疑难点释析

本案中，被告人宋江平、平建卫伙同他人实施了一起抢劫和两起盗窃罪。其中，抢劫是主要罪行，二位被告人也因此罪被一、二审法院判处死刑立即执行，最高人民法院复核后，对被告人宋江平核准了死刑，主要理由是：宋江平伙同平建卫等人以故意杀人手段实施抢劫，捅刺被害人路建军全身六十多刀，手段特别残忍、罪行极其严重；宋江平虽未直接动手杀人，但其建议抢劫、纠集其他人参与作案，并负责组织、指挥，作用最为突出；同时，宋江平曾因抢劫罪被判刑 7 年，刑满释放后两年多又犯抢劫罪、盗窃罪，主观恶性深，人身危险性大，应当依法严惩，一、二审对其判处死刑适当。

被告人平建卫，最高人民法院复核后对其改判了死刑缓期执行并限制减刑，主要理由包括：(1)平建卫在抢劫共同犯罪中行为主动积极，首先动手捅刺被害人，其供述自己一人捅刺被害人多刀，且系正面捅刺，是致死被害人的直接责任人之一，罪行极其严重，论罪可以判处死刑立即执行。(2)平建卫虽罪行极其严重，但系被宋江平纠集参与作案，在作案过程中听从宋江平指挥，在一定程度上处于被支配地位，且犯罪时刚满 18 周岁，归案后认罪，悔罪态度尚好，从严格执行死刑政策角度出发，尚不属于必须判处死刑立即执行。(3)抢劫罪是《刑法》第五十条第二款规定的可以限制减刑的七种具体犯罪之一，鉴于前两点理由，且为实现与第一主犯宋江平之间的量刑平衡,对平建卫判处死刑缓期执行同时限制减刑。

■ 知识点梳理

《刑法》第四十八条明文规定,“对于应当判处死刑的犯罪分子,如果不是必须立即执行的,可以判处死刑同时宣告缓期二年执行”。根据上述规定,宣告死缓必须具备两个条件:(1)“应当判处死刑”,即根据刑法的规定与罪行的严重程度,应当判处死刑。这是宣告死缓的前提条件。(2)“不是必须立即执行的”,即根据案件的具体情况,可以不立即执行死刑。死刑缓期执行制度不是独立的刑种,而是死刑适用制度。死缓制度对于贯彻少杀政策,缩小死刑立即执行的适用范围,促使罪犯改过自新具有重要意义。

2011 年《刑法修正案(八)》增加了《刑法》第五十条第二款,建立死刑缓期执行限制减刑制度。[1] 根据条文规定,死刑缓期执行限制减刑适用于三种情形:(1)被判处死缓的累犯;(2)因故意杀人、强奸、抢劫、绑架、放火、爆炸、投放危险物质被判处死缓犯罪分子;(3)因有组织的暴力性犯罪被判处死缓的犯罪分子。在适用《刑法》第五十条第二款,对判处死刑缓期执行的被告人决定是否限制减刑时,需要注意:首先,除上述三种情况以外,一律不得限制减刑。其次,限制减刑应当仅适用于判处死刑立即执行过重,但判处死刑缓期执行又不限制减刑又偏轻的案件。最后,司法实践中必须强调遵循罪刑相适应原则。具体而言,是否限制减刑要综合考虑犯罪的性质,犯罪的起因、动机、目的、手段等情节,犯罪的后果,被告人的主观恶性和人身危险性等因素,全面分析量刑情节,严格依法适用,确保实现法律效果与社会效果的有机统一。对于判处死刑缓期执行不需限制减刑就能有效制裁犯罪的案件,不应当对被告人限制减刑。

从立法目的来看,死缓限制减刑制度不是为了单纯加重死刑缓期执行刑的严厉性,而是为进一步严格执行死刑政策。通过延长部分死刑缓期执行罪犯的实际

---

〔1〕 2011 年《刑法修正案(八)》增加了《刑法》第五十条第二款:“对被判处死刑缓期执行的累犯以及因故意杀人、强奸、抢劫、绑架、放火、爆炸、投放危险物质或者有组织的暴力性犯罪被判处死刑缓期执行的犯罪分子,人民法院根据犯罪情节等情况可以同时决定对其限制减刑。”

执行期,改变以往“死刑过重,生刑过轻”的刑罚执行不平衡现象,从而使部分以往因判处死缓不足罚当其罪而判处了死刑立即执行的案件,在《刑法修正案(八)》施行后,可以判处死缓限制减刑。也就是说,对判处死缓的被告人适用限制减刑,针对的是以往应判处死刑立即执行的案件,而不是以往应当判处死刑缓期执行的案件。

2010年最高人民法院印发的《关于贯彻宽严相济刑事政策的若干意见》中有明确规定“对于多名被告人共同致死一名被害人的案件,要进一步分清各被告人的作用,准确确定各被告人的罪责,以做到区别对待;不能以分不清主次为由,简单地一律判处重刑”。这里的“重刑”主要是指死刑立即执行。在有些案件中,数名主犯之间罪责差别不大,罪责相对略小的主犯被判处了死刑缓期执行。对这类主犯是否限制减刑,关键看其主观恶性和人身危险性的大小。如果被判处死刑缓期执行的被告人犯罪手段残忍,犯罪性质和情节恶劣,或者是累犯或者有前科,表现出较大的主观恶性和人身危险性,在符合《刑法》第五十条第二款规定的前提下,可以决定对其限制减刑。如果判处死刑缓期执行的被告人犯罪手段和情节一般,也没有前科,不能认定其主观恶性深、人身危险性大的,判处死刑缓期执行就可以体现严惩并实现与判处死刑立即执行主犯之间的量刑平衡,就不应当再对其限制减刑。

32

Case Study

朱胜虎等非法经营案

罚金刑 | 减轻适用

研读指导

1. 本案审判法院对被告人王秋香从轻处罚的理由是什么？请提炼法院的推理要点。
2. 结合案情讨论，如何依据法定情节对罚金刑减轻适用？
3. 比较研读近似案例，把握罚金刑减轻适用的原则和方法，注意其中的差异并分析原因。

相关法条

《中华人民共和国刑法》第二十五条[共同犯罪概念]、第二十六条[主犯]、第二十七条[从犯]、第五十二条[罚金数额的裁量]、第五十三条[罚金的缴纳减免]、第六十四条[犯罪物品的处理]、第六十七条[自首]、第七十二条[缓刑的适用条件]、第二百二十五条[非法经营罪]

《中华人民共和国刑事诉讼法》(2012 年修正版)第二百二十五条

近似案例

龙金罚金案(刑事审判参考第 596 号)

张某、沈某某等七人抢劫案(最高检指导性案例第 19 号)

■ 案情介绍

被告人朱胜虎,男,1977 年 2 月 10 日出生,农民。因涉嫌犯非法经营罪于 2012 年 4 月 17 日被取保候审。

被告人朱胜弟,男,1978 年 8 月 13 日出生,农民。因涉嫌犯非法经营罪于 2012 年 5 月 4 日被取保候审。

被告人王欢乐,男,1987 年 2 月 19 日出生,农民。因涉嫌犯非法经营罪于 2012 年 4 月 17 日被取保候审。

被告人王秋香,女,1980 年 10 月 16 日出生,农民。因涉嫌犯非法经营罪于 2012 年 5 月 4 日被取保候审。

温州市龙湾区人民检察院以朱胜虎、朱胜弟、王欢乐及王秋香犯非法经营罪,向法院提起公诉。

四被告人及辩护人对公诉机关指控的犯罪事实不持异议。四被告人的辩护人均提出本案被告人犯罪情节较轻,社会危害性较小,请求从轻处罚并适用缓刑的辩护意见。

温州市龙湾区人民法院经公开审理查明:2009 年 9 月至 2012 年 4 月,朱胜虎、朱胜弟在未获取网络经营许可证的情况下,在温州市龙湾区永中街道度山村展新路 4 号经营黑网吧,营业额累计 25 万余元,非法获利约 7 万元。其间,王秋香(朱胜虎的妻子)在该黑网吧负责账目管理。

2010 年 5 月至 2012 年 4 月,朱胜虎、王欢乐在未获取网络经营许可证的情况下,在温州市龙湾区海滨街道蓝田路 59 号、60 号经营黑网吧,营业额累计约 22 万元,非法获利约 8 万元。

在审理过程中,朱胜虎、朱胜弟、王秋香已共同将违法所得 7 万元上缴;朱胜虎、王欢乐已共同将违法所得 8 万元上缴。

温州市龙湾区人民法院认为,朱胜虎、朱胜弟、王欢乐、王秋香结伙以营利为目的,在未获取网络经营许可证的情况下经营黑网吧,扰乱市场秩序,情节严重,其行为均构成非法经营罪。公诉机关指控的罪名成立。朱胜虎、朱胜弟、王欢乐在共同犯罪中起主要作用,属主犯,应当按照其所参与的犯罪处罚;王秋香在共同犯罪中起次要作用,系从犯,应当从轻处罚。四被告人归案后均能如实供述自己罪行,依法均可以从轻处罚。据此,依照《刑法》第二百二十五条、第二十五条第一款、第二十六条、第二十七条、第六十七条第三款、第七十二条第一款、第三款、第六十四条之规定,判决如下:(1)被告人朱胜虎犯非法经营罪,判处有期徒刑3年,缓刑5年,并处罚金人民币15万元……(4)被告人王秋香犯非法经营罪,判处有期徒刑1年6个月,缓刑2年,并处罚金人民币4万元。(5)随案移送的作案工具、被告人朱胜虎、朱胜弟、王秋香已退违法所得7万元,朱胜虎、王欢乐已退违法所得8万元予以没收。

一审宣判后,原公诉机关提出抗诉。抗诉机关称,刑法规定非法经营罪的罚金为违法所得1倍以上5倍以下,原审法院认定被告人王秋香涉案违法所得额7万元,对王秋香的罚金应当在7万元以上,原审法院判处4万元罚金显属量刑错误。

二审法院经审理认为,原审被告人朱胜虎、朱胜弟、王欢乐、王秋香违反国家规定,在未获取网络经营许可证的情况下经营黑网吧,扰乱市场秩序,情节严重,其行为均构成非法经营罪。朱胜虎、朱胜弟、王欢乐、王秋香具有坦白情节,可以从轻处罚;朱胜虎、朱胜弟的供述以及网吧管理员向林江的证言等证据,已证实在参与永中街道度山村展新路4号的黑网吧经营期间,王秋香的作用与地位明显次要,系从犯。考虑到王秋香涉案经营数额、个人实际所得、犯罪持续时间及缴纳罚金能力,原审法院为保证罚金刑发挥应有的刑罚作用,适用从犯情节,对王秋香判处的主刑予以从轻处罚的同时,对其判处的罚金刑予以减轻处罚并无不当。原判定罪准确,量刑适当,审判程序合法,应予维持。据此,依照《刑事诉讼法》第二百二十五条第一款第(一)项之规定,裁定驳回抗诉,维持原判。

■ 案例评析

□ 重点示意图

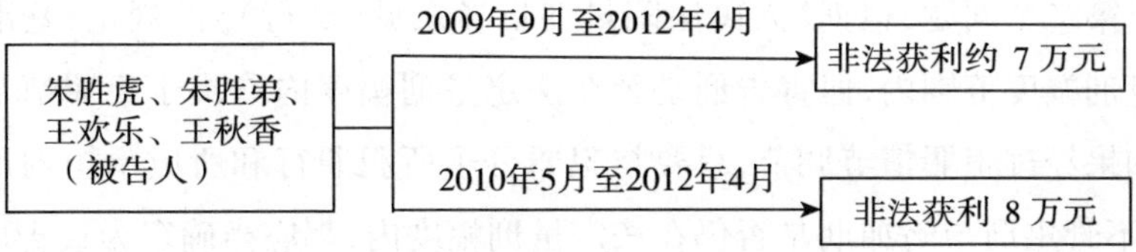

□ 疑难点释析

本案在审理过程中的争论点主要集中在："罚金刑是否可以依据法定减轻情节而减轻适用"以及"对主刑选择从轻的同时是否可以对罚金刑也适用减轻"这两个问题。

关于第一个问题，我国刑法分则规定的罚金数额确定方式有：无限额罚金制、限额罚金制和倍比罚金制。对限额罚金和倍比罚金，刑法分则具体条文明文规定了法定量刑幅度；对于无限额罚金制，司法解释也规定了成年人不少于 1000 元的下限，即无限额罚金亦具有法定量刑幅度。[1] 此外，该司法解释还明确规定对未成年人犯罪的罚金刑可以从轻或者减轻处罚，现在的问题是，能否基于这一规定认为，对成年人犯罪的罚金刑也可以从轻或者减轻处罚？笔者持肯定看法，认为对具有法定从轻或者减轻处罚情节的，不管是未成年人罪犯还是成年人罪犯，人民法院都可以根据案件的具体情况，决定对罪犯的罚金刑从轻或者减轻适用。根据最高人民法院 2010 年印发的《人民法院量刑指导意见（试行）》规定："量刑情节对基准刑的调节结果在法定最低刑以下，具有减轻处罚情节，且罪责刑相适应的，可以直接确定为宣告刑；只有从轻处罚情节的，可以确定法定最低刑为宣告刑。"该规定

[1] 参见 2000 年最高人民法院《关于适用财产刑若干问题的规定》第二条：人民法院应当根据犯罪情节，如违法所得数额、造成损失的大小等，并综合考虑犯罪分子缴纳罚金的能力，依法判处罚金。刑法没有明确规定罚金数额标准的，罚金的最低数额不能少于 1000 元。对未成年人犯罪应当从轻或者减轻判处罚金，但罚金的最低数额不能少于 500 元。

中的基准刑包括主刑和附加刑，只要具有减轻处罚情节且罪责刑相适应的，就可以将调节在法定最低刑以下的罚金刑确定为宣告刑。就本案而言，被告人王秋香具有从犯这一法定从轻、减轻处罚量刑情节，人民法院可以适用从犯情节，对王秋香的罚金刑减轻处罚。

关于第二个问题，根据《人民法院量刑指导意见（试行）》的规定，基准刑必然在法定量刑幅度范围内，但宣告刑是否在法定量刑幅度内取决于犯罪情节的调节结果。如果经过犯罪情节调节，只要与犯罪分子所犯罪行和所应承担的刑事责任相适应，不管主刑与附加刑是否仍在法定量刑幅度内，都应当确定为宣告刑。根据《刑法》第六十一条的规定，对被告人决定刑罚时，应当根据犯罪的事实，犯罪的性质、情节和对社会的危害程度，依照刑法的有关规定判处。根据最高人民法院《关于适用财产刑若干问题的规定》第二条的规定，判处罚金刑，不仅应当根据犯罪情节，还应当综合考虑犯罪分子缴纳罚金的能力等情况。也就是说，判处罚金刑的依据因素比一般刑罚多了一个因素，即需要考虑犯罪分子的经济状况。鉴于此，由于法律并未明确规定罚金刑与其他刑必须同时从轻、减轻，而且罚金刑与其他刑罚的判处依据因素不同、各自调节的幅度也不同，因此，只要符合罪责刑相适应原则并实现预定的刑罚效果，量刑情节调节的结果不能必然保证罚金刑和自由刑同时从轻或者减轻。基于上述分析，笔者认为，在对主刑选择从轻的同时对罚金刑也可以适用减轻。一审法院对被告人王秋香非法经营罪的主刑在五年以下有期徒刑幅度内从轻处罚的同时，可以将对其判处的罚金刑从 7 万元至 35 万元幅度内减轻至 4 万元。

综上，温州市龙湾区人民法院依据从犯情节对王秋香所处罚金刑进行调节，决定对其罚金刑减轻处罚是正确的。

■ 知识点梳理

根据我国《刑法》第五十三条的规定，被执行人如果由于遭遇不能抗拒的灾祸缴纳罚金确实有困难的，可以酌情减少或者免除。同时，我国《刑事诉讼法》第二百六十条亦规定，如果由于遭遇不能抗拒的灾祸缴纳确实有困难的，人民法院可以裁定减少或者免除罚金。但在司法实践中，对“不能抗拒的灾祸”的具体内涵法律并没有细致规定,需要依据法理并结合司法实际进行解析。[1] 根据最高人民法院《关于适用财产刑若干问题的规定》(法释〔2000〕45 号),以下简称《规定》)第六条第一款的规定,《刑法》第五十三条规定的“由于遭遇不能抗拒的灾祸缴纳确实有困难的”,主要是指因遭受火灾、水灾、地震等灾祸而丧失财产;罪犯因重病、伤残等而丧失劳动能力,或者需要罪犯抚养的近亲属患有重病,需支付巨额医药费等,确实没有财产可供执行的情形。《规定》对《刑法》所述的减免事由作了的具体解释,范围不仅包括天灾,也包括人祸、疾病等情况,符合我国司法实践情况。

〔1〕 邵维国:《罚金刑论》,吉林人民出版社 2004 年版。

PART 07

刑罚的适用

33
Case Study

南昌洙、南昌男盗窃案

累犯

■ 研读指导

1. 本案的审判法院未认定被告人南昌洙构成连续犯和累犯的理由是什么？
2. 结合案情讨论，如何结合具体的再次犯罪行为认定累犯？
3. 比较研读近似案例，归纳总结累犯认定中的标准和原则，注意区分其中的差异并分析原因。

■ 相关法条

《中华人民共和国刑法》第二十五条［共同犯罪概念］、第五十二条［罚金数额的确定］、第六十四条［犯罪物品的处理］、第六十五条［一般累犯］、第八十七条［追诉期限］、第二百六十四条［盗窃罪］

1998 年最高人民法院《关于处理自首和立功具体应用法律若干问题的解释》第四条

■ 近似案例

买买提盗窃案（刑事审判参考第 119 号）

丁立军强奸抢劫、盗窃案（刑事审判参考第 202 号）

李光耀等贩卖、运输毒品案（刑事审判参考第第 839 号）

■ 案情介绍

被告人南昌洙,1959 年 5 月 13 日出生,朝鲜族,农民。因犯盗窃罪,被判处有期徒刑 2 年 6 个月,1997 年 2 月 3 日刑满释放。因涉嫌犯盗窃罪,于 2003 年 9 月 11 日被逮捕。

被告人南昌男,1964 年 3 月 12 日出生,朝鲜族,农民。因涉嫌犯盗窃罪,于 2003 年 9 月 11 日被逮捕。

吉林省龙井市人民检察院指控被告人南昌洙、南昌男犯盗窃罪,向龙井市人民法院提起公诉。起诉书认为,被告人南昌洙在刑满释放后五年内再犯应判处有期徒刑以上刑罚之罪,系累犯,应从重处罚。

被告人南昌洙、南昌男对指控的罪名和事实均无异议。

龙井市人民法院经公开审理查明:1998 年 3 月,被告人南昌洙、南昌男在龙井市开山屯镇光新村盗窃一头耕牛,价值人民币 2500 元。销赃后,赃款由二被告人挥霍。1998 年 9 月,被告人南昌男伙同他人(已死亡),在龙井市开山屯镇济东村盗窃一头耕牛,价值人民币 1200 元,并将耕牛屠宰后食用。2003 年 8 月 8 日,被告人南昌洙、南昌男在龙井市东盛涌镇长南村附近盗窃 4 头耕牛,共计价值人民币 6800 元。销赃时被公安人员抓获。

龙井市人民法院认为:被告人南昌洙、南昌男秘密窃取他人财物的行为已构成盗窃罪。被告人南昌洙于 1998 年 3 月所实施的盗窃行为,已过追诉期限,依法不予追究;被告人南昌洙在刑满释放 5 年之后再犯应当判处有期徒刑以上刑罚之罪,依法不构成累犯,公诉机关该两项指控不当,应予纠正。被告人南昌男在被公安机关抓获后,如实供述公安机关尚未掌握的其他盗窃犯罪事实,可酌情从轻处罚。依照《刑法》第二百六十四条、第八十七条第(一)项、第二十五条第一款、第五十二条、第六十四条以及最高人民法院《关于处理自首和立功具体应用法律若干问题的解释》第四条之规定,判决如下:(1)被告人南昌洙犯盗窃罪,判处有期徒刑 2 年,并处罚金 6000 元;(2)被告人南昌男犯盗窃罪,判处有期徒刑 3 年,并处罚金 8000 元;(3)追缴非法所得人民币 1000 元,予以没收,上缴国库。

宣判后,二被告人均未提出上诉,公诉机关亦未提出抗诉。判决发生法律效力。

■ 案例评析

□ 重点示意图

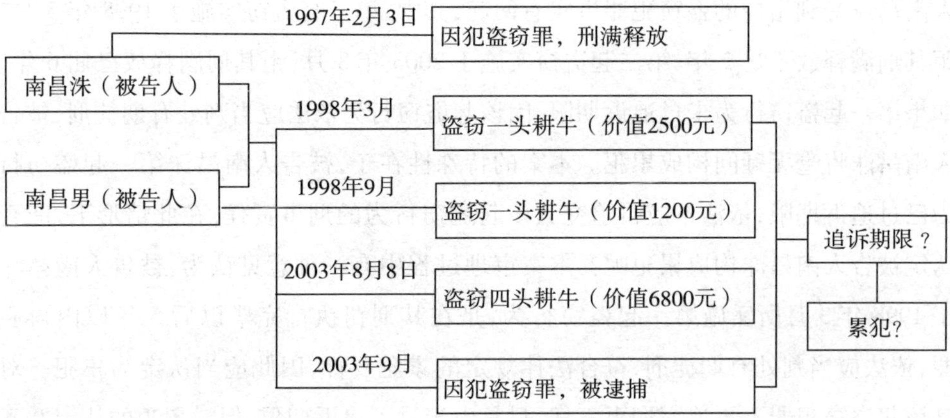

□ 疑难点释析

本案在审理过程中的争论点主要集中在，本案被告人南昌洙1998年3月的盗窃行为和2003年8月的盗窃行为能否构成连续犯以及本案被告人南昌洙是否构成累犯这两个问题。结合案件具体分析如下：

关于第一个问题，笔者认为，被告人南昌洙两次盗窃行为不属于连续犯。审理过程中有意见认为，被告人南昌洙于1998年3月盗窃耕牛后，又于2003年8月盗窃耕牛，属于连续犯，依照《刑法》第八十九条第一款关于"犯罪行为有连续或者继续状态的，从犯罪行为终了之日起计算"的规定，对其1998年3月所实施盗窃行为的追诉时效应自2003年8月新罪实施终了之日起算，故应追究其前罪的刑事责任。这种认识是错误的，根据相关刑法理论，判断连续犯的关键因素在于行为人所实施的数个犯罪行为是否基于同一或者某一概括的犯罪故意。在连续犯中，行为人在开始实施第一个犯罪行为时，即有连续实施数个犯罪行为的犯罪意图，或者是为完成一个预定的犯罪计划，或者是为实现一个总的目标，或者是预见到了总的犯罪结果。本案被告人南昌洙前后两个盗窃行为均独立构成盗窃罪，并且两个行为时间间隔在5年以上，很难认定其在实施前次盗窃犯罪时，对5年之后再次实施的盗窃犯罪已经具有主观上的连续故意，因此，不应将其实施的两次盗窃行为作为连续犯罪，不能以犯后罪为由重新起算其前罪的追诉期限。

关于第二个问题，笔者认为，本案被告人南昌洙不构成累犯。在本案中，被告人南昌洙受到指控的盗窃犯罪事实有两起，其中，第一起盗窃实施于1998年3月，距其刑满释放不足2年；第二起盗窃实施于2003年8月，距其刑满释放已届6年。如果第一起盗窃行为未过追诉期限，因该起盗窃行为依法应当判处有期徒刑，被告人南昌洙将毫无疑问构成累犯。本案的特殊性在于，被告人南昌洙第一起盗窃行为已过追诉期限，依法不应再追究其该起盗窃行为的刑事责任，在此情形下，能否认定被告人南昌洙构成累犯呢？本案审理过程中有一种意见认为，被告人南昌洙于1998年3月所实施第一起盗窃行为，是在其刑罚执行完毕以后5年以内再犯罪，依法应当判处有期徒刑，符合法律规定的累犯要件，因此应当认定为累犯。对其该起盗窃犯罪不再追究刑事责任，只是由于过了追诉期限，但对累犯的认定并不构成障碍，因为，追诉时效仅仅是相对于责任追究而言的，犯罪行为并不因为过了追诉时效而不复存在，或者不再属于犯罪。

这种观点错误的地方在于，《刑法》第六十五条累犯构成规定中的“再犯应当判处有期徒刑以上刑罚之罪”不是一个单纯的事实要件，而是一个兼及法律评价和刑事追究的复合要件。首先，累犯概念是刑法基于再次犯罪行为和改造需要对犯罪人更为严重的否定评价，不同于犯罪学上单纯身份的累犯概念，是犯罪人与犯罪行为的统一体。在刑法体系中，累犯作为一项量刑制度，针对的是需要依法裁量决定刑罚的具体犯罪行为。从这一视角出发，“再犯应当判处有期徒刑以上之罪”既是构成累犯的基本条件，也是累犯“应当从重处罚”的法律后果必要的载体。因此，刑法规定的“应当判处有期徒刑以上之罪”必须是依法应予追究刑事责任之罪，否则，累犯法律制度将无从适用，从重处罚的规定也将无从落实。本案被告人南昌洙刑满释放后所实施的第一起盗窃行为，由于已经过了追诉时效，依法不应再追究其刑事责任，不能认定为“再犯应当判处有期徒刑以上之罪”；第二起盗窃行为是在刑罚执行完毕5年以后所实施的，也不符合累犯的法定期限要件。因此，龙井市人民法院对被告人南昌洙不认定为累犯是正确的。

■ 知识点梳理

连续犯是指基于同一或者概括的犯罪故意,连续实施数个独立的犯罪行为,触犯同一罪名的情形。[1] 连续犯必须具备以下四个条件:(1)数个犯罪行为必须出于同一或者概括的犯罪故意;(2)须存在数个独立的同一性质的犯罪行为;(3)数个犯罪行为之间,须具有连续性;(4)数个犯罪行为所触犯的系同一罪名。数个犯罪行为之间是否存在连续性,时间先后只是一个外在的判断因素,关键的因素在于行为人所实施的数个犯罪行为是否基于同一或者某一概括的犯罪故意。也就是说,行为人所实施的数个犯罪行为之间是否具有主观故意上的连续关系。在连续犯中,行为人在开始实施第一个犯罪行为时,即有连续实施数个犯罪行为的犯罪意图,或者是为完成一个预定的犯罪计划,或者是为实现一个总的目标,或者是预见到了总的犯罪结果。这是连续犯与同种数罪的主要区别所在。

一般累犯的成立条件包括以下三点:

第一,前罪与后罪都必须是故意犯罪,如果前后两罪或者其中一罪是过失犯罪,就不成立累犯。理由在于,过失犯罪的主观罪过要轻于故意犯罪的罪过性,过失犯罪人再犯罪的可能性也比较小,累犯制度是以遏制犯罪人再次犯罪为目的,故没有必要对过失犯罪设立累犯制度。

第二,前罪被判处有期徒刑以上刑罚,后罪应当判处有期徒刑以上刑罚。因此,如果前罪被判处的是拘役、管制或者单处附加刑,无论后罪多么严重,也不成立累犯;同理,前罪是被判处有期徒刑以上刑罚,后罪应当判处拘役、管制或单处附加刑的,也不成立累犯。其中,"前罪被判处有期徒刑以上刑罚"是指人民法院最后确定的宣告刑为有期徒刑以上刑罚;"后罪应当判处有期徒刑以上刑罚"是指根据后罪的事实和刑法规定,应当判处有期徒刑以上刑罚。这表明,只有当前罪与后罪都是比较严重的犯罪时,才成立累犯,从而将从重处罚的累犯限定在严重犯罪的范

---

[1] 连续犯是大陆法系的固有概念,它有特定的内涵。一般认为,"连续犯者,乃以一个概括之犯意,反复数个可以独立成罪之行为,而犯同一罪名之谓也"。参见叶肖华:《连续犯在我国的批判解读》,载《中国刑事法杂志》2009年第10期。

围内。

这里需要注意两个问题：其一，在行为人已经执行了有期徒刑以上刑罚的情况下，考虑后罪应否判处有期徒刑时，不能将前罪与执行前罪刑罚的事实作为量刑情节；只有当后罪本身的罪行与人身危险程度决定了应当判处有期徒刑以上刑罚时，才符合累犯的条件。特别是当后罪的成立以"情节严重"为要件时，不能将犯前罪的事实作为后罪的严重情节予以考虑，否则就违反了禁止重复评价的原则。司法实践中存在这样的做法：后行为本身是否成立犯罪尚有疑问，考虑到行为人曾经犯罪并被判处有期徒刑的事实，于是，不仅将后行为认定为犯罪，而且作为累犯从重处罚。但这种重复评价的做法应当杜绝。其二，被国外法院判处并执行有期徒刑以上刑罚后再犯罪的，能否认定为累犯？如果对国外的刑事判决采取积极承认的做法，应宣告为累犯，我国采取的是消极承认，仍然应认定为累犯。因为消极承认的前提是考虑到行为人在外国受到刑罚处罚的事实，而免除或者减轻处罚；同样，在行为人于我国犯新罪时，我国法院也应该考虑行为人在外国受到刑罚处罚的事实，如果符合我国刑法规定的累犯条件，就应以累犯论处。这与消极承认并不矛盾。

第三，后罪发生的时间，必须在前罪所判处的刑罚执行完毕或者赦免以后的5年之内。据此，犯罪人在刑罚执行完毕或者赦免5年以后再次犯罪的，不构成累犯，只是酌定量刑情节。1979年《刑法》将这种时间条件规定为3年，1997年《刑法》改为5年。外国刑法一般也将时间期限规定为5年甚至更长。上述5年的期限，从刑罚执行完毕之日或者赦免之日起计算；对于被假释的犯罪人，应从假释期满之日起计算。由于累犯的成立以前罪"刑罚执行完毕或者赦免以后"5年内再犯罪为条件，故被假释的犯罪人在假释考验期内再犯新罪的，被判处缓刑的犯罪人在缓刑考验期内再犯新罪的，以及被判处缓刑的犯罪人在缓刑考验期满后再犯新罪的，都不成立累犯。此外，刑罚执行完毕是指主刑执行完毕，附加刑是否执行完毕不影响累犯的成立。

34
Case Study

康文清贩卖毒品案

自首立功

■ 研读指导

1. 审判法院未予确认被告人具备自首和立功情节的理由是什么？请提炼法院的推理要点。
2. 比较研读近似案例，归纳总结具体案件中认定自首的要点和原则，注意其中的差异并分析原因。

■ 相关法条

《中华人民共和国刑法》第五十二条［罚金数额的确定］、第五十三条［罚金的缴纳］、第六十四条［犯罪物品的处理］、第六十七条［自首］、第六十八条［立功］、第三百四十七条［走私、贩卖、运输、制造毒品罪］

2000年最高人民法院《关于审理毒品案件定罪量刑标准有关问题的解释》第三条

《中华人民共和国刑事诉讼法》（2012年修正版）第二百二十五条第一款第（一）项

■ 近似案例

闫光富故意杀人案（刑事审判参考第565号）

周元军故意杀人案（刑事审判参考第701号）

蒋文正爆炸、敲诈勒索案（刑事审判参考第703号）

汪某故意杀人、敲诈勒索案（刑事审判参考第747号）

徐凤抢劫案（刑事审判参考第776号）

赵新正故意杀人案(刑事审判参考第811号)

冯维达、周峰故意杀人案(刑事审判参考第943号)

■ 案情介绍

被告人康文清,男,1988年8月20日出生,农民。2012年8月14日因涉嫌犯贩卖毒品罪被逮捕。福建省龙海市人民检察院以被告人康文清犯贩卖毒品罪,向龙海市人民法院提起公诉。康文清对指控其犯贩卖毒品罪的罪名无异议,但对贩毒的价格提出辩解意见,并辩称其具有自首行为和立功表现,提请法庭对其从轻处罚。龙海市人民法院经公开审理查明:2012年年初至6月间,被告人康文清在龙海市紫泥镇溪琨村内港白53号其家二楼房间内,三次将原本用于自己吸食的毒品氯胺酮贩卖给吸毒人员周琮淇,共得款人民币800元。2012年6月中旬,康文清在其父陪同下,到龙海市公安局禁毒大队主动交代吸食毒品氯胺酮的违法行为,并自愿到漳州市强制隔离戒毒所戒毒。同日,康文清向龙海市公安局禁毒大队举报智辉、康聪鑫、永国、细尾有吸食毒品的违法行为,称其曾经到智辉家吸食毒品,并带领龙海市公安局禁毒大队人员到智辉家附近踩点。同日,康文清与漳州市强制隔离戒毒所签订自愿隔离戒毒协议,并入所戒毒。同日,龙海市公安局禁毒大队刑警到智辉家中抓获吸毒人员陈智辉、周琮淇、吴艺彬。其中,吸毒人员周琮淇到案后供述其曾经向康文清购买毒品。次日,龙海市公安局根据周琮淇提供的线索,前往漳州市强制隔离戒毒所提审康文清,龙海市公安局以康文清涉嫌犯贩卖毒品罪立案侦查。

龙海市人民法院认为,被告人康文清违反毒品管制法规,三次贩卖毒品氯胺酮,情节严重,其行为构成贩卖毒品罪。康文清于2012年6月中旬到龙海市公安局禁毒大队并非交代其贩卖毒品的犯罪事实,不具有投案的主动性和自愿性,其行为不符合自首的构成特征。康文清向龙海市公安局禁毒大队举报他人违法行为,侦查机关根据其举报线索进而查获其自己犯罪事实的行为,亦不构成立功。康文清的辩解不予采纳。据此,依照《刑法》第三百四十七条第一款、第四款、第七款、第五十二条、第五十三条、第六十四条以及最高人民法院《关于审理毒品案件定罪量刑标准有关问题的解释》第三条第(四)项之规定,龙海市人民法院以被告人康文清犯贩卖毒品罪,判处有期徒刑3年,并处罚金3000元,同时,对康文清的违法所得人民币500元予以追缴。一审宣判后,康文清以举报他人违法行为属于立功表现等为由,向福建省漳州市中级人民法院提起上诉。漳州市中级人民法院经公开审理查明的事实与一审法院认定的事实一致,并基于与一审法院相同的理由认定上诉人提出的上诉意见不能成立,遂依照《刑事诉讼法》第二百二十五条第一款第(一)项之规定,裁定驳回上诉,维持原判。

■ 案例评析

□ 重点示意图

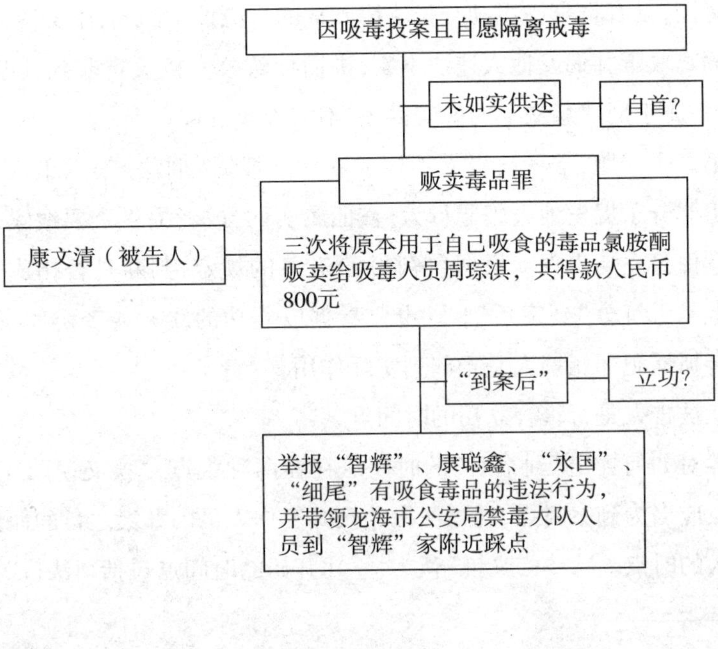

□ 疑难点释析

本案在审理过程中的争论点主要集中在以下两个问题:一是被告人因吸毒投案且自愿隔离戒毒,但未主动如实供述自己贩卖毒品行为的,能否构成自首?二是行为人在案发前自愿置于有关机关控制之下,提供线索检举、揭发他人违法行为,公安机关根据该线索查获系行为人自己实施犯罪的,是否构成立功?

关于第一个问题,根据《刑法》第六十七条的规定,自首包括自动投案与如实供述两个构成要素。依照最高人民法院《关于处理自首和立功具体应用法律若干问题的解释》(以下简称《解释》)第一条的规定,自动投案强调犯罪嫌疑人投案的主动性和自愿性,如实供述强调供述的真实性和完整性,内容上符合犯罪嫌疑人主观认识的客观实际且包括犯罪构成要件的内容,供述还须体现其接受法律制裁的自愿性。自动投案和如实供述之间既相对独立又相互联系,缺乏任一要素都不能构成自首。

本案中,康文清归案后仅交代其吸毒的一般违法事实,而未交代其贩卖毒品的犯罪事实,其贩卖毒品的事实是公安机关经过他人检举、揭发而掌握的。可见,康文清对其贩卖毒品的事实进行了隐瞒,属于故意不如实交代罪行,有保全自己、逃避惩罚的意图,没有将自己主动交付法律制裁的自愿性。因此,康文清到公安机关接受强制隔离戒毒并揭发他人违法事实,进而导致公安机关查获到其贩卖毒品事实的行为,不属于刑法意义上的如实供述,不能构成自首。

关于第二个问题,本案被告人不构成立功。根据《刑法》第六十八条的规定,立功是指犯罪分子揭发他人犯罪行为,查证属实的,或者提供重要线索,从而得以侦破其他案件等立功表现。根据《解释》第五条的规定,判断是否构成立功,既要看时间点上是否符合"到案后",[1] 也要看据以立功的线索或者协助行为对于侦破案件或者抓捕犯罪嫌疑人是否起到实际作用。

1. 本案被告人是否符合立功的时间点

理论界对如何界定"到案后"的时间点存在两种观点,"狭义说"认为,立功开始的时间点应当为到案时点,即司法机关及其工作人员因办案之目的而接触、约束犯罪嫌疑人的时点。[2] "广义说"认为,立功开始的时间点包括司法机关在内的所

---

〔1〕 有学者认为,立功的时间明确为"到案后"有利于抑制立功的功利性,也有利于司法机关查证立功线索来源。有学者认为,立功时间应该定为犯罪后,而非到案后。参见柏浪涛:《探析立功的疑惑问题》,载《新疆大学学报》(哲学·人文社会科学版)2010 年第 3 期;刘宏水:《立功的起始时间应是到案后》,载《人民司法》2012 年第 12 期。

〔2〕 有学者认为,对于被动归案者来说,在询问、拘传、取保候审、监视居住、拘留、逮捕以及公民扭送等诸措施中,从司法机关对犯罪分子最早采取的那个强制措施时起即为到案。对于主动(自动)投案者而言,自其投案并为司法机关所实际控制时起,就可认定为到案。参见段启俊、周后有:《刑法中的立功制度及其完善》,载《湖湘论坛》2006 年第 7 期。

有国家机关、党群组织、所在工作单位等因主动或者被动发现违法犯罪线索而主动或者被动接触、约束犯罪嫌疑人，使之处于司法、行政机关的控制之下的时点，即包括犯罪嫌疑人进入或者可能即将进入刑事诉讼的时点。[1]

按狭义说的观点，本案被告人康文清在2012年6月揭发他人的吸毒行为，而公安机关于6月才以康文清涉嫌贩卖毒品罪立案侦查，康文清不属于"到案后"揭发他人违法行为，在时间点上不符合立功的条件。然而立功制度目的在于鼓励犯罪分子以立功行为争取减轻刑罚，对于被告人的到案时点不应作过于严格的限制，且犯罪分子是否到案与司法机关是否立案不能简单等同。在立案前，犯罪分子可能因其他原因已经处于司法机关的控制下，立案侦查前犯罪分子有可能、也有条件立功。因此，广义的"到案说"更符合现实的客观情况，有助于鼓励犯罪分子在被任何单位发觉违法并约束其人身自由时及时作出立功表现，更符合设立立功制度的初衷。2010年最高人民法院《关于处理自首和立功若干具体问题的意见》规定，因特定的违法行为被采取劳动教养、行政拘留、司法拘留、强制隔离戒毒等行政、司法强制措施期间，主动向执行机关交代尚未被掌握的犯罪行为应当视为自动投案。这说明司法解释将"因被采取强制隔离戒毒等行政强制措施"情形亦等同为"处于行政司法机关的控制之下"的情形。

本案中康文清告发他人吸毒行为时，主动到龙海市公安局禁毒大队交代自己吸食毒品氯胺酮的违法行为，并自愿到漳州市强制隔离戒毒所戒毒，此时康文清已处于公安机关控制、约束之中。虽然康文清没有供述自己的贩毒犯罪事实，且在其告发他人吸毒之后公安机关才对康文清涉嫌贩卖毒品立案侦查，因此不宜简单地根据这一时间差而否认是"到案后"，其自觉将自己交付公安机关和强制隔离戒毒

---

[1] 按照"到案后说"，即犯罪人到案后才能有立功的行为，而正式的到案的部门是指公、检、法等司法机关，因此犯罪人在纪检、监察部门处理阶段的检举揭发他人犯罪、协助纪检、监察部门查处其他违纪案件的不能作为立功表现考虑。这显然是不合理的。为了解决这个问题，有学者认为，这种情况下应该对"到案后"作扩张解释，认为"到案后"包括案件进入党纪政纪处理程序；也有学者认为，应该在立功的时间条件上采取"犯罪后说"。还有学者进一步指出，《刑法》第六十八条第二款规定："犯罪后自首又有重大立功表现的，应当减轻或者免除处罚。"刑法的正式用语是"犯罪后"，《解释》则偷换了概念或者说将其限制解释为"到案后"，这实际上限缩了"犯罪后"的真实含义，对犯罪分子不利。参见傅国方：《立功起算时间应采广义到案说》，载《检察日报》2011年第3期；徐科雷：《刑法立功制度若干问题刍议》，载《中国刑事法杂志》2012年第3期；高铭暄、彭凤莲：《论立功的成立条件》，载《北京师范大学学报》（社会科学版）2006年第9期。

所约束的行为应当认定为“到案”行为。

2. 本案被告人是否符合立功的行为方式和效果

如前所述，康文清在立功时间点上不存在问题，但其检举揭发他人违法线索，公安机关根据该线索进而查获为其本人实施犯罪行为的情形，不具有立功的实际作用，因此不构成立功。理由如下：

首先，康文清检举揭发的是他人的违法行为，不具有立功的前提要件。根据《解释》的规定，检举揭发的对象必须是依照刑法规定构成犯罪的事实。康文清举报“智辉”、康聪鑫、“永国”、“细尾”有吸食毒品的违法行为，并带领龙海市公安局禁毒大队人员到“智辉”家附近踩点，为公安人员抓获吸毒人员陈智辉起到积极作用，但陈智辉等人吸毒行为属于一般违法行为，尚未构成刑法意义上的犯罪行为，故康文清的检举、揭发不具有立功的前提要件。

其次，提供他人违法线索导致公安机关进而查获为其本人实施犯罪行为的，不具有立功的实际作用。按照《解释》第五条的规定，犯罪分子到案后提供侦破其他案件的重要线索，经查证属实的应当认定有立功表现。《意见》规定，据以立功的线索或者协助行为对于侦破案件或者抓捕犯罪嫌疑人要有实际作用。这一规定强调了线索的实效性，即要真正有助于司法机关侦破案件，有利于节约司法资源。本案的特殊之处在于，康文清没有直接交代自己的贩毒行为，而是因为揭发他人的违法行为，进而促使司法机关获得侦破其贩毒案件的线索。表面上看，若没有康文清所提供的线索，公安机关难以及时发现其贩毒案件，但仔细分析之下，康文清的检举、揭发行为并无实际作用。一则康文清举报的人员中没有吸毒人员周琮淇，公安机关是根据其举报陈智辉后实施抓捕时，意外在陈智辉家中抓到周琮淇，周琮淇到案后供述其曾经向康文清购买毒品，公安人员据此掌握了康文清贩卖毒品的犯罪事实，举报线索与查获事实之间没有必然的联系。二则由于查获的犯罪事实是检举人“自己”的犯罪行为，不属于“他人”的犯罪行为，即没有为司法机关侦破其他案件提供实际作用，缺乏线索的实效性，故康文清的检举、揭发行为不完全齐备立功的构成要素。综上，龙海市人民法院、漳州市中级人民法院认定本案被告人康文清的检举揭发行为不构成自首立功的判决裁定是正确的。

■ 知识点梳理

自首分为一般自首与准自首。一般自首指犯罪以后自动投案,如实供述自己的罪行的行为。根据刑法的规定以及《解释》,一般自首的成立条件包括自动投案和如实供述。

1. 犯罪以后自动投案

自动投案,一般是指犯罪事实或者犯罪嫌疑人未被司法机关发觉,或者虽被发觉,但犯罪嫌疑人尚未受到司法机关的讯问、未被采取强制措施、未被群众扭送时,主动将自己置于公安机关、检察机关、审判机关的合法控制下,接受公安机关、检察机关、审判机关的审查与裁判的行为。

自动"投案"一般应是犯罪人向公安机关、检察机关或者审判机关投案;对于犯罪人向所在单位、城乡基层组织或者其他有关负责人员投案的,也应视为投案。投案的实质是将自己置于或最终置于公安机关、检察机关、审判机关的合法控制下,接受司法机关的审查与裁判。因此,犯罪人先投案交代罪行后又潜逃的,不能认为是自动投案;以不署名或化名方式将非法所得寄给司法机关或报刊、杂志社的,也不是自动投案。

自动"投案"一般应是犯罪人直接向上述有关机关投案,但犯罪人因病、因伤或者为了减轻犯罪后果,委托他人先代为投案,或者先以电信投案的,也应视为投案。自动"投案"应是在犯罪人尚未归案之前投案。如在犯罪事实未被发觉时投案;在犯罪事实虽被发觉,但没查清犯罪嫌疑人的时候投案;犯罪事实和犯罪嫌疑人都被发觉,但犯罪嫌疑人未受到讯问、未被采取强制措施、未被群众扭送时投案;犯罪后逃跑,在通缉、追捕的过程中投案;经查实犯罪人确已准备投案,或者正在投案途中,被司法机关捕获的,也应视为投案。

"自动"投案,是指犯罪人基于自己的意志积极主动地投案。在罪行尚未被司法机关发觉,仅因形迹可疑,被有关组织或者司法机关盘问、教育后,主动交代自己的罪行的,也应认为是自动投案;并非出于犯罪嫌疑人主动,而是经亲友规劝、陪同投案的,应视为自动投案;公安机关、检察机关通知犯罪嫌疑人的亲友,或者亲友主动报案后,将犯罪嫌疑人送去投案的,同样视为自动投案。

“自动投案”不要求出于特定动机与目的。真心悔悟、为了争取宽大处理、经亲友劝说、被潜逃后生活所迫等都可能成为自动投案的动机与目的，而不会影响自首的成立。自动投案意味着犯罪人自己主动投案，但任何投案都必然基于一定的原因。不要将引起犯罪人投案的原因，看成是犯罪人被迫的结果；不要因为出于争取宽大处理或生活所迫的动机，而否认投案的自动性。

2. 如实供述自己的罪行

如实供述自己的罪行，即犯罪人自动投案后，如实交代自己的主要犯罪事实。“如实”的实质是既不缩小也不扩大自己的罪行。所供述的“自己的罪行”是否已被司法机关掌握，原则上不影响自首的成立。这里刑法规定的如实供述“自己的罪行”，主要是指客观犯罪事实。因此，犯罪嫌疑人自动投案如实供述了犯罪的客观事实，但谎称自己犯罪时不满18周岁的，或者如实供述了致人死亡的客观犯罪事实，但声称自己主观上只有伤害故意的，都应当认定为如实供述自己的罪行。因为这种供述行为虽然可能表明行为人缺乏悔过自新之意，但依然使公安机关、检察机关、审判机关的审查、审判活动更为容易。

犯有数罪的犯罪嫌疑人，仅如实供述所犯数罪中部分犯罪的，只对如实供述的部分犯罪认定为自首。其中，犯有不同种数罪时，自动投案后如实供述部分犯罪的，就如实供述的犯罪成立自首，未交代的犯罪不成立自首。犯有同种数罪时，如果同种数罪不并罚，行为人自动投案后如实供述了主要罪行的，可就全案认定为自首；仅交代非主要部分的，虽不能将全案认定为自首，但仍然是量刑的酌定情节。犯有同种数罪时，如果对同种数罪实行并罚的，则就所交代的犯罪认定为自首，自首的法律后果仅及于所交代的犯罪。

共同犯罪案件中的犯罪嫌疑人，除如实供述自己的罪行，还应当供述所知的同案犯，主犯则应当供述所知其他同案犯的共同犯罪事实。否则，不能认定为自首。特别要注意的是，有的犯罪人出于掩护其他共犯人的目的，有预谋地投案包揽共同犯罪的全部责任的，不能视为如实供述自己的罪行。

犯罪嫌疑人自动投案并如实供述自己的罪行后又翻供的，不能认定为自首；但在一审判决前又能如实供述的，应当认定为自首。犯罪人自动投案如实供述自己的罪行后，为自己进行辩护，提出上诉，或者更正、补充某些事实的，应当允许，不能将这些行为视为没有如实供述自己的罪行。犯罪人自动投案后如实供述自己的罪行,但不退还赃物的,原则上也不影响自首的成立。

准自首,是指被采取强制措施的犯罪嫌疑人、被告人或者正在服刑的罪犯,如实供述司法机关还未掌握的本人其他罪行的行为。其成立条件如下:

(1)主体必须是被采取强制措施的犯罪嫌疑人、被告人或者正在服刑的罪犯。一般认为,被"采取强制措施"是指根据刑事诉讼法的规定,被采取拘传、拘留、取保候审、监视居住与逮捕。[1] 这里的"被采取强制措施的犯罪嫌疑人"应当作扩大解释,即包括被司法机关或者司法行政机关采取治安拘留、司法拘留等剥夺人身自由措施的行为人;这些人主动如实供述司法机关还未掌握的其他罪行的,应认定为自首。

(2)必须如实供述司法机关还未掌握的本人其他罪行。要点在于:行为人必须按照客观事实如实供述,行为人所供述的罪行必须尚未被司法机关掌握。

这里涉及如何理解和认定"司法机关还未掌握的本人其他罪行",如实供述司法机关还未掌握的本人其他同种罪行的,是否成立自首?笔者基于自首制度的根据,提出如下观点:第一,正在服刑的罪犯,如实供述司法机关还未掌握的同种罪行或者非同种罪行的,以自首论。第二,被采取强制措施的犯罪嫌疑人、被告人,如实供述司法机关还未掌握的非同种罪行的,对该非同种罪行,以自首论。第三,被采取强制措施的犯罪嫌疑人、被告人,如实供述司法机关还未掌握的同种罪行中的主要罪行,应对全案以自首论。例如,司法机关掌握了嫌疑人盗窃价值5000元财物的犯罪事实,并逮捕了嫌疑人;嫌疑人后来如实供述了司法机关尚未掌握的盗窃价值5万元财物的犯罪事实。如果认定为一个犯罪,则宜将该犯罪认定为自首。第四,被采取强制措施的犯罪嫌疑人、被告人,如实供述司法机关还未掌握的同种罪行,且所供述的同种罪行需要并罚的,对所供述的犯罪应认定为自首。因为同种数罪是以一罪论处,因此没有必要说嫌疑人对5万元盗窃成立自首、对5000元盗窃不成立自首,只要在对盗窃罪量刑时,认定其有自首情节即可。只有在以数罪论处的情况下,才需要说明嫌疑人对哪一个犯罪成立自首。

---

〔1〕 参见高铭暄、马克昌主编:《刑法学》,北京大学出版社、高等教育出版社2016年版,第267页。

35
Case Study

喻春等故意杀人案

共犯自首

研读指导

1. 本案审判法院如何认定被告人“如实供述主要犯罪事实”？请提炼法院的推理要点。
2. 在共同犯罪案件中如何从被告人供述的犯罪事实以及供述的时间节点认定“如实供述主要犯罪事实”？归纳要点并阐述原因。

相关法条

《中华人民共和国刑法》第二十五条第一款［共同犯罪的含义］、第四十八条［死刑的条件、执行方式与核准程序］、第五十条［死缓的变更］、第五十五条第一款［剥夺政治权利的期限］、第五十六条第一款［剥夺政治权利的适用］、第五十七条第一款［死刑、无期徒刑犯剥夺政治权利的期限］、第六十四条［犯罪物品的处理］、第六十五条第一款［一般累犯］、第六十七条［自首与坦白］、第二百三十二条［故意杀人罪］

《中华人民共和国刑事诉讼法》(2012 年修正版)第二百二十五条

近似案例

唐志华等五人贪污、职务侵占、企业人员受贿案(《最高人民法院公报》2002 年第 2 期)

江楠等人污染环境案［(2015)温龙刑初字第 474 号］

■ 案情介绍

被告人喻春,男,农民。2012 年 7 月 18 日因涉嫌犯故意杀人罪被逮捕。

被告人喻威,男,1989 年 12 月 3 日出生,农民。2012 年 7 月 18 日因涉嫌犯故意杀人罪被逮捕。

被告人余自兵,男,1989 年 3 月 19 日出生,农民。2012 年 7 月 18 日因涉嫌犯故意杀人罪被逮捕。

上海市人民检察院第二分院以被告人喻春、喻威、余自兵犯故意杀人罪,向上海市第二中级人民法院提起公诉。

上海市第二中级人民法院经公开审理查明:2012 年 6 月 10 日 19 时许,被告人喻春在上海市宝山区联谊路 101 号棋牌室内赌博时,与桑山、唐德国因赌资赔付发生口角,继而发生互殴。喻春打电话纠集其子被告人喻威去现场。喻威接到电话后持铁锹赶到现场,欲用铁锹殴打被害人桑山时,铁锹头掉落。双方被围观群众劝开后,喻春、喻威离开现场。此后,喻威打电话纠集被告人余自兵去棋牌室。约十分钟后,喻春手持两把西瓜刀,喻威手持一把西瓜刀返回上述棋牌室门前。喻春双手执刀与桑山对砍。喻威见状与喻春共同追打桑山至棋牌室隔壁的江南风味小吃店的厨房内。其间,驱车赶到现场的余自兵在厨房内持刀砍击桑山。桑山身受多处创伤后被他人送往宝山区仁和医院抢救,因大失血于当日 20 时 30 分死亡。喻春、喻威亦受伤,余自兵驾车将喻春、喻威送往宝山中心医院接受治疗,又将作案刀具丢入克山路湄浦河桥下河道内。当日晚,喻春在宝山中心医院被公安人员抓获。同年 6 月 11 日,喻威向公安机关投案。次日,余自兵向公安机关投案,且如实供述了其与喻春、喻威将桑山砍死的犯罪事实。

上海市第二中级人民法院认为,被告人喻春、喻威、余自兵共同杀害被害人桑山,其行为均构成故意杀人罪。经查,被害人桑山具有多处刀伤,不可能系余自兵一人在厨房内完成,故喻威虽有自动投案情节,但其既未供述其父砍到过桑山,也未供述其自己砍到过桑山,与事实明显不符,故认定其到案后没有供述主要犯罪事实,依法不能认定其具有自首情节。余自兵自动投案后如实供述犯罪事实,系自首,对其可以从轻处罚。据此,依照《刑法》第二百三十二条、第二十五条第一款、

第六十五条第一款、第六十七条第一款、第四十八条、第五十条第二款、第五十七条第一款、第五十六条第一款、第五十五条第一款、第六十四条之规定，上海市第二中级人民法院判决如下：(1)被告人喻春犯故意杀人罪，判处死刑，缓期2年执行，剥夺政治权利终身，限制减刑；(2)被告人喻威犯故意杀人罪，判处无期徒刑，剥夺政治权利终身；(3)被告人余自兵犯故意杀人罪，判处有期徒刑15年，剥夺政治权利4年。

一审宣判后，被告人喻威不服，以其具有自首情节对其应当从轻处罚为由向上海市高级人民法院提出上诉；余自兵亦以量刑过重为由提出上诉。

上海市高级人民法院经公开审理认为，上诉人喻威、余自兵与原审被告人喻春共同杀死一人，其行为均构成故意杀人罪。喻威未如实体述犯罪事实，不具有自首情节。余自兵自动投案且如实供述犯罪事实，应当认定具有自首情节，但原审对其判罚已体现从轻处罚政策，二上诉人的上诉意见不予采纳。据此，依照《刑事诉讼法》第二百二十五条第一款第(一)项之规定，上海市高级人民法院裁定驳回喻威、余自兵的上诉，维持原审各项判决。

■ 案例评析

□ 重点示意图

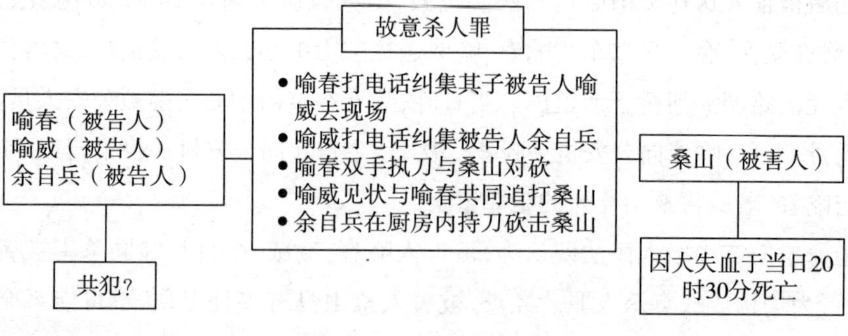

□ 疑难点释析

本案在审理过程中，合议庭对喻春、喻威、余自兵的行为构成故意杀人罪以及余自兵具有自首情节没有争议，但对喻威是否具有自首情节存在不同意见。

第一种观点认为,喻威具有自首情节。喻威供述了其带铁锹及持刀威吓桑山,只是澄清自己没有砍到过桑山,也供述了同案犯余自兵的行为,喻威没有指证喻春的故意杀人事实是因为没有看到喻春的具体行为。从在案证据分析,目前确无证据证明喻威持刀砍到过被害人;喻威和同案犯喻春是父子关系,对喻威如实供述事实的真实程度不能要求过高。喻威如实供述自己犯罪事实的行为,可以认定为自首。第二种观点认为,喻威不具有自首情节。虽然认定喻威直接砍到过桑山的证据不足,但是法官从自由心证角度应当认定喻威的砍击行为。喻威在整个供述过程中一直避重就轻,既没有承认自己用刀砍到过被害人,也没有供述第一被告人喻春的故意杀人的犯罪事实;喻威到案之初没有供述其纠集余自兵殴斗的事实,而是直到余自兵到案供述了喻威纠集其殴斗的犯罪事实,喻威才交代其纠集余自兵殴斗的事实,故喻威的行为不构成自首。第三种观点认为,喻威不具有自首情节,但理由和第二种意见不同。该观点认为,虽然本案证实喻威砍到过被害人的证据不足,但是要认定喻威具有自首情节,必须认定其所供述的影响定罪量刑的关键事实是真实的。尽管本案仅有余自兵指证喻威砍到过被害人的供述,不能证实喻威砍到过被害人,但同时也难以认定喻威所作的供述是真实的。如果认定喻威如实供述了自己的犯罪事实(其没有砍到过被害人),意味着否定了余自兵如实供述了关联犯罪事实(其供称喻威砍到过被害人)。

综合全案事实和证据,笔者认为第三种意见最为可取,理由在于确定被告人是否具有自首情节的关键在于是否“如实供述主要犯罪事实”。本案被告人喻威没有如实供述主要犯罪事实。具体理由如下:

第一,本案中经鉴定,桑山身上存在多处刀伤,系多人在厨房内持刀砍击所形成,绝不可能是余自兵在较短时间内一人行为所致。在确认被害人桑山的刀伤并非被告人余自兵独自所砍的前提下,意味着被告人喻春、喻威必定有一人砍到过被害人。而砍到过被害人的犯罪事实对量刑的影响明显大于准备砍击或者实施砍击但未砍到的犯罪事实。因此,喻威仅交代其拽住被害人的脖子让余自兵砍,没有交代持刀准备砍击但未砍到的行为,不能认定其如实供述了主要犯罪事实。

第二,本案没有认定喻春在厨房内实施过砍击行为是因为证据不足,而不是有充分证据证实喻春在厨房内没有砍击被害人桑山。如上所述,桑山身上存在刀伤系多人持刀砍击所形成,本案能够排除三被告人以外其他人作案,且喻威自始参加行凶全过程，是积极组织、参与本次殴斗的成员，应当能够证明喻春是否行凶，即要么承认自己行凶，要么证明喻春亦行凶。而喻威其既不供述自己对桑山实施过砍击行为，也不供述其父对桑山实施过砍击行为，而只是一口咬定其没有看到，并把相关罪责都推到余自兵身上。这种行为实质上是为了侧面反驳起诉书对其父亲的指控。虽然“亲亲相隐”的传统和 2012 年修改后的《刑事诉讼法》明确规定父母、配偶、子女具有强制到庭的豁免权，但这些仅表明不能因为犯罪嫌疑人、被告人不交代其亲属犯罪事实或者不到庭指证其亲属犯罪事实，就对其从重处罚，而不意味着不交代其亲属犯罪事实或者不到庭指证其亲属犯罪事实还能具备法定从宽处罚的条件。据此，笔者认为，喻威没有供述同案犯的主要犯罪事实，不能适用自首。

第三，喻威一到案即供述了其和其父参与了与被害人桑山殴斗的犯罪事实，但是没有供述其纠集余自兵参与殴斗的犯罪事实。直到余自兵到案后交代了其受喻威纠集才参与殴斗的犯罪事实，喻威才供述了自己纠集余自兵的行为。可见，喻威在纠集余自兵的问题上避重就轻，且将造成被害人桑山死亡的砍击行为推卸给余自兵，反映出其具有逃避法律追究的主观心态，不符合自首的设立精神，故对此情形下的如实供述，一般不能认定为如实供述了主要犯罪事实。综上，上海市第二中级人民法院认定被告人喻威不具有自首情节是正确的，对其判罚体现了罪责刑相适应原则。

■ 知识点梳理

在涉自首认定的案件中，“主要犯罪事实”的认定事关犯罪嫌疑人、被告人是否具有自首的认定，有必要探讨。犯罪事实既包括定罪事实，也包括量刑事实。对于犯罪事实是否属于主要犯罪事实的认定，除了要看该犯罪事实是否属于犯罪构成事实，还要看该犯罪事实是否对量刑产生重要影响。最高人民法院《关于处理自首和立功若干具体问题的意见》第二条第二款规定，“犯罪嫌疑人多次实施同种罪行的，应当综合考虑已交代的犯罪事实与未交代的犯罪事实的危害程度，决定是否认定为如实供述主要犯罪事实。虽然投案后没有交代全部犯罪事实，但如实交代的犯罪情节重于未交代的犯罪情节，或者如实交代的犯罪数额多于未交代的犯罪数额，一般应认定为如实供述自己的主要犯罪事实”。鉴于上述规定，笔者认为，一般应当根据犯罪嫌疑人、被告人所供述的犯罪事实对定罪量刑的影响程度，区分出主要犯罪事实和次要犯罪事实。如果无法区分犯罪嫌疑人、被告人已交代的犯罪事实与未交代的犯罪事实的主次，或者未交代的犯罪事实对定罪量刑的影响明显大于已交代的犯罪事实，则不应认定犯罪嫌疑人、被告人如实供述了主要犯罪事实。

从交代同案犯关联事实的程度分析被告人是否如实供述主要犯罪事实认定共同犯罪人的自首，关键在于准确地把握共同犯罪人“自己的罪行”范围。最高人民法院《关于处理自首和立功具体应用法律若干问题的解释》第一条第(二)项规定，“共同犯罪案件中的犯罪嫌疑人，除如实供述自己的罪行，还应当供述所知的同案犯，主犯则应当供述所知其他同案犯的共同犯罪事实，才能认定为自首”。即共同犯罪人自首时，除了交代自己所犯的罪行外，还需交代其所知的同案犯实施的共同犯罪事实。各种共同犯罪人自首时所供述的罪行范围，与其在共同犯罪中所起的作用和具体分工是相适应的，这是由共同犯罪的特性与自首的性质决定的。

从如实供述的时间节点分析被告人是否如实供述主要犯罪事实，根据《刑法》第六十七条及相关规范性指导文件的规定，“自动投案”是具有一定时间限制的，即犯罪嫌疑人必须在尚未受到讯问、未被采取强制措施时，主动、直接向司法机关投案。然而，上述相关规定并未明确“如实供述自己罪行”有无时间限制。司法实践中，经常遇到犯罪嫌疑人自动投案后，先不供述或者作虚假供述，但最终又作了如实供述主要犯罪事实的情况，对此能否认定为自首，存在认识分歧：一种观点认为，如实供述就是到案后立即交代犯罪事实，如果不是立即交代犯罪事实，则如实供述就失去了其本来的意义；另一种观点认为，由于法律对供述的时间节点没有明确规定，考虑到《刑法》第六十七条第三款对供述主体采用了“犯罪嫌疑人”这一表述，所以只要犯罪嫌疑人的身份还未变成被告人，其只要在侦查阶段供述了自己的罪行，都应当认定为如实供述了主要犯罪事实，而不论犯罪嫌疑人是否在第一时间供述。笔者认为，刑法设立自首的初衷，在于鼓励犯罪嫌疑人或者被告人(限于准自首情形)认罪、悔罪，真正将自己主动交付于司法机关监管。从“如实供述自己罪行”的相关规定看，的确没有对如实供述的时间节点进行明确规定，然而，如实供述的时间结点能够体现出供述者是否具有将其主动交付于司法机关监管的意愿。换言之，如果犯罪嫌疑人如实供述的时间节点是在其他同案犯已作相关供述之后，其是被迫而作出如实供述的，那么其在实质上就不具有主动交付于司法机关监管的意愿，不符合自首制度设立的初衷，故不能认定构成自首。

36

Case Study

胡俊波走私、贩卖、运输毒品,走私武器、弹药案

立功

■ 研读指导

1. 本案的审判法院对被告人不予从轻处罚的主要理由是什么?请提炼法院的推理要点。
2. 如何具体认定立功情节以及如何把握基于立功情节对被告人从轻处罚的界限?
3. 比较研读近似案例认定立功的具体情节,归纳总结原则和方法,注意其中的差异并分析原因。

■ 相关法条

《中华人民共和国刑法》第二十五条[共同犯罪概念]、第二十六条[主犯]、第二十七条[从犯]、第五十九条[没收财产]、第六十四条[犯罪所得之物、所用之物的处理]、第六十八条[立功]、第一百五十一条第一款[走私武器、弹药罪]、第三百四十七条[走私、贩卖、运输、制造毒品罪]

1998 年最高人民法院《关于处理自首和立功若干具体问题的意见》第三条、第四条、第六条

■ 近似案例

胡国栋抢劫案(刑事审判参考第 711 号)

刘伟等抢劫案(刑事审判参考第 712 号)

冯绍龙等强奸案（刑事审判参考第 713 号）

杨彦玲故意杀人案（刑事审判参考第 714 号）

■ 案情介绍

被告人胡俊波，男，1969 年 5 月 8 日出生，无业。1991 年 6 月 17 日因犯故意伤害罪、盗窃罪被判处无期徒刑，1993 年 6 月 30 日至 1997 年 6 月 10 日经三次减刑减为有期徒刑 17 年，剥夺政治权利 8 年，2000 年 7 月 7 日因患病被暂予监外执行，2009 年 4 月 20 日因本罪被逮捕。

云南省普洱市人民检察院以被告人胡俊波犯走私、贩卖、运输毒品罪，走私武器、弹药罪，向普洱市中级人民法院提起公诉。

被告人胡俊波当庭否认起诉书指控的犯罪事实，称其是为讨账前往缅甸。辩护人提出，公诉机关认定胡俊波犯罪的证据不足。

普洱市中级人民法院经公开审理查明：2009 年 2 月底，被告人胡俊波纠集、指挥同案被告人杨洪、陈静、刘伟、付超、李建华（均已判刑）到缅甸购买毒品走私入境贩卖。同月 27 日，胡俊波和陈静从四川省成都市乘飞机到达云南省景洪市，杨洪、刘伟、付超、李建华根据胡俊波的安排驾驶川 M56799 马自达牌轿车、川 A33A05 现代牌越野车随后来到景洪市，6 人先后偷渡至缅甸小勐拉会合。胡俊波联系好甲基苯丙胺、海洛因后，指使杨洪、陈静于 3 月 11 日到缅甸邦康市接取上述毒品以及枪支、弹药进行重新包装，从云南省孟连傣族拉祜族佤族自治县勐马镇陇海渡口携带入境后，藏入刘伟开来的川 M56799 马自达牌轿车车门的夹层内，而后，胡俊波等 6 人在孟连县嘉兴宾馆会合。3 月 13 日零时许，胡俊波与付超、李建华驾驶川 A33A05 现代牌越野车在前探路，杨洪、陈静、刘伟驾驶藏有毒品、枪支的川 M56799 马自达牌轿车跟随其后往云南省澜沧县方向行驶。途中胡俊波、付超、李建华、陈静、刘伟被公安人员抓获。公安人员当场从川 M56799 马自达牌轿车车门的夹层内查获甲基苯丙胺 24205 克、海洛因 350 克、手枪 2 支、子弹 24 发。3 月 22 日，胡俊波协助公安机关在湖北省武汉市抓获前来提取毒品的同案被告人胡环香（已判刑）。

另查明，2009 年 1 月 24 日胡俊波、杨洪、刘伟在浙江省宁波市世纪盛业酒店，将从缅甸走私入境的1支手枪送给王振海(另案处理)。次日16时许,王振海因与王国维、葛孝龙发生纠纷,持该枪在世纪盛业酒店将王国维、葛孝龙打伤。经鉴定,王国维构成重伤。

普洱市中级人民法院认为,被告人胡俊波的行为构成走私、贩卖、运输毒品罪和走私枪支、弹药罪。公诉机关指控的罪名成立。胡俊波辩解及辩护人提出的意见与案件审理查明事实不符,不予采纳。在走私、贩卖、运输毒品共同犯罪中,胡俊波起主要作用,是主犯;杨洪、陈静、刘伟、付超、李建华起次要作用,是从犯。在走私武器、弹药共同犯罪中,胡俊波起主要作用,是主犯;杨洪、陈静起次要作用,是从犯。胡俊波配合侦查机关到武汉抓获毒贩胡环香,有立功表现,但鉴于胡俊波罪行极其严重,对其不予从轻处罚。据此,普洱市中级人民法院依法判决如下:被告人胡俊波犯走私、贩卖、运输毒品罪,判处死刑,剥夺政治权利终身,并处没收个人全部财产;犯走私武器、弹药罪,判处死刑,缓期2年执行,剥夺政治权利终身,并处没收个人全部财产;决定执行死刑,剥夺政治权利终身,并处没收个人全部财产。

一审宣判后,被告人胡俊波提出上诉。除了一审当庭辩解的意见,胡俊波还提出其协助公安机关抓获胡环香,向重庆市警方提供唐军、唐照堃非法持有手枪一支的线索,在看守所内检举同监犯王全忠所说的结伙贩运“麻古”犯罪事实等行为均构成立功,请求从轻处罚。其辩护人提出,胡俊波具有重大立功表现,请求从轻处罚。

云南省高级人民法院经公开审理查明:2008年1月,胡俊波指使唐军、唐照堃将20余万克毒品和1支手枪从缅甸运输到成都,后胡俊波将四五万克毒品和手枪交由唐照堃保管。此后,唐军、唐照堃二人将毒品和手枪偷走,胡俊波多次到重庆市查找二人下落未果。重庆市警方根据胡俊波提供的线索,将唐军、唐照堃抓获,并在唐军家中将该枪支查获。胡俊波上述提供线索的行为构成立功。胡俊波在被抓获后,前往武汉协助公安机关抓获胡环香的行为构成立功。胡俊波检举同监犯王全忠所讲述的犯罪事实的行为仅属于有积极表现,不构成立功。云南省高级人民法院认为,上诉人胡俊波虽然具有两次立功表现,但其罪行极其严重,功不足以抵罪,不予从轻处罚;对胡俊波及其辩护人所提胡俊波具有重大立功表现,请求从轻处罚的上诉理由及辩护意见不予采纳。原判定罪准确,量刑适当,审判程序合法。据此,云南省高级人民法院裁定驳回上诉,维持原判,并依法报请最高人民法院核准。

最高人民法院经复核认为,被告人胡俊波纠集多人从境外非法运输甲基苯丙胺、海洛因入境贩卖，其行为构成走私、贩卖、运输毒品罪；其走私手枪、子弹入境的行为，还构成走私武器、弹药罪，依法应当并罚。胡俊波走私、贩卖、运输毒品数量大，社会危害大，且系主犯，主观恶性大，人身危险性大，依法应当严惩。胡俊波归案后虽有协助抓捕胡环香的立功表现，但其罪行极其严重，不足以从轻处罚。第一审判决、第二审裁定认定的事实清楚，证据确实、充分，定罪准确，量刑适当，审判程序合法。据此，最高人民法院裁定核准云南省高级人民法院维持第一审对被告人胡俊波以走私、贩卖、运输毒品罪判处死刑，剥夺政治权利终身，并处没收个人全部财产；以走私武器、弹药罪判处死刑，缓期 2 年执行，剥夺政治权利终身，并处没收个人全部财产的刑事裁定；与前罪没有执行的刑罚并罚，决定执行死刑，剥夺政治权利终身，并处没收个人全部财产。

■ 案例评析

□ 重点示意图

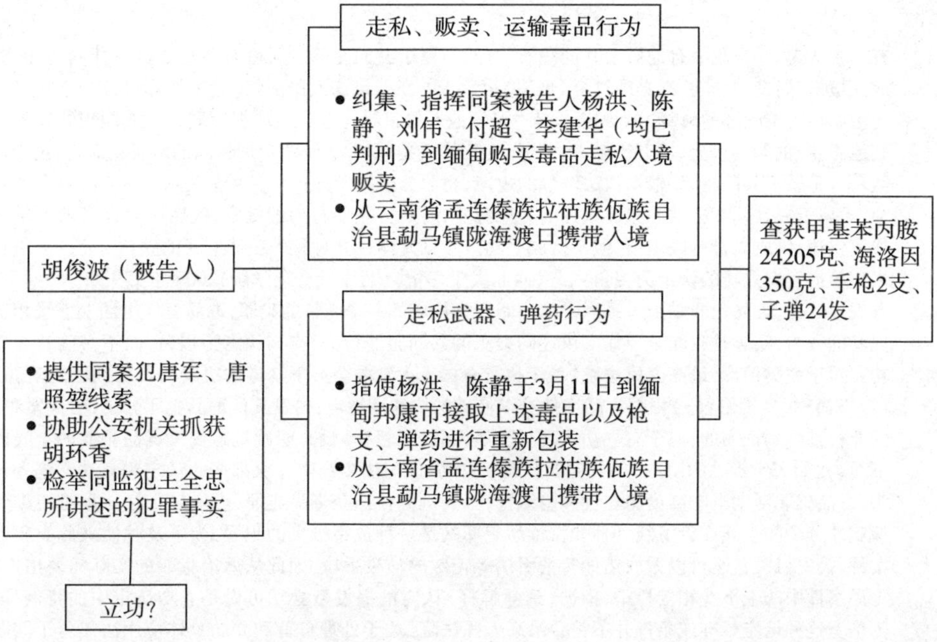

□ 疑难点释析

对被告人的供述行为是否认定为立功，有不同的意见：第一种观点认为，公安机关根据被告人供述抓获共同犯罪同案犯的，不应认定被告人有立功表现。[1] 从本案看，“二唐”持有的枪支来源于被告人与“二唐”共同运输枪支的犯罪行为，与被告人所犯之罪关联紧密，被告人的供述是在一审被判死刑之后，出于避重就轻的主观心态才交代“二唐”的犯罪线索，并非出于真诚悔罪、弃恶从善的积极表现，认定其立功与立法本意不符。第二种观点认为，被告人如实供述并协助抓获上、下家，应当认定被告人有立功表现。[2] 正是在被告人的协助下，公安机关抓获前来接取毒品的下家，构成立功。第三种观点认为，对被告人的立功行为是否从宽处罚，应当根据“功是否足以抵罪”的情况而定。笔者认为，本案被告人胡俊波属于“功不足以抵罪”情形。首先，被告人供述的“二唐”非法持有枪支的行为不构成立功；其如实供述的罪行与公安机关已掌握的其先后实施的一系列走私、贩卖、运输毒品，走私武器、弹药犯罪在法律、事实上密切关联，应当认定为同种罪行，因此仅

---

〔1〕 有学者认为，对合犯中有的属于共同犯罪，有的不属于共同犯罪。无论对合犯是否是共同犯罪，要成立检举、揭发型立功，都必须符合《刑法》第六十八条及最高人民法院《关于处理自首和立功具体应用法律若干问题的解释》的规定，具有“揭发他人的犯罪行为”或者“揭发同案犯共同犯罪以外的其他犯罪”的行为表现。因此，就双方的行为均构成犯罪，罪名及法定刑相同的对合犯而言，由于这类对合犯属于共同犯罪，根据司法解释的规定，犯罪分子揭发与其存在共犯关系的对方的对合性行为，不属于揭发同案犯共同犯罪以外的其他犯罪，对对方犯罪行为的揭发，仅属于对自己的罪行的如实供述，仅成立自首或坦白，但不构成立功。参见龙洋：《几种特殊犯罪形式的立功认定——以连累犯等揭发型立功的认定为视角》，载《西北大学学报》（哲学社会科学版）2009 年第 9 期。

〔2〕 有观点认为，毒品犯罪是由一系列毒品犯罪行为构成的一个完整的犯罪，毒品案件中的上下线相互揭发的行为，实际是犯罪分子如实供述同案犯的共同犯罪行为，应当认定为坦白，而不必确认为立功。对于此类情形，最高人民法院《关于执行全国人大常委会关于禁毒的决定的若干问题的解释》（以下简称《禁毒解释》）根据毒品案件难以侦破的特殊性规定：揭发其他毒品犯罪分子（含同案犯）的罪行且得到证实的，属于有立功表现。虽然该《禁毒解释》没有明确规定揭发毒品犯罪的上线或下线（比如买卖毒品的双方）的共同罪行属于立功，但司法实践中一般都据此认定为立功。笔者认为，毒品犯罪活动具有高度隐秘性和组织性，公安机关在抓获毒品犯罪分子之后，往往很难追溯到该犯罪分子的上线或者下线，但同时，毒品犯罪又是一种危害极大的犯罪，为了及时侦破此类犯罪案件，公安机关甚至可以采取诸如特情引诱等特殊的侦破手段，因此从惩治犯罪的实际需要出发，毒品案件中的上下线相互检举，依据《禁毒解释》认定的揭发型立功可说是立功认定中的特例，因为毕竟这种认定标准或条件并不符合最高人民法院《关于处理自首和立功具体应用法律若干问题的解释》所确认的共同犯罪人立功的认定标准。参见龙洋：《几种特殊犯罪形式的立功认定——以连累犯等揭发型立功的认定为视角》，载《西北大学学报》（哲学社会科学版）2009 年第 9 期。

属有积极表现，不构成立功；但其协助公安机关抓获胡环香的行为构成立功。其次，被告人在被判处重刑暂予监外执行（保外就医）期间从事毒品犯罪，是共同犯罪的主犯和毒品惯犯；归案后长期拒不如实供述自己的罪行，除拨打电话联系下家派遣胡环香接取毒品外，拒不如实供述毒品的来源和下家主犯；其不但走私、贩卖、运输毒品2万余克而且走私枪支、弹药，罪行极其严重，协助抓获的只是下家的“马仔”，功不足以抵罪，如从轻处罚，将会造成全案处刑明显失衡。最后，从侦查经过分析，被告人归案后在最初三次被讯问时均拒不供认罪行，认罪后亦不供述武汉市下家主犯的真实情况，通过打电话联系下家派人接取毒品抓获胡环香后又翻供，拒不认罪，称毒品是公安人员逼着让指认和承认的，胡环香是公安让帮忙抓的。胡俊波在一审被判处死刑之后才交代“二唐”实施犯罪的线索，且在供述时避重就轻，体现出其借检举、揭发逃避罪责的主观心态。

综上，本案在审理过程中，三级法院均对被告人的三种行为表现是否构成立功情节进行了认真审查，并对其中构成立功的情节，在量刑时予以了充分考虑并在裁判文书中予以释明。全案处理合法、适当，说理充分、有力，有利于被告人认罪伏法，取得了良好的社会效果和法律效果。

■ 知识点梳理

立功，是指犯罪人到案后揭发他人犯罪行为，查证属实，或者提供重要线索，从而得以侦破其他案件，以及其他对国家和社会有突出贡献的行为。根据《刑法》第六十八条第一款的规定，立功表现可分为三种情况：一是揭发他人犯罪行为，查证属实的；包括共同犯罪案件中的犯罪分子揭发同案犯共同犯罪以外的其他犯罪，经查证属实；二是提供重要线索，从而得以侦破其他案件的；三是其他立功表现，如阻止他人犯罪活动；协助司法机关抓捕其他犯罪嫌疑人（包括同案犯）；阻止其他犯罪人的逃跑；等等。

结合前述司法解释，犯罪分子有检举、揭发他人重大犯罪行为，经查证属实；提供侦破其他重大案件的重要线索，经查证属实；阻止他人重大犯罪活动；协助司法机关抓捕其他重大犯罪嫌疑人（包括同案犯）；对国家和社会有其他重大贡献等表现的，应当认定为有重大立功表现。上述“重大犯罪”“重大案件”“重大犯罪嫌疑人”的标准,一般是指犯罪嫌疑人、被告人可能被判处无期徒刑以上刑罚或者案件在本省、自治区、直辖市或者全国范围内有较大影响等情形。

上述立功与重大立功中所揭发的他人犯罪事实、所提供的他人犯罪的重要线索,不需要原本由行为人掌握,行为人的亲友等(司法工作人员除外)告知行为人后,由行为人揭发或者提供的,不影响立功的成立。

根据《刑法》第六十八条的规定,犯罪人有立功表现的,可以从轻或者减轻处罚;有重大立功表现的,可以减轻或者免除处罚;犯罪后自首又有重大立功表现的,应当减轻或者免除处罚。

37
Case Study

刘某贪污案

减轻情节 | 免予处罚

■ 研读指导

1. 本案最高人民法院裁定不核准对被告人刘某在法定刑以下判处免予刑事处罚判决的理由是什么？请提炼法院的推理要点。
2. 结合案情讨论，适用减轻处罚情节能否对被告人免予刑事处罚？
3. 比较研读近似案例中适用减轻处罚的原则和方法，注意其中的差异并分析原因。

■ 相关法条

《中华人民共和国刑法》第六十三条[减轻处罚]、第六十四条[犯罪物品的处理]、第三百八十二条[贪污罪]、第三百八十三条[贪污罪的处罚]

1998 年最高人民法院《关于执行〈中华人民共和国刑事诉讼法〉若干问题的解释》(2013 年 1 月 1 日废止)第二百七十二条

■ 近似案例

胡国栋抢劫案(刑事审判参考第 711 号)

李春伟、史熠东抢劫案(刑事审判参考第 480 号)

郝卫东盗窃案(刑事审判参考第 615 号)

■ 案情介绍

被告人刘某，男，汉族，1955 年 5 月 11 日出生，原某县人民法院院长。因涉嫌犯贪污罪于2008年4月3日被取保候审。

某市人民检察院以被告人刘某犯贪污罪,向某市人民法院提起公诉。

某市人民法院经审理查明:2005年5月至2006年,被告人刘某利用职务便利,多次采取虚开发票多报销或者重复报销等手段,侵吞公款共计人民币(以下币种同)36974.98元。

某市人民法院认为,被告人刘某身为国家工作人员,利用职务之便,采用虚开、多报等手段,侵吞公款36974.98元,其行为构成贪污罪。刘某归案后能积极退缴涉案赃款,综合考虑其犯罪情节、认罪态度、悔罪表现,依法可对刘某减轻处罚。依照《刑法》第三百八十二条第一款、第三百八十三条第一款第(三)项、第六十三条第二款、第六十四条之规定,某市人民法院判决如下:被告人刘某犯贪污罪,免予刑事处罚;追缴违法所得36974.98元,退还某县人民法院。

一审宣判后,被告人刘某没有上诉,检察机关也没有抗诉。依照《刑法》第六十三条第二款以及最高人民法院《关于执行〈中华人民共和国刑事诉讼法〉若干问题的解释》第二百七十二条之规定,该案逐级报请最高人民法院核准。最高人民法院依法组成合议庭对本案进行了复核,裁定不核准在法定刑以下对刘某判处免予刑事处罚判决。

■ 案例评析

□ 重点示意图

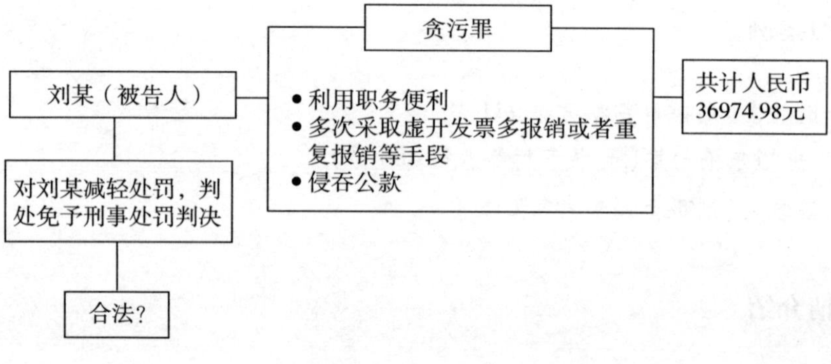

□ 疑难点释析

本案的争议点集中在:适用减轻处罚情节能否对被告人免予刑事处罚?

《刑法修正案(八)》施行以前,全国各地法院对在法定刑以下判处刑罚的具体幅度、把握的标准不一,对于同时具有几个量刑幅度的案件,有的法院严格把握在具体对应的法定量刑幅度的下一个量刑幅度判处刑罚,有的法院可能跨越一个或者几个量刑幅度判处刑罚,还有的法院甚至在适用减轻处罚情节后判处免予刑事处罚。2011年《刑法修正案(八)》第五条将《刑法》第六十三条第一款修改为:"犯罪分子具有本法规定的减轻处罚情节的,应当在法定刑以下判处刑罚;本法规定有数个量刑幅度的,应当在法定量刑幅度的下一个量刑幅度内判处刑罚。"根据该条规定,对于同时具有几个量刑幅度的案件,法院应该严格限定在具体对应的法定量刑幅度的下一个量刑幅度判处刑罚。

本案是在《刑法修正案(八)》施行前判决的案件。虽然《刑法修正案(八)》之前的法律及相关规范性文件没有明确限制减轻处罚的幅度,但是根据有关减轻处罚等刑罚具体运用的原理,对于《刑法修正案(八)》施行前发生以及判决的案件,在适用减轻处罚情节时,原则上应当限制在法定量刑幅度的下一个量刑幅度内判处刑罚,不应跨越量刑幅度减至免予刑事处罚。也就是说,在案件没有法定免除处罚情节时,原则上不应适用减轻处罚情节对被告人减至免予刑事处罚。本案的原审法院根据《刑法》第三百八十三条第一款第(三)项的规定,将"个人贪污数额在五千元以上不满一万元,犯罪后有悔改表现、积极退赃的,可以减轻处罚或者免予刑事处罚"作为"个人贪污数额在五千元以上不满五万元的,处一年以上七年以下有期徒刑"的下一个量刑幅度,对被告人刘某适用减轻处罚情节,直接作出免予刑事处罚的判决不妥。因此,最高人民法院未核准对被告人刘某在法定刑以下判处刑罚的判决。

■ 知识点梳理

对具有法定减轻处罚情节而在法定刑以下判处刑罚的案件是否应当在法定量刑幅度的下一个量刑幅度内判处刑罚? 减轻处罚是在一定条件下对刑期予以一定

幅度的缩减，最终处罚结果仍必须判处一定的刑期，与免予刑事处罚在本质上是不同的。然而，由于各地法院对减轻处罚的掌握标准不统一，导致类似的案件在量刑上存在较大差异的情况。为了统一减轻处罚的量刑标准，准确量刑，《刑法修正案(八)》第五条将《刑法》第六十三条第一款修改为："犯罪分子具有本法规定的减轻处罚情节的，应当在法定刑以下判处刑罚；本法规定有数个量刑幅度的，应当在法定量刑幅度的下一个量刑幅度内判处刑罚。"这一规定明确了刑法规定有数个量刑幅度的，应当在法定量刑幅度的下一个量刑幅度内判处刑罚，而不能跨越量刑幅度判处刑罚。因此，对具有法定减轻处罚情节而在法定刑以下判处刑罚的案件，应当在法定量刑幅度的下一个量刑幅度内判处刑罚，不能减至免予刑事处罚。

对不具有法定减轻处罚情节而在法定刑以下判处刑罚的案件是否应当在法定量刑幅度的下一个量刑幅度内判处刑罚？就犯罪本身而言，具有法定减轻处罚情节的案件比不具有法定减轻处罚情节的案件更有理由在法定刑以下判处刑罚，因此，对不具有法定减轻处罚情节的案件要在法定刑以下判处刑罚必须逐级报请最高人民法院核准。既然对具有减轻处罚情节的案件在减轻处罚时不能跨越量刑幅度判处刑罚，那么对不具有法定减轻处罚情节的案件在减轻处罚时更应当遵循在法定量刑幅度的下一个量刑幅度内判处刑罚的原则。但是对极个别涉及政治、国防、外交等特殊情况的案件，应当根据具体情况，决定减轻刑罚的幅度，不受在法定量刑幅度的下一个量刑幅度内判处刑罚这一原则的限制。

对法定量刑幅度已是最低量刑幅度的案件适用减轻处罚情节是否应当判处免予刑事处罚？如果具体罪行所对应的法定量刑幅度已是最低量刑幅度，但该法定量刑幅度中最低的刑种尚不是最轻的，适用减轻处罚情节时，是否可以突破刑法的规定，以比该法定量刑幅度中最低的法定刑更轻的刑种判处刑罚？对此问题，最高人民法院研究室 1994 年 2 月 5 日下发的《关于适用刑法第五十九条第二款减轻处罚能否判处刑法分则条文没有规定的刑罚问题的答复》(以下简称《答复》)指出，"在法定刑以下判处刑罚，包括判处刑法分则条文没有规定的不同种的刑罚"。笔者认为，《答复》中的《刑法》第五十九条第二款是指 1979 年《刑法》第五十九条第二款，虽然与 1997 年《刑法》第六十三条第二款的具体表述有所不同，但都是针对不具有法定减轻处罚情节的被告人减轻处罚作出的规定，内容一脉相承。因此，在没有规范性文件明确提出相反的意见之前，《答复》确立的原则至今依然可以适用。以单位行贿案件为例,单位行贿罪只有“五年以下有期徒刑或者拘役”一个量刑幅度,在适用减轻处罚情节时,可以对被告人判处管制;再以战时自伤案件为例,战时自伤罪有两个法定量刑幅度,如果与具体罪行对应的法定量刑幅度是“三年以下有期徒刑”,在适用减轻处罚情节时,可以对被告人判处拘役或者管制;如果与具体罪行对应的法定量刑幅度中最低的法定刑已是最低刑种,即没有再适用减轻处罚的空间的,则可以直接适用《刑法》第三十七条免予刑事处罚的规定,不必以适用减轻处罚情节的方式判处免予刑事处罚。例如,扰乱法庭秩序罪的法定刑是“三年以下有期徒刑、拘役、管制或者罚金”,对本罪已无适用减轻处罚情节的空间,如果犯罪情节轻微不需要判处刑罚的,完全可以直接通过适用《刑法》第三十七条的规定,对被告人判处免予刑事处罚。

38
Case Study

代海业盗窃案

撤销缓刑 ｜ 数罪并罚

■ 研读指导

1. 本案二审法院撤销被告人缓刑的理由是什么？请提炼法院的推理要点。
2. 结合案情讨论，缓刑考验期内犯新罪如何实行数罪并罚？
3. 比较研读近似案例，总结归纳缓刑撤销的原则和程序。

■ 相关法条

《中华人民共和国刑法》第五十二条[罚金数额的确定]、第五十三条[罚金的缴纳]、第六十九条[判决宣告前一人犯数罪的并罚]、第七十一条[判决宣告后刑罚执行完毕前又犯新罪的并罚]、第七十七条[缓刑考验不合格的处理]、第二百六十四条[盗窃罪]

《中华人民共和国刑事诉讼法》(1996 年修正版)第一百八十九条第(二)项

■ 近似案例

王园破撤销缓刑案(刑事审判参考第 238 号)

徐通等盗窃案(刑事审判参考第 515 号)

■ 案情介绍

被告人代海业，男，1973 年 4 月 26 日出生，汉族，农民。2008 年 8 月 26 日因犯滥伐林木罪被判处有期徒刑1年，缓刑1年，并处罚金人民币（以下所涉币种均为人民币）5000元，2009年9月5日因涉嫌盗窃罪被逮捕。

2009年10月26日，河南省信阳市浉河区人民检察院以被告人代海业犯盗窃罪，向浉河区人民法院提起公诉。

被告人代海业对公诉机关指控的罪名和事实均无异议。

信阳市浉河区人民法院经公开审理查明：2009年5月13日22时许，被告人代海业在信阳市浉河区董家河桥头路口电话亭旁，将王启明的红色三菱125摩托车盗走。经鉴定，该车价值2668元。

信阳市浉河区人民法院认为，被告人代海业秘密窃取他人财物的行为已构成盗窃罪。被告人代海业在缓刑考验期内又犯新罪，依法应当撤销缓刑。依照《刑法》第二百六十四条、第六十九条、第七十一条、第七十七条第一款、第五十二条、第五十三条之规定，判决如下：被告人代海业犯盗窃罪，判处有期徒刑7个月，并处罚金人民币2000元；犯滥伐林木罪，判处有期徒刑1年，缓刑1年，并处罚金人民币5000元，现予以撤销缓刑，余刑10个月零3天；数罪并罚，决定执行有期徒刑11个月，并处罚金人民币7000元。

一审宣判后，浉河区人民检察院以原审判决适用法律错误、量刑不当为由，向信阳市中级人民法院提出抗诉。

信阳市中级人民法院经审理认为，原审被告人代海业秘密窃取他人财物的行为已构成盗窃罪。原审法院定罪准确，量刑适当，审判程序合法。但与所犯滥伐林木罪数罪并罚，决定执行刑罚时，适用法律错误，致使决定执行的刑期不当。根据《刑法》第七十七条的规定，原审被告人代海业在缓刑考验期内犯盗窃罪，应当撤销缓刑，对盗窃罪作出判决，把犯滥伐林木罪和盗窃罪所判处的刑罚，依照《刑法》第六十九条的规定，决定执行的刑罚。对原审被告人代海业应在有期徒刑1年至1年零7个月之间决定执行刑期，原审决定执行有期徒刑11个月确属适用法律错误。抗诉机关的抗诉理由成立，予以采纳。依照《刑法》第二百六十四条、第七十七条、第六十九条、《刑事诉讼法》第一百八十九条第（二）项之规定，判决如下：（1）维持浉河区人民法院（2009）浉刑初字第327号刑事判决中对原审被告人代海业犯盗窃罪的定罪量刑部分。（2）撤销浉河区人民法院（2009）浉刑初字第327号刑事判决中对原审被告人代海业所犯盗窃罪与滥伐林木罪数罪并罚，决定执行的刑期部分。(3)原审被告人代海业犯盗窃罪,判处有期徒刑7个月,并处罚金人民币2000元;犯滥伐林木罪,判处有期徒刑1年,缓刑1年,并处罚金人民币5000元,现予以撤销缓刑;数罪并罚,决定执行有期徒刑1年零4个月,并处罚金人民币7000元。

■ 案例评析

□ 重点示意图

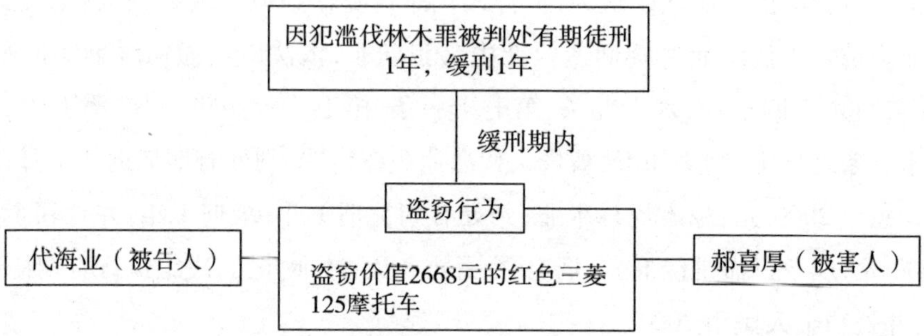

□ 疑难点释析

本案在审理过程中的争论点主要集中在:缓刑考验期内犯新罪如何实行数罪并罚?对此存在两种观点,一种观点认为,此情景属于刑罚执行完毕以前又犯新罪。根据《刑法》第七十一条规定的罪数并罚处罚原则,应当先将被告人代海业犯滥伐林木罪所判处的刑罚扣除宣告缓刑前先刑羁押的时间后,再与其因犯盗窃罪所判处的刑罚,依照《刑法》第六十九条的规定决定执行的刑罚。一审法院即根据此种理解作出并罚判决。另一种观点认为,缓刑考验期间羁押时间不同于已执行刑期,对此情形应当根据《刑法》第七十七条第一款的规定将滥伐林木罪与盗窃罪直接依照《刑法》第六十九条的规定决定执行的刑罚。代海业因犯滥伐林木罪被先行羁押的时间应当在数罪并罚决定执行的刑罚之后,依照《刑法》第四十七条的规定予以折抵。

二审法院即根据第二种观点的理解,认为一审法院适用《刑法》第七十一条规

定的数罪并罚原则决定的执行刑罚属于法律适用错误,并依法改判。具体理由如下:

首先,《刑法》第七十七条第一款对被宣告缓刑的犯罪分子在缓刑考验期间犯新罪或者发现漏罪如何实行数罪并罚已经做出明确规定,即"被宣告缓刑的犯罪分子,在缓刑考验期限内犯新罪或者发现判决宣告以前还有其他罪没有判决的,应当撤销缓刑对新犯的罪或者新发现的罪作出判决,把前罪和后罪所判处的刑罚按照本法第六十九条的规定决定执行刑罚"。缓刑考验期不属于刑罚执行,缓刑考验期不同于刑罚执行期间。"缓刑考验期限内"与《刑法》第七十一条规定"刑罚执行完毕前"属于两个不同层面的问题。"刑罚执行完毕前"是相对于刑罚已经开始执行而言的,没有刑罚执行也就无所谓"刑罚执行完毕以前"。而缓刑是附条件的不执行,在缓刑考验期原判刑罚是否执行处于不确定状态,故无从谈起刑罚是否已经执行完毕。此外,《刑法》第七十三条第三款规定"缓刑考验期限,从判决确定之日起计算",这一规定未涉及任何现行羁押的时间折抵缓刑考验期的问题,因此,在缓刑考验期内犯新罪与在判决宣告以后刑罚执行完毕以前犯新罪属于不同情形。因此,在缓刑考验期限内犯新罪或者发现漏罪实行数罪并罚的,均不适用于《刑法》第七十条或第七十一条有关数罪并罚的规定,而应当适用《刑法》第七十七条的规定。

其次,一审法院不仅错误地适用《刑法》第七十一条,而且还将被告人宣告缓刑前先行羁押的时间等同为前罪已经执行的刑期予以扣除,进而错误地认定了"前罪没有执行的刑罚"。如果《刑法》第七十条没有对缓刑考验期间内犯新罪如何并罚作出规定,司法实践中依照《刑法》第七十一条的规定即可进行并罚,关键在于如何认定"前罪没有执行的刑罚"。缓刑的实质是暂缓刑法的执行,如果犯罪分子在缓刑期间根本不存在刑罚执行问题,对宣告缓刑的罪犯,与其说"前罪没有执行的刑罚"就是其判决宣告的刑罚,而不应当将先行羁押的时间混同于已经执行的刑罚予以扣除。判前羁押与判后刑罚执行的性质不同,将先行羁押时间直接等同于已执行刑期,违背相关法律规定。判前羁押是判决交付执行前办案机关为确保刑事诉讼活动的顺利进行,针对犯罪嫌疑人被告人而采取的人身强制措施;判前羁押与徒刑执行虽然都已剥夺人身自由为特征,但两者在诉讼阶段和性质上存在明显差别;前者发生在判决确定之前,后者发生在判决确定之后,前者属于程序措施,后者属于实体处分。正因如此,刑法对先行羁押时间的折抵与已执行刑罚的扣减作了不同规定。《刑法》第四十七条在表述羁押时间和执行刑期的关系时使用的是羁押一日“折抵”刑期一日;而《刑法》第七十条在表述已执行刑期的扣减时使用的是应当“计算”在新判决决定的刑期内,很明显“折抵”是针对两个不同的事物。

最高人民法院《关于撤销缓刑时罪犯在宣告缓刑前羁押的时间能否折抵刑期问题的批复》(以下简称《批复》)规定:“根据《刑法》第七十七条的规定,对被宣告缓刑的犯罪分子撤销缓刑执行原判刑罚的,对其在宣告缓刑前羁押的时间应当折抵刑期。”虽然该《批复》针对的是“执行原判刑罚”的情形,但其司法精神对数罪并罚的情形仍可适用判决执行以前先行羁押时间折抵刑期。目的是确保被告人的合法权益,同时也便于计算有期徒刑的刑期和起止时间,属于判决执行的范畴。理论上对《刑法》第七十条、第七十一条概括的数罪并罚原则“先减后并”“先并后减”中的“减”根本不同,“减”的目的在于决定数罪执行的刑罚,至于实际执行的期限则属于刑罚确定后执行有期徒刑的计算问题。包括先行羁押时间的折抵问题,缓刑犯在缓刑期间犯新罪表明其主观恶性较大,在处理上应当体现从重处罚原则。《刑法》第七十条规定是撤销缓刑,将“前罪和后罪所判处的刑罚依照本法第六十七条的规定决定执行刑罚”,由此可见,立法对缓刑犯又犯新罪的从重处罚,主要体现在对其缓刑的撤销上,而不在于在实际执行刑期方面按照数罪并罚的原则。

■ 知识点梳理

缓刑考验期满,是指犯罪人在缓刑考验期内,没有再犯新罪,没有发现判决宣告以前还有其他罪没有判决,没有情节严重的违反有关缓刑的监督管理规定的行为,并且经过了考验期限。[1] 根据《刑法》第七十六条的规定,被宣告缓刑的犯罪人,如果没有上述三种情形,缓刑考验期满,原判的刑罚就不再执行,并公开予以宣告。“原判的刑罚就不再执行”,是指原判决的有罪宣告仍然有效,原判的刑罚也没有错误,但由于犯罪人在考验期内符合法定条件,原判决所宣告的刑罚不再执

---

〔1〕 张明楷:《刑法学》(上)(第五版),法律出版社 2016 年版,第 616 页。

行。在这种情况下，不可认为原判的刑罚已经执行完毕。

缓刑的撤销是指由于犯罪人在缓刑考验期内，没有遵守法定条件，而将原判决宣告的缓刑予以撤销，使犯罪人执行原判刑罚甚至实行数罪并罚。缓刑的撤销包括四种情况：

第一，被宣告缓刑的犯罪人，在缓刑考验期内犯新罪的，应当撤销缓刑，对新犯的罪作出判决，把前罪和后罪所判处的刑罚，依照《刑法》第六十九条的规定，决定执行的刑罚。如果原判决宣告以前先行羁押的，羁押日期应当折抵刑期。在这种情况下，即使在经过了缓刑考验期后才发现行为人在缓刑考验期内所犯新罪的，也应当撤销缓刑。

第二，被宣告缓刑的犯罪人，在缓刑考验期内发现判决宣告以前还有其他罪没有判决的，应当撤销缓刑，对新发现的罪作出判决，把前罪和后罪所判处的刑罚，依照《刑法》第六十九条的规定，决定执行的刑罚。如果原判决宣告以前先行羁押的，羁押日期应当折抵刑期。如果在经过了缓刑考验期后才发现判决宣告以前还有其他罪没有判决的，应否撤销缓刑？笔者认为不能，原因在于《刑法》第七十七条明文规定，只有在缓刑考验期内发现判决宣告以前还有其他罪没有判决，才能撤销缓刑；既然在缓刑考验期内没有发现判决宣告以前还有其他罪没有判决，就不能撤销缓刑，只能对新发现的罪作出判决并执行。

第三，被宣告缓刑的犯罪人，在缓刑考验期内，违反法律、行政法规或者国务院公安部门有关缓刑的监督管理规定，情节严重的，应当撤销缓刑，执行原判刑罚。这种缓刑的撤销，并不是以被宣告缓刑的犯罪人，在缓刑考验期内，违反法律、行政法规或者国务院公安部门有关缓刑的监督管理规定为充足条件；换言之，只有具有上述违反行为并且情节严重的，才应当撤销缓刑；具有上述违反行为但情节并不严重的，不能撤销缓刑。另外，其中的"违反法律"不包括违反刑法。如果违反刑法，则属于上述第一类缓刑撤销，应当实行并罚，而不只是执行原判刑罚。在这种情况下撤销缓刑，不存在数罪并罚的问题。原判决宣告以前先行羁押的，应当折抵刑期。

第四，被宣告缓刑的犯罪人，在缓刑考验期内，违反人民法院判决中的禁止令，情节严重的，应当撤销缓刑，执行原判刑罚。原作出缓刑判决的人民法院应当自收到当地社区矫正机构提出的撤销缓刑建议书之日起1个月内依法作出裁定。人民法院撤销缓刑的裁定一经作出，立即生效。原判决宣告以前先行羁押的，应当折抵刑期。根据最高人民法院、最高人民检察院、公安部、司法部2011年4月28日《关于对判处管制、宣告缓刑的犯罪分子适用禁止令有关问题的规定（试行）》的规定，违反禁止令，具有下列情形之一的，应当认定为"情节严重"：三次以上违反禁止令的；因违反禁止令被治安管理处罚后，再次违反禁止令的；违反禁止令，发生较为严重危害后果的；其他情节严重的情形。

39

Case Study

田友兵敲诈勒索案

数罪并罚 | 监外执行

■ 研读指导

1. 本案审判法院对被告人田友兵的处罚理由是什么？请提炼法院的推理要点。
2. 结合案情讨论，暂予监外执行期间犯新罪，但新罪是在暂予监外执行期限届满后才被发现的，是否应当数罪并罚？
3. 比较研读近似案例，总结归纳监外执行的具体适用情况，注意其中的差异并分析原因。

■ 相关法条

《中华人民共和国刑法》第二十三条[犯罪未遂]、第六十九条[判决宣告前一人犯数罪的并罚]、第七十一条[判决宣告后刑罚执行完毕前又犯新罪的并罚]、第二百七十四条[敲诈勒索罪]

《中华人民共和国刑事诉讼法》(1996年修正版)第二百一十四条[暂予监外执行]

■ 相近案例

吴秀龙等贩卖毒品案(刑事审判参考第799号)

■ 案情介绍

被告人田友兵，男，1986年5月3日出生，农民。2005年6月因犯聚众斗殴罪被判处有期徒刑3年(先行羁押日期折抵后,刑期自2005年6月17日起至2008年3月6日止),2007年7月13日被暂予监外执行,2008年5月13日因涉嫌犯敲诈勒索罪被逮捕。

山东省寿光市人民检察院以被告人田友兵犯敲诈勒索罪,向寿光市中级人民法院提起公诉。

寿光市中级人民法院经公开审理查明:2007年8月14日,被告人田友兵伙同郭鹏飞(在逃)、赵海江(另案处理)、张玮琳(另案处理)等人,以寿光市联盟化工集团新丰淀粉有限公司职工刘强欺负徐玉婷为由,采用殴打、恐吓、关押看管等手段,逼迫被害人刘强交纳人民币(以下币种同)10000元,刘强于次日交给田友兵5000元后被放回。2008年4月,田友兵被公安机关抓获归案。

寿光市中级人民法院认为,被告人田友兵以非法占有为目的,勒索他人财物,数额巨大,其行为构成敲诈勒索罪。鉴于其敲诈勒索部分未遂,依法可以减轻处罚。依照《刑法》第二百七十四条、第二十三条之规定,寿光市中级人民法院以被告人田友兵犯敲诈勒索罪,判处有期徒刑2年。

一审宣判后,被告人田友兵在法定期限内不上诉,检察机关亦不抗诉,判决发生法律效力。

■ 案例评析

□ 重点示意图

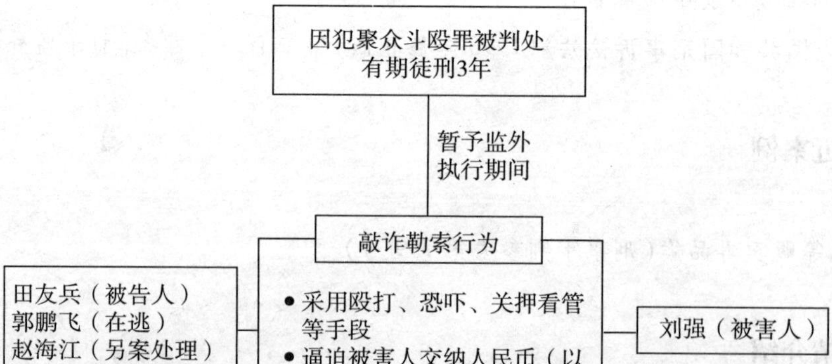

□ 疑难点释析

本案审理过程中,对被告人田友兵的处罚意见主要有两种:一种意见认为,对被告人的行为应实行数罪并罚。根据《刑法》第七十一条的规定,判决宣告以后,刑罚执行完毕以前,被判刑的犯罪分子又犯罪的,应当对新犯的罪作出判决,把前罪没有执行完毕的刑罚和后罪所判处的刑罚,依照《刑法》第六十九条的规定,决定执行的刑罚。因此,只要是在刑罚执行完毕以前犯了新罪,都应当对新罪作出判决,并按照《刑法》第七十一条的规定进行数罪并罚。另一种意见认为,被告人暂予监外执行期满应当视为刑罚已经执行完毕,无须进行数罪并罚,只需对被告人所犯敲诈勒索罪单独定罪处罚。

笔者认为第二种意见更为妥当,主要理由如下:

本案争议的第一个焦点在于:对暂予监外执行性质的理解。对此可以从两个层面来分析:其一,暂予监外执行是一种特殊的刑罚执行方式。一般认为,“监外执行是指对符合法定条件的罪犯因某种特殊情况而暂予变更刑罚执行场所、刑罚执行方式的一种行刑制度”。暂予监外执行制度是指由于某种特殊情况的出现,通过一定的程序,将人民法院所判处的监禁刑的实刑改变为非监禁的刑罚执行方法,而且罪犯的刑期不因执行场所、执行方式的变更而中断,依然连续计算。可见,暂予监外执行的实质仍然是对罪犯监禁刑的执行过程,与缓刑考验期有本质的区别。其二,暂予监外执行是监狱机关对不适宜继续关押的服刑人员的一项刑罚变通执行方式,是人道主义精神的体现。按照我国《刑事诉讼法》第二百五十四条的规定,被判处有期徒刑或者拘役的罪犯,如有严重疾病需要保外就医、怀孕或者正在哺乳自己婴儿的妇女,可以暂予监外执行;对被判处有期徒刑、拘役,生活不能自理,适用暂予监外执行不致危害社会的罪犯,也可以暂予监外执行。可见,暂予监外执行的条件与刑罚执行过程中的假释存在区别,并不是对服刑人员的鼓励性措施。

本案争议的第二个焦点在于:暂予监外执行期间犯新罪,暂予监外执行是否中止?[1]根据1996年《刑事诉讼法》第二百一十六条的规定:“暂予监外执行的情形消失后,罪犯刑期未满的,应当及时收监。罪犯在暂予监外执行期间死亡的,应当及时通知监狱。”《监狱法》第二十八条规定:“暂予监外执行的情形消失后,刑期未满的,负责执行的公安机关应当及时通知监狱收监;刑期届满的,由原关押监狱办理释放手续。罪犯在暂予监外执行期间死亡的,公安机关应当及时通知原关押监狱。”据此,罪犯在暂予监外执行期间犯新罪被发现的,才可能中止暂予监外执行,否则,罪犯仍应被视为暂予监外执行过程中。

本案争议的第三个焦点在于:前罪的刑罚是否已经执行完毕?暂予监外执行虽然改变了服刑场所,但本质上仍是刑罚的一种执行方式。1990年3月30日,最高人民法院《关于监外执行的罪犯重新犯罪的时间是否计入服刑期问题的批复》(以下简称《批复》)指出,“被准予监外执行之日起至新罪后新判决执行前这段时间,应视为所服前罪判决的刑期”。由《批复》可知,只要暂予监外执行没有终止,暂予监外执行期就应计入刑罚执行期,不管是否发现暂予监外执行期间罪犯是否犯新罪。就本案而言,2008年3月6日,被告人田友兵犯聚众斗殴罪的暂予监外执行期届满,其刑罚执行完毕,也就是说,田友兵已完全承担了其前罪产生的刑事责任。

综上,对本案刑罚适用问题可以简单概括为:在刑罚执行完毕后,发现罪犯在刑罚执行期间又犯新罪的,应当如何处理?笔者认为,本案的关键在于对《刑法》第七十一条的理解适用问题:《刑法》第七十一条不仅要求罪犯又犯新罪,更重要的是要求罪犯又犯新罪、发现又犯新罪的时间均在前罪的刑罚执行完毕之前。就本案而言,虽然被告人在刑罚执行完毕前又犯新罪的,但在新罪判决时,前罪已经执行完毕,没有可以并罚的余刑。因此,对本案被告人实行并罚并不符合《刑法》第七十一条的立法本意。

本案被告人在服刑期间又犯新罪,表明其在社会改造期间,主观恶性依然很深,社会危害性依然很大,应予严惩。因此,在对被告人单独以敲诈勒索罪定罪量

[1] 对于该问题,有学者认为,原暂予监外执行决定自动中止,旧罪法院不用作出任何处理,待新的判决生效后由相关机关执行数罪并罚后的刑期即可。参见孟猛、熊理思:《暂予监外执行后犯新罪的处理》,载《上海法制报》2016年9月21日。

刑时，可将其在暂予监外执行期间再犯新罪作为酌定从重处罚情节，充分贯彻体现宽严相济的刑事政策。

综上所述，对于罪犯在暂予监外执行期间犯新罪，但在暂予监外执行完毕后才发现的，无须数罪并罚，只需单独对所犯新罪定罪且在法定刑幅度内酌情从重处罚即可。

■ 知识点梳理

《刑法》第六十九条规定："判决宣告以前一人犯数罪的，除判处死刑和无期徒刑的以外，应当在总和刑期以下、数刑中最高刑期以上，酌情决定执行的刑期，但是管制最高不能超过三年，拘役最高不能超过一年，有期徒刑最高不能超过二十年。如果数罪中有判处附加刑的，附加刑仍须执行。"可见，我国刑法对数罪并罚采取的是混合原则。

第一，对判处死刑和无期徒刑的，采取吸收原则。一是数罪中判处几个死刑或者最重刑为死刑时，只执行一个死刑，不执行其他主刑。二是数罪中判处几个无期徒刑或者最重刑为无期徒刑时，只执行一个无期徒刑，不执行其他主刑。

第二，对于判处有期徒刑、拘役和管制的，采取限制加重原则中的加重综合刑主义。有期徒刑、拘役、管制都有期限，本身可以合并，但如果采取相加原则，就显得过严，而且不符合实际；如果采取吸收原则，就显得过宽，既不符合正义观念，也不利于预防犯罪。于是，我国刑法规定了限制加重原则。"限制"表现为两个方面：一是受总和刑期的限制；二是受数罪并罚法定最高刑的限制。以有期徒刑为例，被告人犯了两个罪，所判处的刑罚分别为 10 年和 7 年，总和刑期为 17 年，最高刑为 10 年，故应在 10 年以上 17 年以下决定执行的刑罚，此时受总和刑期的限制。如果被告人犯了三个罪，所判处的刑罚分别为 10 年、7 年和 5 年，总和刑期为 22 年，最高刑为 10 年，但法律规定数罪并罚时有期徒刑不得超过 20 年，故只能在 10 年以上 20 年以下决定执行的刑期，此时受数罪并罚法定最高刑的限制。"加重"表现为在所判数刑中的最高刑期以上，而且可以超过有期徒刑、拘役、管制的一般法定最高限度，决定执行的刑期。有期徒刑在数罪并罚时可以超过 15 年达到 20 年，拘役可以超过 6 个月达到 1 年，管制可以超过 2 年达到 3 年。当然，由于《刑法》第六十九条所规定的“应当在总和刑期以下、数刑中最高刑期以上，酌情决定执行的刑期”中的“以下”“以上”包括本数，故如果以总和刑期（以不超过刑法规定为前提）作为数罪应执行的刑期，就与并科原则没有区别；如果以数刑中的最高刑期作为数罪应执行的刑期，则与吸收原则没有差异。这种做法并不违反刑法规定，也为限制加重原则所允许，但司法实践通常是在总和刑期与数刑的最高刑期之间决定执行的刑期。

在一人犯数罪，并均被判为有期徒刑，或均为拘役、管制时，根据上述限重原则予以处理，不存在疑问。但如果一人犯数罪，同时被判处有期徒刑或者管制数个不同种的自由刑时，仍应根据限制加重原则实行并罚，但如何并罚则没有明文规定。理论上，有人主张先进行折算，再进行并罚，如将拘役、管制折算为有期徒刑，然后按有期徒刑实行并罚；有人主张只执行重刑种、不执行轻刑种；有人主张对于不同刑种从重到轻分别执行一定比例的部分刑期；有人主张分别执行不同的全部刑罚。[1] 1981 年 7 月 27 日最高人民法院《关于管制犯在管制期间又犯新罪被判处拘役或有期徒刑应如何执行的问题的批复》持最后一种主张，该批复重申了其 1957 年有关复函的意见，即“在对新罪所判处的有期徒刑或者拘役执行完毕以后，再执行前罪所没有执行完的管制”。“对于管制犯在管制期间因发现判决时没有发现的罪行而被判处拘役或者有期徒刑应如何执行的问题，也可按照上述意见办理。”但是，数罪并罚是将数罪定罪量刑后，决定合并执行的刑罚，如果将数罪定罪量刑后，分别执行所判的刑罚，就不属于数罪并罚了。然而，如果只执行重刑种而不执行轻刑种，则不符合限制加重原则的精神，因此，本书认为，作为权宜之计，原则上应采取折算的办法。不过，并不能一概将轻刑种折算为重刑种，而应以数罪所判刑罚中的主要刑种为基准进行折算。

第三，数罪中有判处附加刑的，附加刑仍须执行。即对判处附加刑的，采取附加刑与主刑并科的原则。如一人犯数罪，其中有两个罪分别被判处罚金与剥夺政治权利，那么，在执行主刑的同时，这两种附加刑仍须执行。因为附加刑与主刑的性质不同，不得换算与吸收，却可以并科执行。

事实上，附加刑之间也存在并罚问题，对于不同种的附加刑原则上应当并科。

---

〔1〕 参见高铭暄主编：《刑法学》，北京大学出版社、高等教育出版社 2000 年版，第 295 页以下。

例如,数罪分别被判处罚金、剥夺政治权利和没收部分财产时,可以合并执行。数罪分别被判处罚金与没收全部财产时,虽然也可以合并执行(先没收全部财产,再由犯罪人通过劳动所得缴纳罚金),但在通常情况下,只执行没收全部财产。对于判处两个以上同种附加刑时,如何并罚,还是需要研究的问题。罚金的并罚,原则上应采取并科原则,即将对数罪判处的罚金数额相加,执行总和数额。

剥夺政治权利的并罚以及没收财产的并罚,应视具体情况分别采取吸收原则、限制加重原则乃至并科原则。如两个犯罪均被判处没收部分财产的,可采取并科原则;一个犯罪被判处没收全部财产,另一犯罪被判处没收部分财产的,宜采取吸收原则;两个犯罪均被附加判处剥夺政治权利的,可以按照限制加重原则的精神处理。

图书在版编目(CIP)数据

刑法总论案例研习 / 吴之欧，吴立欧，邱杓丹编著
. -- 北京 : 法律出版社，2018
ISBN 978 - 7 - 5197 - 2411 - 5

Ⅰ. ①刑… Ⅱ. ①吴… ②吴… ③邱… Ⅲ. ①刑法－案例－中国－教材 Ⅳ. ①D924.05

中国版本图书馆 CIP 数据核字(2018)第 143030 号

刑法总论案例研习
XINGFA ZONGLUN ANLI YANXI

吴之欧 吴立欧 邱杓丹 编著

责任编辑 郑怡萍
装帧设计 凌点工作室

编辑统筹 法律教育出版分社
出版 法律出版社
总发行 中国法律图书有限公司
经销 新华书店
印刷 三河市兴达印务有限公司
责任印制 沙 磊
开本 720 毫米×960 毫米 1/16
印张 19
字数 294 千
版本 2018 年 8 月第 1 版
印次 2018 年 8 月第 1 次印刷

法律出版社/北京市丰台区莲花池西里 7 号(100073)
网址/www. lawpress. com. cn
投稿邮箱/info@ lawpress. com. cn
举报维权邮箱/jbwq@ lawpress. com. cn
销售热线/010 - 63939792
咨询电话/010 - 63939796

中国法律图书有限公司/北京市丰台区莲花池西里 7 号(100073)
全国各地中法图分、子公司销售电话：
统一销售客服/400 - 660 - 6393
第一法律书店/010 - 63939781/9782
西安分公司/029 - 85330678
重庆分公司/023 - 67453036
上海分公司/021 - 62071639/1636
深圳分公司/0755 - 83072995

书号:ISBN 978 - 7 - 5197 - 2411 - 5
定价:38.00 元
(如有缺页或倒装,中国法律图书有限公司负责退换)